U0456166

毛泽东

诗词全集赏读

秦皇漢武，略輸文采；宗宋祖，稍遜風騷。一代天驕，成吉思汗，只識彎弓射大雕。俱往矣，數風流人物，還看今朝。

沁園春雪

一九五八年

毛澤東

北国风光，千里冰封，万里雪飘。望长城内外，惟余莽莽；大河上下，顿失滔滔。山舞银蛇，原驰蜡象，欲与天公试比高。须晴日，看红装素裹，分外妖娆。

江山如此多娇，引无数英雄竞折腰。

毛泽东在读书　1961年

毛泽东同韶山学校的师生们在一起 1959年

毛泽东重上井冈山　1965年

毛泽东读书时提出的精辟独到的见解

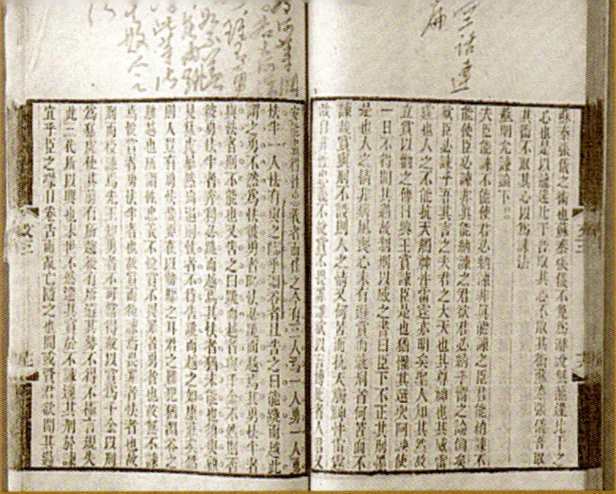

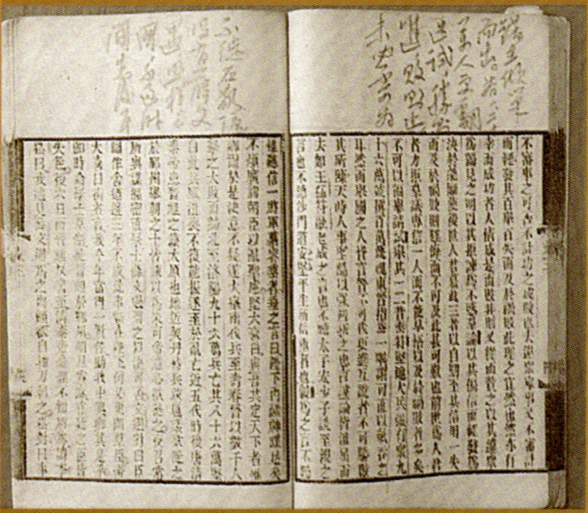

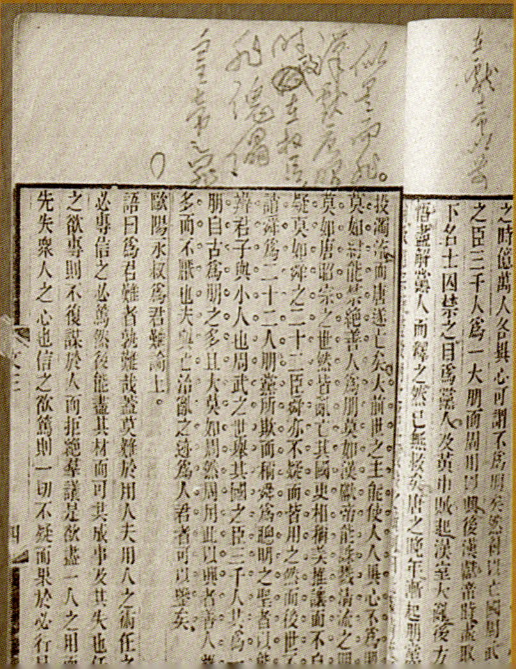

之時億萬人各異心可謂不爲朋矣然紂以亡國周武
之臣三千人爲一大朋而周用以興後漢獻帝時盡取
下名士囚禁之目爲黨人及黃巾賊起漢室大亂後方
悔悟盡解黨人而釋之然已無救矣唐之晚年漸起朋黨

投濁流而唐遂亡矣夫前世之主能使人人異心不爲朋
莫如紂能禁絕善人爲朋莫如漢獻帝能誅戮清流之朋
莫如唐昭宗之世然皆亂亡其國更相稱美推讓而不自
疑莫如舜之二十二臣舜亦不疑而皆用之然而後世不
誚舜爲二十二人朋黨所欺而稱舜爲聰明之聖者以能
辨君子與小人也周武之世舉其國之臣三千人共爲一
朋自古爲朋之多且大莫如周然周用此以興者善人
多而不厭也夫興亡治亂之迹爲人君者可以鑒矣

歐陽永叔爲君難論上

語曰爲君難者孰難哉蓋莫難於用人夫用人之術任之
必專信之必篤然後能盡其材而可共成事及其失也任
之欲專則不復謀於人而拒絕羣議是欲盡一人之用而
先失衆人之心也信之欲篤則一切不疑而果於必行且

图文版

诗词全集赏读

编著◎麓山子

陕西出版传媒集团
太白文艺出版社

图书在版编目(CIP)数据

毛泽东诗词全集赏读/麓山子著. —西安:太白文艺出版社,2007.9(2014.4 重印)

ISBN 978 - 7 - 80680 - 561 - 9

Ⅰ.毛… Ⅱ.麓… Ⅲ.毛主席诗词—鉴赏 Ⅳ.A841.4

中国版本图书馆 CIP 数据核字(2007)第 150362 号

毛泽东诗词全集赏读

编　　著	麓山子	
责任编辑	王大伟	
封面设计	天之赋	
版式设计	朱相华	

出版发行　陕西出版传媒集团
　　　　　太白文艺出版社
　　　　　(西安北大街 147 号　710003)
　　　　　E - mail:tbyx802@163.com
　　　　　　　　tbwyzbb@163.com

经　　销　陕西新华发行集团有限责任公司
印　　刷　湖南凌华印务有限责任公司
开　　本　880 毫米×1230 毫米　1/32
插　　页　4
字　　数　300 千字
印　　张　13
版　　次　2014 年 4 月第 1 版
印　　次　2015 年 11 月第 10 次印刷
书　　号　ISBN 978 - 7 - 80680 - 561 - 9
定　　价　28.80 元

版权所有　翻印必究
如有印装质量问题,可寄印刷厂质量科对换
邮政编码　410005

卷 首 语

　　在上下五千年的中国文学史中，诗歌无疑是最为源远流长的一类文学形式。特别在古代，它的分量更是占到了文学史内容的一半以上。从我国最早的以"口头创作时期"（先秦两汉）流行于中原地区的《诗经》、《乐府》以及盛行于南方地区的《楚辞》这两大渊源开始，历经从汉末、魏、晋、南北朝直至隋朝的第二阶段的"文人的模仿、学习与创作时期"，再到第三阶段（唐代）的以"诗仙"李白、"诗圣"杜甫为代表的"诗歌艺术发展的顶峰时期"。诗歌在无数流派缤纷、个性各一的文人墨客的笔下，简直将汉字独有的"音"、"形"、"义"三要素发挥到了出神入化的境界。至宋代，随着由诗歌演变而来的词（长短句）的这一全新艺术形式的登峰造极，乃至后来元曲的延伸，明、清对古体诗词的继承，使得诗词成为我国文学艺术形式中最为耀眼夺目的一座艺术宝库。

　　正是在这座艺术宝库的滋养孕育下，至当代才产生出了"毛泽东诗词"这一新形式下的无产阶级革命家诗词的伟大丰碑。今天，可以这么说：作为诗人的毛泽东，不但在当代诗人中堪称独领风骚，就是与历史上的众多诗词名家相比也很少有人能与之比肩。大诗词家柳亚子先生曾称毛泽东的诗为："推翻历史三千载，自铸雄奇瑰丽诗"。还曾赞毛泽东的词为："才华美多娇，看千古词人共折腰。算黄洲太守，尤输气概；稼轩居士，只解牢骚，共笑胡儿，纳兰容若，艳想浓情着意雕。"而作为素有"元帅诗人"之称的陈毅将军则更直白地力推主席为"诗词大国推盟主"的地位。

　　毛泽东创作的诗词多以旧体诗词作品为主，其题材多种多样但大都与革命或建设事业密切相关，表现无产阶级的爱国主义、国际主义、革命英雄主义和共产主义理想等主题。它充分展示了作者是豪放雄浑的思想情感，真切反映了中国革命和建设各个阶段的动人风貌。毛泽东诗词对革命现实主义和革命浪漫主义两种创作方法都有很成功的运用。

毛泽东具有很高的中国古典文学修养,长于推陈出新,古为今用。他善于大胆运用传统题材写出新的诗意;善于灵活运用典故、神话和寓言;善于创造性地点化前人的诗句和歌谣;善于批判地继承传统诗词的表现形式。他能根据作品的内容选择最恰当的诗体词调,对诗词格律运用自如。有时严格按古代韵书规定押韵;有时为更好地表现内容,并不拘泥。毛泽东诗词以对传统诗词形式的巧妙继承和革新,颇为完美地表现了丰富而又崭新的内容。

毛泽东诗词成功地运用了赋比兴等手法,具有神采飞扬的生动形象和景、情、理有机统一的深广意境。它主要表现了作者的情操和抱负,它所刻画的形象中,有千里冰封的雪原、极目万里的长江、横空出世的昆仑、绵亘逶迤的长城等,具雄伟壮阔特征的景象比比皆是。他笔下有着这类景象的意境,以画面而言,往往广袤无垠、高大深邃;以情思而言,往往淳厚精警,气势磅礴。中国共产党在建党、建军、统一战线等许多方面的波澜壮阔的斗争,以及优良的传统和作风乃自毛泽东本人在长期的革命和建设中所体验出的人生哲理,在这些意境中均得到了形象化的体现。

毛泽东诗词影响深远。《西江月·井冈山》、《七律·长征》,随《西行漫记》一书遍传世界各国。代表作《沁园春·雪》,1945 年在重庆发表后,为全国文化界所瞩目,当时即有 10 多种报刊发表了步韵唱和之作。其《新民报》晚刊编者附注,说它"风调独绝,文情并茂,而气魄之大乃不可及"。1957 年,《诗刊》创刊号集中发表毛泽东诗词 18 首之后,引起了文艺界和广大读者的强烈兴趣,国内有许多报刊开展了对毛泽东诗词的讨论。他的诗作及有关文学主张一起,对中国社会主义文学的发展,产生巨大的影响。从 50 年代以来,其诗词曾经以不同版本多次出版。其中有《毛主席诗词十八首讲解》(臧克家讲解、周振甫注释,1957)、《毛主席诗词》(收 37 首,1963)、《毛主席诗词》(收 39 首,1976)等。其诗词还先后被译成英、俄、法、德、日、印度、希腊等几十个国家和民族的文字。

"诗言志",毛泽东诗词正是他作为一位革命家、政治家、军事家的"言为心声";是他对一个时代的最真实的光辉写照;是一代伟人智慧的结晶；也是他老人家为我们中华民族留下的一笔最珍贵的精神财富。

　　"诗如其人"，细品毛泽东诗词，我们从中看到的总是一种大海般的气魄与崇山似的境界，它无处不洋溢着一种民族的英豪与人格的伟岸！再纵观毛泽东的一生，其波澜壮阔的传奇生涯与惊天地、泣鬼神的丰功伟绩，本身就是一部气吞山河的伟大史诗！

　　另外，作为一代伟人的毛泽东，无论其诗词还是书法造诣，都堪称为一代巨匠。从纯书法艺术赏析角度来看，毛泽东的书法多为草书，他汲取了汉草的精华，然后自成一体，字体飘逸通达，宛若行云流水，大拙中见智见雄，无愧于一代书法名家。再从艺术与思想性角度来看，毛泽东的诗词与书法是他深邃的文艺思想和美学理念的形象体现，他通过创作实践更加丰富和发展了自己的艺术造诣和美学理论，同时也以他独具风格、畅达俊逸的书法艺术赢得了世人的垂青。

　　今天，我们正是怀着这种无比崇敬与折服的心情，有感于毛泽东诗词是借用中国古典词赋的文学形式来写的，它的博大精深，读者在阅读时可能会有一定困难，需要导读才能更好地领会伟人诗词深邃的内涵。同时我们也有感于现已出版的诸多版本或中学教材中选用的一些毛泽东诗词，因时代的原因多少总留有一些遗漏或不全，且缺少对毛泽东诗词及书法艺术方面的系统赏析导读。因而，为尽可能满足各阶层、各层次的广大读者、特别是青年朋友们的需要，方便和加深他们对毛泽东诗词更深入的理解；对毛泽东书法艺术更专业、更透彻的领略，我们在众多专家学者的通力合作与精勤劳动下，并借助于现代信息网络搜索技术，终于在长达一年多的时间内，从浩于烟海的史籍、文献及网络资料中收集汇编而成这部目前堪称最全的《毛泽东诗词全集赏读》读本（共 145 首，其中包括补遗之作 13 首、存疑之作 24 首）。同时，在每一首诗词中，我们还相应配置了除正文（含书法、珍贵历史照片）之外的"注释"及"赏读"助阅部分（含"时代背景"）。并在附录部分，添加上一些有关"毛泽东论诗词汇辑"等很具知识性、可读性的趣闻逸事，旨在通过它对广大读者和青年朋友们阅读毛泽东诗词、揣摩和欣赏伟人书法方面有所帮助和启发。换言之，我们真诚期望：毛泽东的诗词与书法亦应该成为青年学生朋友们用来丰富自己的精神生活、陶冶艺术情操、丰富艺术与文艺修养的主要课外阅读读物,这也是我们编撰本书的初衷之一。

为尽可能占有资料、充分体现出本书作为目前最"全"版本的特色,在编写的过程中,我们广泛搜集、参考了现已出版的诸多有关《毛泽东诗词》的不同版本及各种相关资料。在此谨向原作者(编者)表示衷心的感谢! 同时,限于时间及我们水平的有限,书中也难免可能会有许多疏漏或不足,一并敬请各位专家学者及广大读者朋友们批评指正!

麓 山 子

目　录

在青少年时期的诗词
1893年－1919年

在土地革命时期的诗词
1920年–1937年

在抗日战争时期的诗词
1937年－1945年

在解放战争时期的诗词
1945年－1949年

在新中国时期的诗词
1949年－1976年

毛泽东诗词
附录

诗言志

独立寒秋，湘江北去，橘子洲头。看万山红遍，层林尽染；漫江碧透，百舸争流。鹰击长空……

在青少年时期的诗词
1893 年 – 1919 年

童谣①

狮子眼鼓鼓

一九零一年

狮子眼鼓鼓②,
擦菜子③,
煮豆腐,
酒放热些烧,
肉放烂些煮。

【注释】

毛泽东的这首"诗",最早见于陈晋著《毛泽东与文艺传统》,中央文献出版社 1992 年 3 月版。

①童谣:在儿童中间流行的歌谣,形式比较简单。童谣和儿歌均较贴近儿童的生活和心理,生动而有趣,富于童真的幻想,其语言流畅,节奏明快,音韵清脆和谐,加之复句、叠字、谐音、对偶的大量运用,就特别为儿童所喜爱,乐于学唱,易于背诵。

②狮子:这里指一种流行于民间闹春的"狮子灯表演",其"狮子"的双眼常做成鼓鼓的形状,寓意神圣、威严,民间多用以驱邪、纳吉、迎新。关于狮子灯的起源,它源于水族（主要生活在云贵高原东南部的苗岭山脉以南,都柳江和龙江上游）的一个民间传说:唐僧西天取经,给水族先民带回了鸡蛋、粮种。取经途中,孙悟空又收服了狮子精,为水族百姓除了大害。为纪念此事,以后每年的正月初一到十五,聚居的水族村寨就要耍狮子灯庆贺。所到之处,爆竹连天,热闹非凡。不过在解放前,耍狮子灯的却并不限于水族聚居地,在我国不少地区都有类似表演,如湘赣一带就很时兴这一活动。

③擦菜子:是当地自制的一种腌菜,"擦菜子煮豆腐"是湖南人十分喜欢吃的一道菜。有的书中将"擦菜子"写成"茶菜子"应属错误,至少是不懂湖南人的民间俚语。

【赏读】

　　毛泽东的故乡是一个山水秀丽、富有传奇色彩的地方。相传舜帝南巡至此,被雄山秀水所吸引,令臣僚奏韶乐,引来百凤朝仪,留下"乐成九韶,音召凤至"的千古佳话。从此,这里名曰"韶山",成为历代文人墨客游览歌咏的胜地。故乡的人文景观、神话传说,赋予毛泽东浪漫多情、想象丰富的诗人气质,使他在少儿时期就显露出非凡的诗词天赋。

　　毛泽东是 1893 年 12 月 26 日(清光绪十九年十一月十九日)出生的,到 1901 年春节,他才八岁。这一年春节,就像往年一样,他跟母亲到外婆家拜年,在阵阵锣鼓、鞭炮声中,一群耍狮子的队伍进村来了。毛泽东兴高采烈地跟随大人去看耍狮。按照当地习俗,狮子耍到谁的身边,谁就要赞几句吉利话以讨个口彩。那些吉利话通常都是整齐押韵而富有诗意的顺口溜。当狮子活蹦乱跳地耍到毛泽东身边时,小小年纪的他灵机一动,便脱口而出地唱出了这首诗。

　　这首诗其实是一首活泼有趣的顺口溜,他从一个儿童的视角,生动地描写了狮子的可爱形象和烧酒煮肉的热闹农村气氛。他的朴素语言散发着浓厚的乡土气息。童年毛泽东很聪明,记性好,学唱快,唱得也比较多一些,正是这些源自于湖南农村中活生生的现实生活的陶冶,"润物细无声"地开启了毛泽东童年时期的诗境性灵,这是到现在为止,我们能够见到的毛泽东最早的口头创作。

五言诗①

赞 井②

一九零六年

天井四四方③，
周围是高墙。
清清见卵石，
小鱼圈中央④。
只喝井里水，
永远养不长。

【注释】

①五言诗:即五言古体诗。五字一句,不论平仄,不要求用对仗,不限句数,一般篇幅较长;押平韵或仄韵,是否换韵都无定规,习惯上把"五古"和"七古"统称为"古风"。

②此诗曾见于《韶山导游》、《毛泽东轶事》等书,又见于香港刘济昆所编《毛泽东诗词全集》及胡忆肖等编著的《毛泽东诗词白话全译》以及《毛泽东和他的父老乡亲》湖南文艺出版社1992年5月版;《毛泽东大观》中国人民大学出版社1993年4月版录载此诗,诗题为《赞井》。

③天井:房屋和围墙中间的空地。其形如井而露天,故以为名。

④圈:拘泥;局限。《庄子·徐无鬼》:"皆圈于物者也。"

【赏读】

据肖三所著《毛泽东同志的青少年时代和初期革命活动》一书中说,毛泽东8岁开始上学,先在离家很近的南岸私塾,两年后转入桥头湾、井湾里等地私塾,直到13岁才离开。此诗作于1906年,为毛泽东 13 岁时在韶山井湾里私塾读书期间的习作。

再据 1988 年 1 月 15 日《文摘周报》所载一文《少年毛泽东一事》得知，少年时毛泽东就敢于批评老师及教学中的弊端。有一次，老师毛宇居外出，临走前规定学生必须在室内背书，不准走出私塾房间。老师前脚一走，少年毛泽东就上了山，摘回一书包毛栗，分给所有的同窗，也敬奉塾师一份。老师返回后，责问毛泽东为什么要违反私塾的规矩，毛泽东朗声回答："闷在屋里，头昏脑涨。死背硬读，也是空的。"老师十分恼火，但知道用背书的方法惩罚毛泽东，难不倒这位记忆力很好的学童，便指着天井说："我要你写诗赞井！"毛泽东沿着天井转了两圈，便口占了这首五古。

天井本是不能蓄水的，只供四周房屋采光与雨水流通之用。而水井是蓄水的，浅的可以养鱼。此诗的头三句，写天井的位置与结构特点(铺砌卵石)。接着由天井与水井共一"井"字的词汇特征，转咏水井之鱼，这是由实写转入虚写。而从诗的立意上看，咏井中之鱼，是实写，而以"小鱼"喻学童，指出学童圈在"周围是高墙"的塾舍中，"永远养不长"，语意双关地抨击封闭式私塾教育，则是虚写。托物寄兴，虚实相生，构成了这首貌似浅显却寓意深远的五古。

1950 年，毛泽东在北京会见他的老师毛宇居时，还曾谈起赞井咏诗的往事，笑着说："这也是你老师逼出来的呀。"1959 年，毛泽东回到韶山后，在一次酒宴上起身向这位族兄、老师毛宇居敬酒，毛宇居连忙说："主席敬酒，岂敢岂敢！"毛泽东紧接着说："敬老尊贤，应该应该！"师生情谊，尽溢其中。

此外，从这首诗中，我们也可以窥测到毛泽东后来在教育思想领域所进行的一系列大胆改革的雏形。比如诗人提出学生应该除学习外，还要学工、学农、学军，学生们应该走出去，到广阔天地去，走与工农兵相结合、与生产斗争、阶级斗争及科学试验相结合的道路。也即，诗人一直反对经院式教育，反对填鸭式教育，强调教育的生动性、实用性、实践性及革命性。

五言诗

咏指甲花①

一九零七年夏

百花皆竞放，
指甲独静眠。
春季叶始生，
炎夏花正鲜。
叶小枝又弱，
种类多且妍。
万草披日出，
惟婢傲火天。
渊明爱逸菊，
敦颐好青莲。
我独爱指甲，
取其志更坚。

【注释】

　　①本诗引自西苑出版社1993年9月版《毛泽东故土家族探密》。这首诗是毛泽东少年时代"六年私塾"时，至今得以留存下来的三首诗中的一首。在最后一位塾师毛麓钟的指导下，毛泽东接受了严格的诗文写作训练，其基本功已非常扎实，诗、文都写得很有水平，这首《咏指甲花》就是在这期间写的。"指甲花"就是凤仙花，因将其花捣碎，加明矾少许可用以染

指甲,当地人就叫它"指甲花"。

　　毛泽东作此诗时,年仅十四岁。这一年的夏天,毛泽东到外婆家附近的保安寺玩耍。他看到寺院四周盛开着色彩斑斓的凤仙花。这是一种不择土壤、随处生长的小花,因花瓣可用来染指甲,故俗称指甲花。望着顽强生长、傲暑盛开的指甲花,少年毛泽东不禁萌生写诗欲望,并联想起古人各得其趣的咏花诗文：陶渊明归隐田园,独爱菊花;周敦颐生性清高,独爱莲花。此时的毛泽东却偏爱枝叶弱小、意志坚强的指甲花。

　　从保安寺归来,毛泽东吟成了这首五言诗。这首诗以浅近、明快的语言,描写了指甲花的生长特性和笑傲炎夏的坚强性格,结尾点明题旨,寄托了少年毛泽东高尚的理想和情操。此诗前八句写凤仙花春季生叶、夏季开花、叶小枝弱、种类颇多等特点。少年毛泽东认为,凤仙花最大的特点是在"百花皆竞放"的时节,它不与百花争芳斗艳,"独静眠"于百花之中。另一特点则是"惟婢傲火天"。"婢"字,贴切地比喻凤仙花的弱小;而这样弱小的花,竟在炎热的盛夏傲然开放!这句为诗境的开创作了有力的铺垫。末四句,从陶渊明爱菊、周敦颐爱莲与"我"独爱指甲花的类比中,点出"取其志更坚"的诗旨。

　　这首古风在写作技巧上已相当纯熟，表明少年毛泽东诗词创作已有较深厚的文字功底。

杂言诗①

耕 田 乐

一九零八年

耕田乐，
天天有事做。
近冲一墩田，
近水再墩望，
多年副产积满仓。
农事毕，
读书甚馨香，
坐待时机自主张。

【注释】

此诗源于吉林人民出版社 1994 年 11 月版《毛泽东大全》。

①杂言诗，古体诗的一种。最早出于乐府。一篇诗句子字数长短间杂，无一定限制。字数有一句一字至一句十字以上者。一般以三、四、五、七字相间者为多。毛泽东的《杂言诗》多属古体。这一首《杂言诗·耕田乐》，用近乎直白且颇具湖南民歌风味的农家小诗形式写成，反映了作者当时务农与读书时的感受。

【赏读】

1907 年和 1908 年，毛泽东时值十四到十五岁，这两年他休学在家务农，白天同家中雇的长工一同干活，晚间则帮助父亲记账。同时，他还坚持读书。通过读书，使他开始认识到"国家兴亡，匹夫有责。"同时也让他产生了恢复学业的愿望。

"在这段时间里，毛泽东对父亲的严厉感受很深，后来回忆说，'他是一个严格的监工，看不得我闲着，如果没有帐要记，就叫我去做农活。他性情暴躁，常常打我和两个弟弟，他的严厉态度大概对我也有好处，这使我干活非常勤快，使我仔细记帐，免得他有把柄来批评我'（埃德加·斯诺著，董乐山译：《西行漫记》，三联书店1979年版，第106-107页）于是，犁、耙、栽、割，全套农活，他都样样在行。还常常跟长工争胜，抢重活干，养成了山区农家子弟的本色：吃苦耐劳，勤快朴实，不怕艰难，对农民的痛苦也体会很深。"（《毛泽东》中共中央文献出版社，主编：金冲及，1996年8月版第2页）

　　这首《耕田乐》，正是记载了毛泽东这段时间的耕读生活状况与心态。

　　全诗颇具歌谣风味，写得朴素、自然。一任纯真，看似不经意，却富含一定功力，特别是结尾"坐待时机自主张"一句，已经暗示出了少年毛泽东不安于一隅现状，正待跃跃欲试，相机投身到救国救民的宏伟事业之中。

◇毛泽东手迹

诗 言 志

毛泽东诗词全集赏读

七　绝①

呈　父　亲②

一九一零年秋

孩儿立志出乡关③，

学不成名誓不还。

埋骨何须桑梓地④，

人生无处不青山⑤。

【注释】

①七绝：即七言绝句，绝句又称"截句"，指截律诗的一半而成。七绝每句七字，每首四句，共二十八字，要用律句，多押平韵，所谓"律句"指合乎平仄规则的诗句。

②这首诗见于《湖南师院学报》1984年第一期一篇论文中；又见于1984年9月29日《周末》载向真《毛泽东改诗赠父亲》一文。后录入高菊村等著《青年毛泽东》、裴健编著《湘魂——毛泽东的家世》等书。著录者认为，这首诗是毛泽东第一次离开家乡前根据日本明治维新时期著名政治活动家西乡隆盛(1827—1877)青年时代的诗略加修改而成。将原诗"男儿"改为孩儿，"死不还"改为"誓不还"。表达了毛泽东远大的抱负和志向，也表达了对父亲的深厚感情。据毛泽东同志的表兄文鉴泉、表弟文东山证明，"赠诗"确有其事。

1992年6月27日《周末》载《毛泽东离乡别父诗溯源》一文，称原诗"作者其实是江户时代末期的名僧月性，诗题为《题壁》。"并介绍说"月性和尚号清狂，在周妨妙元寺出家，曾因忧国而周游四方，广交名士。他擅诗，有《清狂吟稿》。《题壁》是其27岁离开故乡时所作，抒发了自己发愤图强的壮志和四海为家的胸怀。此诗对日本后世影响很大。传至中国后，影

响也较广。"该文引述了《题壁》诗全文,录此以备考:

> 男儿立志出乡关,学若无成不复还。
> 埋骨何期坟墓地,人间到处有青山。

③乡关:故乡。《晋书·元帝纪》引徐陵《劝进表》:"瞻望乡关,诚均休戚。"

④桑梓:家乡、故乡。《诗·小雅·小弁》:"维桑与梓,必恭敬止。"桑和梓是古代家宅旁边常栽的树木,诗中说,见桑与梓,容易引起对父母的怀念。后因用作故乡的代称。

⑤人生无处不青山:苏轼《御史狱中遗子由》:"是处青山可埋骨。"陆游《醉中出西门偶书》:"青山是处可埋骨。"全诗后二句抒发学不成名誓不还的壮志豪情。

【赏读】

　　毛主席写这首诗时正值 17 岁(1910 年秋),据《毛泽东传》载,当时"毛泽东准备离开闭塞的韶山去长沙求学,去广阔的天地锻炼,而且立下誓言,不成功绝不还乡。这是他人生历程中的第一个转折,他的激动心情是可以想象的。临行前他改写了一首诗,夹在父亲每天必看的账薄里……"。

　　该诗首联直言离开家乡求学,务必"成名",否则,立誓"不还",表示自己决心之大。

　　次联紧承"誓不还",推开一论,谓人生一世,无须固守家乡,"人生自古谁无死,留取丹心照汗青"。人之一生贵在奋斗,应"先天下之忧而忧",不必考虑一定要老死故里。言外之意,山外有山,"天高任鸟飞,海阔凭鱼跃"、"踏遍青山人未老",人生的理想之树永远长青。

　　从这首小诗中,我们已经看到毛泽东从少年时代起就胸怀远大抱负及无限的革命理想。

毛泽东诗词全集赏读

七　绝

咏　蛙①

一九一零年

独坐池塘如虎踞②，
绿荫树下养精神。
春来我不先开口，
哪个虫儿敢作声！

【注释】

①这首诗见之于 1987 年 7 月 17 日《羊城晚报》徐秋良《毛泽东〈咏蛙〉诗》，1987 年 12 月 16 日《四川广播电视报》载《毛泽东的咏物诗》和 1988 年 4 月 10 日《中国青年报》张湘藩文。后录入高凯、于玲主编的《毛泽东大观》。至 1993 年 12 月 25 日《周末》载文《独坐池塘如虎踞——少年毛泽东的〈咏蛙〉诗赏析》，仍认为此诗是毛泽东"少年时代(在湘乡县东山高等小学堂读书时)写的"，认为"这只青蛙可看作是毛泽东的自喻。可见他从少年时代起就树立了凌云壮志，洋溢着一种极其鲜明的责无旁贷的神圣感和使命感。这正好是他的词句'怅寥廓，问苍茫大地，谁主沉浮'的极好注脚。"

1994 年元月 8 日《周末》报又载:周启源辑文《〈咏蛙〉诗是毛泽东改写的》，认为少年毛泽东只是引用和改写了清末湖北英山名士郑正鹄所写的《咏蛙》诗。全文甚短，照录如下，谨供参考:

"去年 12 月 25 日《周末》上的《独坐池塘如虎踞》一文说，《咏蛙》诗是少年毛泽东所写。其实这是误传，少年毛泽东只是引用和改写了清末湖北英山名士郑正鹄所写的《咏蛙》诗。

郑氏五短身材，其貌不扬，初任天水县令时，当地一些官绅以此奚落他，特请画工画了一幅《青蛙图》(画面是河边柳荫下蹲着一只张口的青蛙)，派人送给郑题诗，目的是讥笑他五短身材像青蛙。郑正鹄深知官绅们的花招，便当众题了《咏蛙》诗：

> 小小青蛙似虎形，河边大树好遮荫。
> 明春我不先开口，哪个虫儿敢作声！

郑的这首诗，使得官绅们讨了个没趣。"

少年毛泽东从韶山到湘乡县东山高等小学堂读书，由于口音不同，衣着简朴，且入学时年龄偏大，而屡遭同学们奚落。有感于这种环境，毛泽东便引用和改写郑正鹄的《咏蛙》诗，以此言志。由于少年毛泽东信手引用，未注出处，所以后人误解了。

②踞：蹲或坐。庾信《哀江南赋》："昔之虎踞龙蟠，加以黄旗紫气。"

【赏读】

清政府于 1909 年夏天下令废除科举制度，兴办新式学校。湘乡创办了许多"洋学堂"，东山高等小学堂算是全县的"最高学府"了。来这所学堂读书的，大多数是富绅子弟，穿着讲究；很少有农民子弟上这样的学堂。毛泽东后来回忆道："我比别人穿得差，只有一套象样的短衫裤。……很多阔学生看不起我，因为我平常总是穿一身破旧的衫裤。……我被人讨厌，还因为我不是湘乡人。你是否原籍湘乡，是非常重要的，你是从湘乡哪一乡来的，也很重要。湘乡有上、中、下三里，上、下两里人纯粹由于地域观念而斗争不休，彼此势不两立。我在这场斗争中采取中立的态度，因为我本来就不是湘乡人。结果三派都看不起我。我精神上感到很大的压抑。"

毛泽东当时潜心求学，对富绅同学的嘲讽一般不予理睬。但是，嘲讽过多过急了，他的压抑的心情过重，不免激起一股厌恶和反抗的情绪。某一天，他改写了这首咏蛙诗，交给那些趾高气扬的同窗，以显示自己"虎踞"的威严。

全诗以拟人化手法，借物示意，首联写青蛙如老虎般独霸池塘的神貌。一个"独"字，先声夺人，写出青蛙有恃无恐的神态，也显示它自有独特的生存空间。"如虎踞"，言意青蛙虽小，威严不可侵犯；"养精神"，描绘青蛙"修身养性"的心态。"塘前"、"绿荫树下"，是青

毛泽东诗词全集赏读

蛙生活的环境,它们与"如虎踞"、"养精神"的青蛙构成一幅和谐静美的画面。此二句为下联蓄势,预示青蛙是不可欺侮的。

　　次联写青蛙的"宣言"。它以不容置疑的口吻,向自然界发号施令:我不先开口,谁人敢作声!此二句,正面描写青蛙的凛然气势与蓄藏的巨大能量;侧面暗示那些自命不凡的"虫儿":你们只能跟班,只能臣服。从此诗可以看出青年毛泽东素有湖南人"敢为天下先"的超凡气概与凛然浩气。

一九一九年,毛泽东在长沙。

五言诗

湘江漫游联句(残篇)①

一九一四年

晚霭峰间起(萧)②,
归人江上行(萧)。
云流千里远 (萧),
人对一帆轻 (毛)。
落日荒林暗 (毛),
寒钟古寺生(萧)。
深林归倦鸟 (萧),
高阁倚佳人 (毛)。
(下佚)

【注释】

①此诗见于萧瑜《我和毛泽东的一段曲折经历》(昆仑出版社 1989 年版,该书原名《毛泽东和我曾是乞丐》)。

②霭:云气,轻烟。

【赏读】

据毛泽东的同学萧瑜回忆,他与毛泽东在湖南第一师范学校求学时,常常相伴信步湘江岸边,时而说古道今,谈诗论文;时而即景抒情,吟唱酬答。他在一篇回忆毛泽东同志的文章中写道:"湘江沿岸风光秀美,让人不禁诗兴大发。我在日记本写了许多诗句。至今我仍记得我和毛在一块漫步湘江边作的一首诗的前几句。"此处所录非完篇。

　　这一联句意境高远,所描绘的景致优美怡人。云飘千里,晚霞灿烂;峰峦起伏,荒林潜绿;江河浩瀚,轻帆如织;古寺钟声,倦鸟归林;高阁佳人,倚栏眺望。面对如此佳景,两位青年才子诗兴勃发。这首即景之作,语辞浅显,也不多含深意,却反映两位青年思维活跃而敏捷,也反映青年毛泽东在忧国忧民之外的潇洒情怀。

◇毛泽东手迹
《明耻篇题志》

四言诗①

《明耻篇》题志②

一九一五年五月

五月七日③，
民国奇耻。
何以报仇？
在我学子④！

【注释】

　　这首诗见于李锐《毛泽东早年读书生活》，高菊村等著《青年毛泽东》等书。收录入邢崇智等主编的《毛泽东研究事典》(河北人民出版社 1992 年 9 月版)、何平主编的《毛泽东大辞典》(中国国际广播出版社 1992 年 8 月版)。

　　①四言诗：即每句四个字的诗，《诗经》里的各篇基本上是四言诗，这种诗体有较大的局限性，到汉代，它的生命力就已衰微。东汉末，曹操写了一些四言诗，如《观沧海》等，又复兴了这种诗体。

　　②《明耻篇》：是 1915 年夏湖南省立第一师范学校学生集资刊印的揭露日本侵华和袁世凯卖国罪行的书刊。刊印后，毛泽东同志奋笔疾书短诗一首(略)。毛泽东在该刊各有关部位的批语，可使我们了解其大概内容。其批语有"此文作得好！""说得痛快！""以上灭亡之原于社会"、"以上灭亡之原于自我"、"以上灭亡之原于宫廷"等语。毛泽东还在该刊末篇《中日贸易出入额之比较》一文后写道："此文为第一师范教习石润山先生作。先生名广权，宝庆人。当中日交涉解决之顷，举校愤激，先生尤痛慨，至辍寝忘食，同学等爱集资刊印此篇，先生则为序其端而编次之，云云。《救国刍言》亦先生作。"

　　《明耻篇》刊印后，毛泽东广为寄赠、推荐。他在 1915 年 6 月 25 日致

018

湘生的信中写道:"又《明耻篇》一本,本校辑发于中日交涉,颇得其慨,阅之终篇,亦可得新知于万一也。"

③五月七日:即 1915 年 5 月 7 日,日本帝国主义向中国政府提出最后通牒,限 48 小时内答复签订"二十一条"(日本帝国主义向袁世凯政府提出的旨在独占中国的秘密条款)。袁世凯为了换取日本对其复辟帝制的支持,于 5 月 9 日接受了除个别条款外的全部要求,不久,又逐条签字。日本帝国主义的侵略野心和袁世凯的卖国罪行,激起了全国人民强烈的愤慨和反抗,掀起了轰轰烈烈的反日爱国斗争,使《二十一条》未能付诸实行,宣告无效。此诗以具体日期指代中日有关交涉。

④学子:学生。宋林景熙《酬谢皋父》诗:"风雅一手提,学子屡满户。"面对国难国仇,毛泽东在诗中发出了"天下兴亡,匹夫有责"的呼声。

【赏读】

毛泽东的这首四言诗写于他获得的一本《明耻篇》的封面上,时年仅 22 岁,正值"天不怕地不怕"的年龄,但却预示着他 10 年之后写出《沁园春·长沙》中"指点江山,激扬文字,粪土当年万户侯"这样的诗句。

1915 年 5 月 7 日,袁世凯为了当皇帝,宁肯卖国求荣,竟然答应了丧权辱国的"二十一条",这一日是整个中华民族的耻辱。对于这一个生死存亡的历史事件,诗人忧国忧民,心焦如焚。

该诗首句既写出国耻事件发生的时间,接用"奇耻"二字说明事件的性质。何谓"民国",民国名存实亡,孙中山先生等革命先行者所创建的中华民国已经被北洋军阀、被袁世凯窃为己有,这对于"民国"来说不仅是耻辱,而且也是嘲讽。

第二句:"何以报仇?在我学子",这与他四年后写的"天下者,我们的天下;国家者,我们的国家;社会者,我们的社会。我们不说,谁说?我们不干,谁干",以及他后来诗词中写的"指点江山,激扬文字","数风流人物,还看今朝"等在情感上和气魄上是一致的。

全诗语言明快,感情激愤,表达了作为时代学子强烈的爱国之心与报国之志。

四言诗·《明耻篇》题志〈1915年〉

五言诗

挽易昌陶①

一九一五年六月

去去思君深，　　思君君不来。
愁杀芳年友，　　悲叹有余哀。
衡阳雁声彻，　　湘滨春溜回。
感物念所欢，　　踯躅南城隈②。
城隈草萋萋，　　涔泪侵双题③。
采采余孤景，　　日落衡云西。
方期沅澧游④，　　零落匪所思。
永诀从今始，　　午夜惊鸣鸡。
鸣鸡一声唱，　　汗漫东皋上⑤。
冉冉望君来，　　握手珠眶涨。
关山蹇骥足⑥，　　飞飚拂灵帐。
我怀郁如焚，　　放歌倚列嶂⑦。
列嶂青且蒨⑧，　　愿言试长剑⑨。
东海有岛夷⑩，　　北山尽仇怨。
荡涤谁氏子⑪，　　安得辞浮贱。
子期竟早亡，　　牙琴从此绝⑫。
琴绝最伤情，　　朱华春不荣。
后来有千日，　　谁与共平生？

望灵荐杯酒，惨淡看铭旌^⑬。
惆怅中何寄，江天水一泓^⑭。

【注释】

①《挽易昌陶》这首诗出自毛泽东的一封信稿(韶山毛泽东同志纪念馆展品载)。信中说："读君诗，调高意厚，非我所能。同学易昌陶君病死，易君工书善文，与弟甚厚，死殊可惜。校中追悼，吾挽以诗，乞为斧正。"此诗较早见于高菊村等著《青年毛泽东》(中央党史出版社1990年3月版)、萧永毅《毛泽东诗词对联辑注》有载，并以第一句为诗题。高凯等编《毛泽东大观》(中国人民大学出版社1993年4月版)录载、亦收入李准、丁振海主编的《毛泽东文艺思想全书》(毛泽东文艺思想大事年表1915年夏)。诗题均作《挽易昌陶》。易昌陶，字咏畦，湖南衡阳人。1915年3月因病去世。此诗乃易昌陶病逝后，作者为悼念挚友而作，既表达了对良友早逝的悲痛心情，又抒发了忧国伤时情怀。

②踯躅：徘徊不进。南城：指长沙城南，湖南第一师范所在地。隈：弯曲的地方；角落。

③涔泪：泪落不止。江淹《杂体诗》："芳尘未歇席，涔泪犹在袂"。题：额。《楚辞·招魂》："雕题黑齿。"谢惠连《捣衣诗》："微芳起两袖，轻汗染双题。"

④沉潏：犹汪洋。水深广貌。左思《吴都赋》："濒溶沉潏，莫测其深，莫究其广。"

⑤汗漫：漫无边际。皋：岸，近水处的高地。东皋：陶渊明《归去来辞》："登东皋以舒啸，临清流而赋诗。"

⑥蹇：跛足。引申为艰难。骥足：喻高才。《三国志·蜀志·庞统传》："庞士元非百里才也，使处治中别驾之任，始当展其骥，足耳。"

⑦列嶂：群峰耸立，有如屏嶂。唐李益诗："列嶂高峰举，当空太白低。"

⑧蒨：同茜，草名。其根可作染料。

⑨试长剑：汉王符《潜夫论·考绩》："剑不试则利钝暗，弓不试则劲挠诬。"元虞集诗："试剑丹崖秋隼疾。"此处喻为国效力之意。

⑩岛夷：古族名。古代分布于我国东部沿海及附近岛屿。《尚书·禹贡》："冀州岛夷皮服，扬州岛夷卉服。"南北朝时，北朝统治者对南朝人轻侮称呼。鸦片战争前后的诗文中，常称外国侵略者为岛夷。黄遵宪《冯将军歌》："何物岛夷横割地，更索黄金要岁币。"岛夷指法国侵略者。此诗用以指斥日

本侵略者。

⑪荡涤：冲洗，清除。《汉书·谷永传》："荡涤邪辟之恶志。"

⑫子期、牙琴：钟子期，春秋楚人，精于音律。伯牙鼓琴，志在高山流水，子期听而知之。子期亡，伯牙谓世无知音，乃绝弦破琴，终身不复鼓琴。

⑬铭旌：竖在柩前以表识死者姓名的旗幡，又称明旌。

⑭泓：水深。郭璞《江赋》："极泓量而海远。"

附：

在《易君咏追悼录》中，收录毛泽东同志一副挽联："胡虏多反复，千里度龙山，腥秽待涤，独令我来何济世；生死安足论，百年会有殁，奇花初茁，特因君去尚非时。"

【赏读】

这是一首悼念亡友的挽诗，深得悼亡诗之体。作者表达了对挚友早逝的痛惜、悲伤之情，忧国忧民的报国情怀，以及改造旧世界的宏图远志。

全诗共四十句，从作者所流露的感情脉络赏读，可分为四个部分。

（五古·挽易昌陶）

第一部分,思念亡友(第一句至"涔泪侵双题")。思念是这一部分的主旨,"去去"是说易昌陶去世了,而且越去越远,接着连用两个"思"字,表明作者的深切思念之情。"愁杀"、"悲叹"均表达了因挚友英年早逝而产生的无限忧伤和哀思。接下来四句写睹物思人。"衡阳雁声"如故,"湘滨春溜"依旧,可是已物是人非。从前是两人欢欣与共,现在却留下一人伤心流泪,在黄昏时分,作者只能孤独地徘徊于城墙下。

第二部分,痛失亡友("采采馀孤景"至"握手珠眶涨")。痛惜是这一部分的主旨,也是全诗的基调。以"采采"、"日落"之景物衬托"孤景",极言痛失挚友后的哀悼之情。失去挚友本已哀伤至极,何况自己与亡友还有一番宏大的游览祖国河山的计划没有付诸实践。一想到"永诀",自己就会在半夜里惊醒,心情更加沉痛。由于思念和悲伤所致,夜里常无目的地逡巡于田埂之上,恍惚中好像看见亡友慢慢地走过来。

第三部分,追忆亡友("关山蹇骥足"至"朱华春不荣")。抒发主人公失去了实现共同理想的挚友,对亡友的哀悼之情,只有通过"放声"来排解心中的悲痛。接下来六句具体抒写他们共同的理想——驱除侵略中国的敌寇。为实现这一理想,主人公并没有以为他们的"浮贱"相推辞,从而使诗人的悲痛注入了深厚的内容,更能引起读者的共鸣。主人公以历史上的钟子期喻指亡友,以伯牙比自己,说明他们之间的友谊之深,而"朱华春不荣"又最使人伤情。因此说追忆是这一部分的主旨。

第四部分,祭奠亡友("后来有千日"至结束)。祭奠是这一部分的主旨。主人公叹琴绝花凋,发出了今后的时光还有谁能与我共同报国的感叹,悲痛之情,十分感人。可是人死不能复生,无奈只能以荐酒、看铭旌的方式寄托哀思。最后,主人公遥望一泓江水,以深沉的江水衬托,使这种感情更加鲜明感人。

这首诗的突出特点是以回环往复,层层深入的艺术手法,表达主人公对挚友英年早逝的痛惜和思念之情。全诗低回沉郁的意蕴与昂扬豪放的风格高度统一,在沉痛的哀思中融汇着一股阳刚之气和报国之情。主人公面对祖国河山的报国愿望,献身精神,堪称那一时代先进青年的代表。

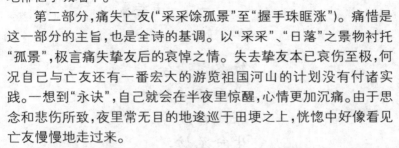

杂言诗

游泳启示①

一九一五年夏

铁路之旁兮，
水面汪洋；
深浅合度兮，
生命无妨。
凡我同志兮，
携手同行；
晚餐之后兮，
游泳一场。

【注释】

①毛泽东从小喜好游泳。他在湖南一师求学期间，担任校学友会总务兼研究部长时，着手组织游泳组。为了动员同学们参加，他别出心裁地用仿《离骚》语式的诗语写了这一则"游泳启事"，张贴在学校的"揭示处"。一师校舍，坐落在湘江之滨。湘江东去，碧波浩荡，岸芷汀兰，锦鳞浮沉，是天然的游泳去处。

【赏读】

这首"仿离骚体"诗最突出的艺术特色是语句浅显，但所含内容极其深厚，平淡中含千钧之重，整体有撼天动地之感。

前四句写明湘江的游泳条件很理想：湖南第一师范学校面临湘江，相距不过五百米。左边二百米则是贯穿南北的粤汉铁路。学校前面的这段湘江,叫南湖港,水面宽广,又"深浅合度",既安全又便于游泳,正是游泳的最佳去处。

后四句则是动员同学们参加游泳组一起去游泳。"凡我同志兮",不写"同学"而写"同志",意在动员那些对游泳有兴趣,爱好游泳或想游泳的同学,而不是普遍的动员。"携手同行",暗示组织起来一起行动,但显得十分亲切、友好。

最后一句,写明了"启事"的宗旨和目的。"启事"贴出之后,同学们纷纷踊跃报名,很快就组成了一支百余人的游泳大队。

青年毛泽东刻苦学习,既关心国家大事,又重视锻炼身体。一九一七年,他在一篇文章中还写道:一个人"欲文明其精神,先自野蛮其体魄"《毛泽东早期文稿》。游泳,是他的诸多锻炼项目中最喜爱的一项,直到七十以上高龄,犹能"万里长江横渡"。

赏读之余,感觉整首诗语句畅达、轻快,透着轻松愉悦之情,令人顿感余韵无穷。

杂言诗·游泳启示〈1915年〉

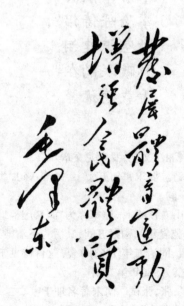

◇毛泽东手迹

发展体育运动　增强人民体质

五　律①

登云麓宫联句②

一九一六年冬

共泛朱张渡③,
层冰涨橘汀④。
乌啼枫径寂,
木落翠微冥⑤。
攀险呼俦侣⑥,
盘空识健翎⑦。
赫曦联韵在⑧,
千载德犹馨。

【注释】
引自1980年第2期《湘江文艺》罗章龙文章。

①五律:即五言律诗。要求每句五个字,每首八句,共四十字,要论平仄,用对仗,通常多用平韵。

②云麓宫:在岳麓山右顶峰上。道家称为"洞真虚福地",清康熙《岳麓志》载:旧有宫殿久废。乾隆年间构殿五间,其后为三清殿,冶铁为瓦,立石为柱。咸丰二年(1852)毁,同治二年(1863)修复。这首诗见于罗章龙《庄斋汗漫游话(三)》(《湘江文艺》1980年第二期)。

③朱张渡:朱,朱熹;张,张栻。南宋著名理学家。二人在岳麓书院讲学,从者千余人,时有"潇湘洙泗"之称。后人因以二人之姓名渡口。朱张渡在长沙南门外。

④汀:水中或水边的平地。《楚辞·九歌·湘夫人》:"搴汀洲兮杜若"。王

逸注:"汀,平也。"

⑤翠微:青翠的山气。陈子昂《薛大夫山亭宴序》:"披翠微而列坐,左对青山;俯盘石而开襟,右临澄水。"冥:昏暗,幽深。

⑥俦侣:伴侣。

⑦盘:回旋。翎:鸟的羽毛。此代指飞鸟。

⑧赫曦:即赫曦台。岳麓书院附属建筑之一。《乾隆长沙府志》卷十二(古迹):"赫曦台,在岳麓山上。文公(宋朱熹)《云谷山记》曰:予名岳麓山顶曰'赫曦',张伯和父为大书台上。悬岩有古篆字数十,隐见不明。嘉靖戊子(明世宗嘉靖七年),1528年知府孙存建。"赫曦,光明盛大貌。赫曦联韵,即朱熹与张栻登岳麓山赫曦台联句,中有"怀古壮士志,忧时君子心"诸句。

关于这首诗写作的经过,毛泽东在"一师"的同学罗章龙在他《庄斋汗漫游话(三)》中写道:

"文虎(罗章龙字)与润之(毛泽东字)自定王台会晤后,时相过从,……一次,润之忽来访,约作麓山游。二人清晨八时启行出南门,冒寒,从朱张渡过湘江,朱张渡是由朱晦庵(朱熹)与张南轩(张栻)得名的。二人均宋代学者与诗人,在长沙讲学,为当时湖南青年所熟知。因此,我们在朱张渡茶亭停留下来,讨论他们二人在湖南留下的思想影响。……当时我们留下一首泛朱张渡的诗。由朱张渡到自卑亭稍作休息,二人互议,同意分南北两路登山,即彼此各由凤凰山及天马山,登云麓宫,相约以先到为胜。议定,各鼓勇前进。时大雪封山,朔风遒劲,层冰嵯峨,禽鸟息鸣,人踪不见。山风过处,玉树冰枝,铿锵有声,寒气侵入肌肤,草慬积雪泥盈寸,重厚难行,约经二小时许,行抵北海碑亭。文虎从树隙窥见润之尚在印心石屋小径上彳亍而行。攀登颇难。最后二人奋勇直上,登云麓宫最高处。傍晚下山过赫曦台,见朱晦庵与张南轩联句,怅然无已。朱晦庵与张南轩登岳麓山赫曦台联句,意境尚高,传诵一时。诗云:

"泛舟长沙渚,振策湘山岑。烟云渺变化,宇宙更高深。
怀古壮士志,忧时君子心。寄言尘中客,莽苍谁能寻?"

【赏读】

全诗采用写实的手法,借景抒情,形象动人。前两句,写诗人与友人共同泛舟于湘江,到了朱张渡口,接着写这里一层一层的冰水漫过了橘子洲头。汀,字音响亮,与下面的"冥"、"翎"、"馨"构成韵

五律·登云麓宫联句〈1916年〉

律，颇有韵味。这两句写近景，下两句写远景：山上的树林里，鸟儿在啼鸣，枫林中的小径寂然无声。树木已经落叶，山色幽暗，一片冬景展现在眼前。这里运用这个词，既典雅，又精炼。后四句，顺势写人，写人的精神和意愿。诗人与友人在此"寂"、"冥"中，一同去攀登险峰，彼此呼唤着(同伴)紧紧跟上，直到他们站在了高山之巅才认识到盘旋于高空中的飞鸟的本领与意志，进而想到只有像长空飞鸟这样的本领与意志，才能大显雄姿。这是诗人此次出游的一个收获，同时也表达了诗人的意志。接着写赫曦台上看到朱张的联句诗，到现在人们还在咏颂着它，它也继续影响着人们的思想，可见"千载德犹馨"。这两句寓含着诗人也有志于此，这是诗人的第二个收获。同时也表明了他那个时代的青年人积极热情的人生观以及以天下为己任的襟抱。

本诗的特点是不仅写了景，而主要衬托了人，写出了诗人的精神和壮志。而二者的有机结合，尤显天衣无缝、浑然一体。

关于诗人与罗章龙是如何相识的？毛泽东后来回忆说："我这时感到心情舒畅，需要结交一些亲密的同伴。有一天我就在长沙一家报纸上登了一个广告，邀请有志爱国工作的青年和我联系。我指明要结交能刻苦耐劳、意志坚定、随时准备为国捐躯的青年。我从这个广告得到的回答一共有三个半人。一个回答来自罗章龙，他后来参加了共产党，接着又转向了。两个回答来自后来变成极端反动的青年。'半'个回答来自一个没有明白表示意见的青年，名叫李立三。"

四言诗

露　宿

一九一七年七月

沙滩为床，石头当枕，
蓝天作帐，明月为灯。

【注释】

　　该诗选自《毛泽东的青少年时期和初期革命活动》一书（中国青年出版社，1980年7月版）。

【赏读】

　　露宿，是毛泽东青年时坚持奉行的一种锻炼体魄的方法。1917年夏天的长途"游学"，更为他提供了露宿的机会。当时毛泽东和萧瑜离开宁乡，向安化行进。

　　一天，在一户农家得到了一份非常满意的晚餐后，沿着小河继续前行。河床很宽，却只有一线涓涓细流。他们在沙滩上漫步，明亮的月光和清晰的影子形成了奇妙的景观，使他们流连不已，不知不觉到了一处前不着村、后不着店的地方，只好露宿了。毛泽东调侃说："这水岸不是很舒适的床吗？"萧瑜笑着说："就让蓝天作为我们的帐幔吧。"毛泽东顺手将包袱、雨伞挂在树枝上，愉快地说："老树就是我们的衣柜。"萧瑜说："月亮不就是一盏大灯吗？"他们找来两块又大又平的石头当枕头，在星空明月下非常快慰地露宿野外了。他们仰视明月，吟成了这首有民歌风格的诗。很显然，他们没有经意做诗，而是即兴偶成的，却在不经意中显现出了他们的豪放性格与随遇而安的愉悦心情。

七　律①

游学即景(残句)②

一九一七年夏

骤雨东风过远湾③,
滂然遥接石龙关④。
□□□□□□□,
□□□□□□□。
野渡苍松横古木,
断桥流水动连环。
客行此去遵何路?
坐眺长亭意转闲。

【注释】

①七律:即七言律诗。每句七字,每首八句,共五十六字,要论平仄,要用对仗,一般多押平韵。

②这首诗见于萧三《毛泽东的青少年时代和初期革命活动》。1983年9月6日《解放日报》社出版的《报刊文摘》登载《毛泽东早期的几首旧作诗词》一文曾加以介绍。后录入陈晋《毛泽东的文化性格》(中国青年出版社1991年版)。原诗缺二句,无标题。

③骤雨:急雨。

④滂:大水涌流。滂然,急雨倾泻貌。石龙关:当指石龙山,在湖南湘潭县西一百里,接衡山、湘乡两县界。山顶有石,昂如龙首,故名。

【赏读】

当年毛泽东和萧瑜"游学"时,在安化逗留了几天后,向益阳进发,途中遇大雨,写下这首七律。

首联:咏骤雨和洪水,均从动中着笔:一"过"字,描绘大雨骤然而来,又骤然而去的状态;一"接"字,准确地再现洪水滔滔东流,似与远处的石龙关浑然合一的景象。接下来的三、四句诗当是描绘这场大雨的景象,可惜这两句诗缺佚。(此诗按律应缺第二联,原出处为缺第三联,误。)

五六句描写大雨时途中所见:则于静中显示景观的幽复:"野渡"、"苍松"、"古木"、"断桥"、"流水"、"连环",组成一幅古朴的自然风光画;再着一"横"字,在画上浓添重彩,加深了画的意境,"动"字把静态之景写活了,能反衬出自然界之静谧。

尾联:由状物转而抒情,"客行此去遵何路?"作者自问,横在面前的这条河是过不去了,应该往哪走呢?"坐眺长亭意转闲",暂时不走了,在渡口边的长亭里坐下休息休息,悠闲地眺望雨后的景色。处变不惊,遭遇困难镇定自若,正是诗人性格的真实写照。

也许是即景诗,按七律"仄起首句用韵式"平仄要求:第一句"骤雨东风过远湾"正格合律,但第二句"滂然遥接石龙关"句,仅"接"字(古"入"声)可算为仄声外,其它均为平声(第二、五字按律应用仄声),音韵上略显美中不足。

七律·游学即景〈1917年〉

五 言 诗
云封狮固楼(残句)①

一九一七年夏

云封狮固楼,桥锁玉潭舟。

【注释】

该诗(残句)选自《毛泽东诗词书法赏析》,内蒙古文化出版社,2002年1月版。

①狮固楼位于宁乡县城郊外玉潭河边。(源于萧瑜回忆录)

【赏读】

此诗是作者和萧瑜"游学"途中,在拜访过刘翰林后,在途经城郊玉潭河时,看到两岸风景如画,诗人兴致勃勃,遂赋诗一首。据萧瑜后来回忆:经过多年,该诗的这两句仍给自己留下了深刻的印象。

在古诗中,"云"与"桥"是常用的景物,这里巧用来题写眼前景物,自然贴切,具有典型意义。云在天上,桥在地下,相映成趣。"封"与"锁",动词对动词,将云、桥拟人化,形象生动。且以"狮固楼"、"玉潭舟"为典型景物,浓缩当地风光,实为状物抒情的画龙点睛之笔,全诗朴实典雅,富含古诗韵味。

毛泽东诗词全集赏读

七　绝

赠刘翰林联句①

一九一七年夏

翻山渡水之名郡②，　　(毛泽东)

竹杖草履谒学尊③。　　(萧瑜)

途见白云如晶海④，　　(萧瑜)

沾衣晨露浸饿身⑤。　　(毛泽东)

【注释】

①翰林：官名。唐玄宗初置翰林待诏，为文学技艺侍从之职。开元二十六年改翰林供奉为学士，别置学士院。唐德宗以后，翰林学士职掌为撰拟机要文书。明清以翰林院为"储才"之地，在科举考试中选拔一部分人入院为翰林官。清制翰林院以大学士为掌院学士，其下设侍读学士等官。刘翰林，姓名不详，时已告老还乡。这首诗见于萧瑜《我和毛泽东的一段曲折经历》，又见于李锐《毛泽东早年读书生活》。据萧瑜回忆，1917 年 7 月中旬，毛泽东邀集萧瑜，从长沙动身，徒步经历了宁乡、平江、浏阳等五个县，进行了广泛的社会调查，接触了各方面的人士。他们扮作乞丐，分文不带，采用旧时代读书人"游学"的办法，解决旅途中的食宿等问题。在渡过湘江之后，走了一天山路，来到一个村庄，曾拜访了一位姓刘的士绅。此人清末做过翰林，后告老还乡，诗文很有造诣，家中也很富裕。毛、萧决定"写首诗送给他，用象征的语言表示我们拜访他的目的。"

②渡：李锐《毛泽东早年读书生活》文为"涉"。之：至，去到。

③谒：请见，进见。一般用于下对上，幼对长，或用作谦词。学尊：对刘翰林的敬称。

④全句赞颂翰林隐居生活的超脱与高雅。

⑤末句句意一目了然,表明拜谒之目的。

【赏读】

　　学生时代的毛泽东,以"毛奇"闻名,常发奇想,做出奇事。《毛泽东自述》载,"有一天,我读到一份《民报》,上面刊载着两名中国学生旅行全国的故事,他们到达了西康的打箭炉。这件事给我很大的鼓舞。我想效法他们的榜样,可是我没有钱,我想我应当先试着在湖南旅行一番。"毛泽东后来这样回忆起他当时发"奇想"的缘由。老师们在课堂上的议论,更坚定了他的"奇想":闭门求学,其学无用。欲从天下国家万事万物而学之,"则汗漫九垓,遍游四宇而已。""游者岂徒观览山水而已哉,当识得其名人巨子贤士大夫,所谓友天下之善士也。"他还从黎锦熙那里得知:王安石之败,在于"无通识,并不周知社会之故"。

　　这首《七绝》是毛泽东与同学萧瑜联句而成的。1917年7月,身无分文的毛泽东和萧子升从长沙出发,开始了历时一个多月、行程四百五十余公里的"游学"。"游学",在旧社会,是穷知识分子靠到处为别人写对联、书信或其他应用文而混口饭吃、获得红包的一种办法,湖南俗称"打秋风"。

　　此诗生动地记述了他俩年轻时众多"游学"故事中的一个故事,萧瑜在《我和毛泽东的一段曲折经历》一书中曾对这首诗叙述道:"1917年暑假,毛泽东和萧瑜从长沙出发,徒步游历了湖南宁乡、安化、益阳、沅江等地。他们扮着乞丐,分文不带,采用旧时读书人"游学"的方法,解决旅途中的食、宿等问题。在赴宁乡的路上,他们饥肠辘辘,得知附近住着一位姓刘的老乡绅,原是前清的一位翰林,便决定去拜见他。萧瑜说:"润之,刘先生今天就是我们的主人了!……我想最好的办法是写首诗给他,用象征的语言表示我们拜访他的目的。"毛泽东非常赞同。于是,二人便作了这首联句诗,前去拜访刘老先生。七十多岁的刘翰林款待了他们,称赞他们的诗写得好,书法也不错,并送给他们一个红包,里面包着四十枚铜元。二人道谢后即行告辞,以最快的速度来到一个小饭馆,饱餐一顿,花去八个铜元。"

　　此诗正如萧瑜所说是一首"化缘"诗。由于二人一介英俊书生,加上诗写得好，"化缘"成功自不在话下。但诗人也正是通过这一系列"游学"对人间的疾苦及老百姓的心声，作了准确的调查研究，为今后安邦治国打下了最早的基础。

诗的意旨，着落在末句"饿身"二字上，目的是很明确的。但诗又语意浅显地反映了两个热血青年"翻山渡水"的艰苦行程，"竹杖草履"、"沾衣晨露"的洒脱形貌，以及"途见白云如晶海"的乐趣。后来，萧子升解释说："诗中第二句的'白云'，暗指刘氏能摆脱俗事的纠缠，在山中别墅过隐居生活。"

有行家评说："从平仄而言，'草履'出格，应为平声(如'芒鞋'为妥)。'饿'字平仄亦不合，当是译文之误。"其实，这首诗本是两个年轻人的口占之作，虽写成后"细读了几遍"，但终因时间仓促，未必经过反复推敲。再则，此诗最初由萧子升翻译成英文，收入他的回忆录中，再由译者由英文翻译成中文。经过两次翻译，也许早已抹去了原诗的风韵。

一九二五年，毛泽东在广州。

四言诗
题北宝塔①

一九一七年八月

伊水拖篮②，紫云反照；
铜钟滴水，梅岭寒泉。

【注释】

①此诗见于陈晋《毛泽东的文化性格》第304页。又见于高菊村等著《青年毛泽东》42页。有关毛泽东与肖瑜在1917年夏游学经历之文字叙述大致相近。均谓：

毛泽东这次在梅城，游览了孔圣庙、培英堂、东华阁、北宝塔等名胜古迹，观赏了祭孔用的"铜壶滴漏"(又叫铜钟滴水)，并在北宝塔第七层塔壁上，用墨笔题词(略)。还给县城的"鼎升泰"、"谦益吉"、"云集祥"等商店送了对联。(《青年毛泽东》)

②伊：此。《诗·秦风·蒹葭》："所谓伊人，在水一方。"

【赏读】

1917年夏，毛泽东、萧子升曾登上安化城郊的宝塔浏览，当时二人登塔远眺。塔下，水如带，每逢雨后，碧绿如蓝；塔侧的紫云山上，有巨石如镜，将阳光反射到县城。他们还到过孔圣庙，庙内有计时的滴漏铜壶，年代已久；梅子岭下，有股泉水，清冽爽口。

毛泽东登上北宝塔的第七层，举目四望，美不胜收，于是挥毫在塔壁上题下此首即景诗。

该诗体现出一种四言诗固有的古朴情调，有《诗经》之遗风，也反映出毛泽东当年善用传统四言诗创作的特点。

毛泽东诗词全集赏读

七言诗①

自信人生（残句）②

约作于一九一七年

自信人生二百年，
会当水击三千里③。

【注释】

①七言诗：即七言古体诗，又称七古。包括唐以前所有的七言诗及唐以后摹拟古体的七言篇章。七字一句，不论平仄，不要求用对仗，不限句数，一般篇幅较长；押平韵或抑仄韵，是否换韵，都无定规。早期的七言诗是句句押韵的，到南朝刘宋鲍照手里才改为隔句用韵。

②此二句诗录自毛泽东同志《沁园春·长沙》自注：击水，游泳。那时初学，盛夏水涨，几死者数。一群人终于坚持，直到隆冬，犹在江中。当时有一篇诗，都忘记了，只记得两句：自信人生二百年，会当水击三千里。

1966年7月8日，毛泽东在给江青的信中说：我是有些自信而又有些不自信。我少年时曾经说过：自信人生二百年，会当水击三千里。可见神气十足了。

③水击三千里：语出《庄子·逍遥游》。

【赏读】

毛主席从青年到暮年一直酷爱游泳，对水有很特殊的感情，而且还尤其喜爱到大风大浪中去游泳。毛泽东在湖南第一师范学校读书时，就常和蔡和森、张昆弟、罗学瓒等人去长沙的湘江中去游泳。在中流击水间，诗人经常咏哦诗篇，抒情言志。

这首《七古》残句，就是那时在湘江中吟咏的。

诗人在第一句中说:"自信人生二百年",这虽有一点夸张,但这个夸张是适度的,毛泽东在这里说"二百年",因为是运用诗歌写作中的夸张手法,也因为他当时青春年少,又经常坚持锻炼,体魄健康,意志坚强,有这种"自信",也在情理之中。他青年时代的挚友罗章龙回忆说:当时有不少同学称毛泽东为"毛奇"。有位叫陈赞同的同学,曾如此评价道:"润之气质沉雄,确为我校一奇士,但择友甚严,居恒骛高远而卑流俗,有九天俯视之慨。观其所为诗文,戛戛独造,言为心声,非修养有素不克臻此!"青年毛泽东善古体诗,是一"奇";他的诗,语出惊人,是又一"奇"。"自信人生二百年",便是写照。

　　"会当水击三千里",其中"水击三千里"化用《庄子·逍遥游》中"鹏之徙于南冥也,水击三千里。"既再现了青年毛泽东劈波斩浪的英姿,更显示了青年毛泽东鲲鹏展翅的雄心及对自己未来的前程满怀无穷的信心。

◇毛泽东手迹
提高警惕　保卫祖国

四言诗

奋　斗①

一九一七年

与天奋斗，其乐无穷！
与地奋斗，其乐无穷！
与人奋斗，其乐无穷！

【注释】

①此篇又题为《自勉》，源于 1954 年第 24 期《中国青年》魏巍文章。

【赏读】

《奋斗》是毛泽东在 1917 年至 1918 写在湖南一师的哲学课堂笔记——《讲堂录》里的，具体日期已无从知晓，其年毛泽东仅仅还是个 24 岁的学生，但这首诗已经开始闪烁出哲学的耀眼光芒和毛泽东惊人的霸气！尽管后来这首诗所折射出来的内涵颇受研究分析者们的误读和误释，但此时青年的毛泽东已经开始身体力行与天地奋斗，坚持在数九寒冬用井水洗澡，实行日光浴、风浴、雨浴、游泳、登山、露宿、长途跋涉以及体操和拳术等并写下了生平第一篇论文《体育之研究》之宏论，惊动了远在北京的陈独秀，将其以"二十八画生"的名义发表在《新青年》。

毛泽东不仅强调要的斗争精神还很看重坚强的意志，并认为这是成事的基础，他在《讲堂录》的笔记中就写下"拿得定、见得透，事无不成。""不为浮誉所惑，则所以养其力者厚；不与流俗相竞，则所以制其气者重"等心得。

杂言诗

河出潼关①

一九一八年

河出潼关，
因有太华抵抗，
而水力益增其奔猛。
风回三峡，
因有巫山为隔，
而风力益增其怒号。

【注释】

①该诗出自毛泽东青年时代的日记中，大约写于他为《伦理学原理》作批注时(1918 年春)。

【赏读】

毛泽东写这首《河出潼关》时，时值 25 岁，正当年轻气盛之时，虽不说有李白"黄河之水天上来"之气魄，但亦有"抵柱中流"之雄风。当时，他正在阅读《伦理学原理》一书，并十分赞誉书中"正以有各种抵抗，因而有与此抵抗相应之动作"的观点，于是欣然命笔在书旁批上此心得之诗。这既是作者自励的箴言，亦鲜明地显示了作者博大的内心世界。

七言诗
送纵宇一郎东行①

一九一八年春

云开衡岳积阴止②，
天马凤凰春树里③。
年少峥嵘屈贾才④，
山川奇气曾钟此⑤。
君行吾为发浩歌⑥，
鲲鹏击浪从兹始⑦。
洞庭湘水涨连天⑧，
艟艨巨舰直东指⑨。
无端散出一天愁，
幸被东风吹万里。
丈夫何事足萦怀，
要将宇宙看稊米⑩。
沧海横流安足虑，
世事纷纭从君理⑪。
管却自家身与心⑫，
胸中日月常新美⑬。
名世于今五百年⑭，
诸公碌碌皆余子⑮。

平浪宫前友谊多⑯，
崇明对马衣带水⑰。
东瀛濯剑有书还⑱，
我返自崖君去矣⑲。

【注释】

这首诗最早见于《党史研究资料》1979 年第十期，罗章龙《回忆新民学会(由湖南到北京)》一文，又见于《红旗飘飘》第十九辑。1986 年 11 月人民文学出版社《毛泽东诗词选》收入副编。

①送纵宇一郎东行："纵宇一郎"是罗章龙的化名。据罗章龙《椿园载记》：1915 年 5 月中旬某日，罗赴司马里第一中学访友，于该校会客室门外墙端，偶见署名"二十八画生征友启事"一则(二十八画是毛泽东三字的笔画数)，内容为求志同道合的朋友。返校后，立作一书应之，署名纵宇一郎。罗章龙(1896—1995)，又名璈阶，号文宪，字仲言。湖南浏阳人。1921 年加入中国共产党，1931 年被开除出党。后历任河南大学、西北联合大学、湖南大学等校教授、中国人民政治协商会议全国委员会委员、中国革命历史博物馆顾问。

罗章龙在《回忆新民学会》中，谈及此诗"本事"："当时留学最流行的是到日本，因为那时有种看法，认为日本是辛亥革命的策源地，孙中山先生组织兴中会、同盟会和武昌起义都受到日本的影响；其次日本是东方和西方科学文化的桥梁地带，维新早，接受西方科学技术早。当时在日本留学的有上万人，湖南人就不少。因此新民学会开会决定派人到日本去。并决定傅昌钰、周晓三、罗章龙等三人去日本(傅昌钰是先一年去的)。我是愿意去的，但家庭经济条件困难，而又不好当着大家的面说。会后我同何叔衡和润之谈了。润之说：这不是你个人的事，有困难大家想办法。何先生说：你有困难是实情，我们几个人一定设法送你去。其他同志也从道义上、经济上支援我，我自己也筹积了一些钱，会员们帮了一半，就决定动身了。在作准备时，我说我有个老师周频卿，到过日本。润之说那我们去见见他吧！于是我们一块去见周，他是同盟会的第一批会员。他说日本搞革命的人很多，他去那里深受影响，他是反袁的，是湖南派去炸袁世凯的几个人中的一个，只是由于他们投弹技术不熟练，没有把袁炸死。润之听了这些很感动。在我临行前，他说，相信前面会有困难，但如果有充分的准备就会

毛泽东诗词全集赏读

好些。为了送我远行,学会在长沙北门外的平浪宫举行聚餐,大家鼓励我,消除顾虑,润之还用'二十八画生'的笔名为我写了一首诗相赠"。

②云开衡岳:衡岳,即南岳衡山。在湖南中部,山势雄伟。有七十二峰,主峰祝融峰海拔1290米。风景秀丽。古木参天,终年翠绿,奇花异草,四时飘香。此指其余脉长沙岳麓山。罗章龙《椿园载记》注云:"我东行前,连日阴雨,轮船起碇时,积阴转晴。'云开衡岳'句,见唐代韩愈《岳庙》诗。"韩愈《岳庙》诗,原题为《谒衡岳庙遂宿岳寺题门楼》,是韩愈永贞元年(805年)九月由湖南郴州往湖北江陵任所,途中游衡山所作。诗中有"我来正逢秋雨节,阴气晦昧无清风。潜心默祷若有应,岂非正直能感通?须臾静扫众峰出,仰见突兀撑青空"句,表现了他当时的胸怀襟抱。毛诗点化以起兴全篇,正切合送别时情景。积阴:累积多日的阴寒之气。

③天马凤凰:天马、凤凰系岳麓山区的两座山名。据《长沙地名录》,在岳麓山下的湖南大学和湖南师范大学东面的湘江岸边,有两座并列的小山。南边的叫天马山,高112.6米。此山位于湘江西岸,与岳麓山脱脉而崛起一峰,有天马行空之势,故名。北边的叫凤凰山,高88.7米,因山形似凤凰得名。另据《韶山记》载:韶山"上麓天马(宁乡境内)","东骛凤凰(醴陵境内)。"则以"天马"、"凤凰"为名的山不止一处。这里当概指岳麓山地区、湘江两岸诸山。古人是将岳麓看作衡岳的一部分的。《南岳记》即有"南岳周围八百里,回雁为首,岳麓为足"的说法。另,天马、凤凰又为我国传说中的神马神鸟。历史上以它们的出现象征圣贤的出世。详味诗意,作者有喻友自喻之意,有以英雄自许亦以英雄许人之气概。春树:杜甫《岛日忆李白》有"渭北春天树,江东日暮云。何时一樽酒,重与细论文"之句。后人遂以"春树暮云"为怀念友人之辞。此处既是写实,又用以点染友谊,勉人同时自勉。

④屈贾:战国时楚国爱国诗人屈原和西汉杰出政论家贾谊,二人都曾贬谪长沙。司马迁《史记》将他们合为一传,后人因称屈贾。诗人借以称罗章龙等有才华的爱国青年。罗章龙在其《定王台晤二十八划生》诗中有句云:"策喜长沙傅,骚怀楚屈平。风流期共赏,同证此时情"。

⑤山川奇气曾钟此:钟此,汇聚于此。古人认为山川灵秀之气所聚集,便产生杰出的人才。因而有"钟灵毓秀","人杰地灵"的说法。曾国藩题湘乡东皋书院联云:"涟水湘山俱有灵,其秀气必钟英哲;圣贤豪杰本无种,在儒生自识指归。"

⑥浩歌:高歌。《楚辞·九歌》:"临风恍兮浩歌"。

⑦鲲鹏击浪:典出《庄子·逍遥游》:"北溟有鱼,其名为鲲。鲲之大,不知其几里也。化而为鸟,其名为鹏。鹏之背,不知其几千里也。怒而飞,

其翼若垂天之云……《皆》之言曰：'鹏之徙于南溟也，水击三千里，抟扶摇而上者九万里，去以六月息者也'。"击浪，即击水，亦即水击。

⑧洞庭秋水：语出刘长卿《自夏口至鹦鹉洲望岳阳寄元中丞》："汀洲无浪复无烟，楚客相思益渺然。汉口夕阳斜渡鸟，洞庭秋水远连天。"

⑨艨艟：通作"艨艟"。战船狭而长曰艨艟。《广雅疏证》字本作蒙冲。蒙，冒也；冲，突也。船之有蒙冲，犹车之有冲车。朱熹《观书有感》："艨艟巨舰一毛轻"。毛诗指轮船。

⑩要将宇宙看稊米：稊，草名，结实如小米。《庄子·秋水》："中国之在海内，不似稊米之在太仓乎？"辛弃疾《哨遍·秋水观》："何言泰山毫末，从来天地一稊米"。写旷迈胸怀。

⑪沧海横流：海水四处奔流。比喻天下大乱，社会动荡不安。《晋书·王尼传》："常叹曰：'沧海横流，处处不安也'。"

⑫世事纷纭从君理：据李锐《毛泽东早年读书生活》注："各种版本包括人民文学出版社 1986 年版《毛泽东诗词选》，都是采用此句(世事纷纭何足理)。从诗文风格、选字、特别是从达意上看，连续出现"足萦怀"、"安足虑"、"何足理"，亦与诗人功底不合。这次恢复原句，是研究罗章龙生平的邓伍文同志，同罗老恳谈后，本人郑重予以改正的。此处利用了邓写的材料。"在该书 182 页—183 页，作者写道："1979 年他(罗章龙)在《回忆新民学会》中发表这诗的时候，大约是觉得有负故人的厚望，就把"世事纷纭从君理"一句，改做"世事纷纭何足理"，把诗人对他的付托改为自负的态度了。"世事纷纭从君理"，是全诗关键之句，应当恢复诗人的原意。"

⑬管却自家身与心：《礼记·大学》："古之欲明明德于天下者，先治其国；欲治其国者，先齐其家；欲齐其家者，先修其身；欲修其身者，先正其心……"。朱熹说："夫心者，人之所以主乎身者也"。"必使道心常为一身之主"。此句诗似有取于此。

⑭胸中日月常新美：罗章龙说，这句里有一典故，毛本人解释过，现在记不起了。黄庭坚《答友求学书》云："古人之学问高明，胸中如日月"。又有《颐轩诗》云："泾流不浊渭，种桃无李实，养心去尘缘，光明生虚室"。虚室，喻心。见《庄子·人间世》："瞻彼阕者，虚室生白，吉祥止止"。以上二句诗言重视身心的修养，保持思想境界的新美高尚。

⑮名世于今五百年：典出《孟子·公孙丑下》："五百年必有王者兴，其间必有名世者。……如欲平治天下，当今之世，舍我其谁也？"名世，著名于世。

⑯诸公碌碌皆余子：碌碌，平庸。诸公，指当时的当权者。《史记·平原

君虞卿列传》载毛遂语："公等碌碌，所谓因人成事者也。"《后汉书·祢衡传》："常称曰：'大儿孔文举，小儿杨德祖(杨修)，余子碌碌，莫足数也'。刘克庄《沁园春·梦孚若》：'天下英雄，使君与操，余子谁堪共酒杯!'余子，指其他的人。这两句诗反映了当时一些有抱负的爱国青年的思想境界。李立三青年时代曾在一张照片上题词：'天下英雄唯使君与吾耳'。虽不必有此事实，亦不可无此志气；非敢自负，实自勉也"。即类此。

⑰平浪宫：在长沙北门外，轮船停泊处。

⑱崇明对马衣带水：崇明，岛名。在上海北、长江入海口。对马，日本岛名。属长崎县。衣带水，即一衣带水。《南史·陈本纪》下载，隋文帝将发兵伐陈时对大臣曰："我为百姓父母，岂可限一衣带水不拯之乎?"本句意谓中国日本是一衣带水的邻邦，路途并不遥远。

⑲东瀛濯剑：东瀛，本指东海。因日本在东方，且隔海，故亦称日本为东瀛。濯剑，洗剑。此指东行游学，有如磨砺剑锋。当时有志之士每以剑自比。

⑳我返自崖：典出《庄子·山水》："君其涉于江而浮于海，望之而不见其崖，愈往而不知其所穷。送君者皆自崖而反，君自此远矣!"崖，岸。

【赏读】

　　这首诗通过描写送别朋友去日本求学的情境，真挚地表现了满怀理想的青年革命者之间的惜别之情并决心做出一番事业的美好祝愿。此诗于沉郁中寓含大气，虽名为赠纵宇一郎，实为自况。

　　开篇二句：描绘了一幅楚湘大地的春景图，连日积蓄的阴云终于被一片碧空荡开，岳麓山诸峰亮出了青朗高华的姿容，其中天马山、凤凰山也裹在深春的碧绿中，祖国江山在蓬勃春华里让大家也感到欣喜。

　　接下来二句：写湖南人杰地灵，英才辈出。先以一句"年少峥嵘屈贾才"赞友人，接着指出屈原、贾谊也都出自湘楚这个灵秀之地。而今长沙岳麓书院门联仍是："惟楚有才，于斯为盛。"在湖南的历史上不仅涌现过屈原、贾谊，而且在近代更是群英璀璨，有谭嗣同、唐才常、黄兴、宋教仁、蒋翊武、陈天华、蔡锷、杨度等一大批英雄豪杰，形成"楚境一隅，经营天下"之势。连梁启超也发出这样的浩叹："可以强天下而保中国者，莫湘人若也!"(引自梁任公《南学会叙》)

如今又一批不辜负湘楚灵秀之气的青年俊才正在崛起，屈指算来中国共产党的第一代领导人中，湖南精英堪称群星灿烂。

从第五句起，开始转入送友的主题，诗人当歌一曲，以激励友人从此如鲲鹏般展翅击浪向前进。

从第十一句起，开始劝勉朋友，同时警醒自己：大丈夫坦坦荡荡，做事提得起放得下，哪会因一点小事萦怀于心，有所牵绊；大丈夫应放眼天下，傲视环宇，区区宇宙在大丈夫眼中不过为一粒稊米而已，不足道哉；天下动荡，时局变乱，大丈夫不必忧虑，人世间的风云变幻自会任吾辈来料理。

全诗最后四句，再次抵达送行主题，以豪气兼并柔情。前去日本只隔海相望，一衣带水，"天涯若比邻"，大家仍会心心相印，书信往还，相互鼓舞的，而友人去日本学好本事日后也将报效祖国。送君千里终须一别，我在此别过，君已去远矣。

最末一行化用《庄子·山木》中的："君其涉于江而浮于海，望之而不见其崖，愈往而不知所穷，送君者皆自崖而反，君自此远矣！"此处可见，诗人自小文艺功底丰厚，尤其中国古代文化的修养可谓了然于胸而又有日月之新美。

总之，全诗引潇湘之景如衡岳、天马、凤凰、洞庭；引潇湘人物如屈原、贾谊入诗，凸显地方特色。诗人博闻强记，一生饱览经史，善用典故。与湖湘有关的典故用在此诗中，仿若信手拈来。作者将写景、叙事、抒情、说理巧妙地结合在一起，使情景交融，情理相关，贴情切景，显得神定气足，散发出积极的浪漫主义气息。"沧海横流"，是这首诗的时代背景，心忧国患，锐意进取则体现这首诗的思想深度。

该诗也是毛泽东在学生时代留下的最后一首诗，既抒送别之情，又写互勉之理。

毛泽东诗词全集赏读

归 自 谣①

一九一八年春

今宵月，
直把天涯都照彻②，
清光不令青山失③。

清溪却向青滩泄，
鸡声歇，
马嘶人语长亭白④。

【注释】

此词见于罗炽主编《毛泽东诗词鉴赏辞典》，又见于胡忆肖等编著《毛泽东诗词白话全译》。

①归自谣：词牌名，双调三十四字。上下片各十七字三句三仄韵。一些书中将《归自谣》与《归国谣》误为一体（如《词律》中还注明"国一作自，谣一作遥"），但两者实非一调。《归国谣》为唐教坊曲名，后用为词牌。调见《花间集》。为双调四十二字或四十三字，仄韵。与《归自谣》不同。《词谱》中已分列。

②天涯：极远之处，天边。王勃《送杜少府之任蜀川》："海内存知己，天涯若比邻。"张九龄《望月怀远》，"海上生明月，天涯共此时。"彻：遍，清楚。

③清光：月光。杜甫《一百五日夜对月》："斫去月中桂，清光应更多。"

④长亭：古时路途十里设亭，谓之长亭，为人们送别、休息之处。白：指天亮。李贺《致酒行》："我有迷魂招不得，雄鸡一声天下白。"

　　一九一八年四月，毛泽东等人筹划成立了新民学会，这是一个崭新的革命团体。学会成立不到三个月，毛泽东就从湖南第一师范毕业了。此后他和学会的主要负责人全力投入留法勤工俭学的运动中。以后他积极开展爱国运动，抗议巴黎和会，继而主编《湘江评论》，开展驱逐张敬尧(湖南督军，北洋军阀头子段祺瑞在湖南的爪牙)的秘密活动，次年，张被迫离开了湖南。毛泽东就是在如此繁忙的革命活动中，面对着良宵夜月的美景写下了这首动人的诗篇。

　　这首诗采用含蓄的表达方法，以对紧密相连的两个境界的描写，来抒发作者的感情。第一个境界："今宵月"的清辉洒向广阔无涯而又幽静、平和的世界，目光所及的是座座青山，没有被夜色淹没，清澈的溪水流向碧绿的水滩。这是很具体的形象描写。第二个境界：明月下鸡歇马嘶前静后动，既不单调又真实自然，是一首表达驱张运动成功后，诗人优美、开朗心情的极富有韵味的小诗。

◇毛泽东手迹
无限风光在险峰

魏都怀古（联句）①

一九一八年八月十八日

横槊赋诗意气扬，　（罗）
自明本志好文章②。（毛）
萧条异代西畴墓③，（毛）
铜雀荒伧落夕阳④。（罗）

【注释】

引自《毛泽东思想研究》1994年第4期。

①魏都：魏国京都在今河南许昌城东五公里外的地方。

横槊赋诗：汉建安十二年十月，曹操率大军攻吴，号称八十万众，且拥有巨舰千艘。苏轼在《前赤壁赋》中形容道："方其破荆州，下江陵，顺流而东也，舳舻千里，旌旗蔽空，酾酒临江，横槊赋诗，固一世之雄也。"槊，杆子较长的矛。《前赤壁赋》说："'月明星稀，乌鹊南飞'，此非曹孟德之诗乎？"按：此两句诗，出自曹操的《短歌行》。诗末四句为："山不厌高，水不厌深。周公吐哺，天下归心。"表明了他求贤建业的壮志。

②自明本志：指曹操于建安十五年十二月下发的《让县自明本志令》。当时，汉献帝加封他阳夏、柘等三县共两万户，他上表退回三个封县，并下了这首文笔苍劲、气势雄伟的手令，以表其态："江湖未静，不可让位。至于邑土，可得而辞。"他下这道手令的目的，是减少别人的谤议。

③萧条：冷落凋零的样子。班固《西都赋》："原野萧条，目极四裔。"

西畴墓：指曹操的墓。西畴，西边田野。据《三国志·武帝纪》：建安二十五年二月丁卯，葬高陵。丁卯日为二十一日。高陵，曹操陵墓名，在今河北省临漳县西。

④铜雀：楼台名。遗址在邺城（今河北省临漳县西南）。据《三国志·武帝

纪》，曹操在建安十五年冬，建铜雀台。杜牧《赤壁》："东风不与周郎便，铜雀春深锁二乔。"荒伧：荒芜，荒凉。亦作"伧荒"。欧阳修《谢国学解元启》："论都未成，殆以伧荒而见隔。"

【赏读】

　　1918年毛泽东在湖南第一师范学校毕业后，与蔡和森等新民学会会员一起，致力于赴法勤工俭学的工作。同年8月15日，他与萧子升、罗学瓒、李维汉、张昆弟、罗章龙、陈赞周等二十多名准备赴法的青年离开长沙赴北京。时值秋汛，火车抵达河南郾城县的漯河车站时，碰上沙河水涨，铁路被冲断，无法继续行进。罗章龙在《回忆新民学会》中说："我们在漯河车站宿了一夜。第二天，毛润之、我、陈绍休(赞周)坐临时车子到了许昌，在那里停留一二天。润之对许昌很感兴趣。许昌是三国的魏都，但旧城已荒凉。他建议去看看，我们就向当地一些农民了解了魏都的情况，知道魏都在郊外，乃步行前往凭吊魏都旧墟，并作诗纪行。"

　　"横槊赋诗意气扬"，起笔突起，气势雄浑，用曹操破荆州，下江陵，顺流而东以攻吴国的故事。曹操曾在长江的战船上赋《短歌行》，抒发求贤建业的壮志。毛泽东的联句，直接称赞曹操的《让县自明本志令》是"好文章"。在这条手令中，曹操言："设使国家无有孤，不知当几人称帝，几个称王。"他欲以武力统一天下的雄心，昭然若揭。然而，对于这位叱咤风云的一代枭雄曹操，苏轼曾在《前赤壁赋》中发问："而今安在哉?"对于这个问题，两个年轻人分别作了回答。毛泽东的回答是"萧条异代西畴墓"。建安二十五年二月二十一日，曹操死后葬身的"高陵"，今已成荒冢了。罗章龙的回答是："铜雀荒伧落夕阳。"曹操于建安十五年冬修筑的铜雀台，如今于夕阳中更显得分外荒凉。苏轼在《前赤壁赋》中浩叹："哀吾生之须臾，羡长江之无穷。"这两位凭吊魏都的时代学子，思接千载，横贯古今，此时已与苏轼产生了心灵上的共鸣。

五言诗

大沽口观海（残句）①

一九一九年三月

苍山辞祖国，
弱水望邻封②。

【注释】

①大沽口：即天津大沽口。

②弱水：《尚书·禹贡》："导弱水，至于合黎，余波入于流沙。"弱水上游，即今甘肃山丹河，下游即山丹河与甘州河合流后的黑河，入内蒙古境内，称额济纳河。《山海经》中，"弱水"凡五见。《西山经》："北五十里，曰劳山，多茈草，弱水出焉，而西流注于洛。"《海内南经》："窦窳龙首，居弱水中"。《海内西经》："弱水、青水出西南隅"。《大荒西经》："西海之南，流沙之滨，赤水之后，黑水之前，有大山，名曰昆仑之丘……其下有弱水之渊环之"。郭璞《山海经注》："其水不能胜鸿毛。"鲁迅《古小说钩沉》所辑《玄中记》云："天下之弱者，有昆仑之弱水焉，鸿毛不能起也。"连鸿毛都不能浮起，自然不能通舟楫。故后人将水浅地僻之处称作"弱水"。此残句中的"弱水"，则引申为交通艰难的地方。邻封：邻地、邻县。残句中指邻国的疆界。苏轼《与人书》："托庇邻封，每荷存记。"

【赏读】

1919 年 3 月，首批出国的湖南赴法留学青年集合在北京，毛泽东等前往送行，届时，毛泽东因接到家信，知母亲病重，便绕道上海回湘。3 月 12 日，他们一行顺路到大沽口观海。据罗章龙署文回忆"登轮前，诸人分韵赋诗，作临别赠言。润之、赞周、文虎等各即席成诗,诗联有'苍山辞祖国,弱水望邻封'之句,颇有沉雄傲睨之思"。罗章龙在文中没有指明诗联为谁所写。但在此文发表之前的1979年7月25日,罗章龙对来访者明确地说此联是毛泽东所做诗的首二句,并详细介绍说:"1919年3月,我和毛泽东同送赴法勤工俭学的留学生去上海。……我们十几个青年人步行来到大沽口,时河口结冰,春寒风冷,我们特地选了背风朝阳的地方围坐在一起,讨论祖国的未来、个人的理想。有人提议以海为题,每人做一首诗。我们十几个人都即兴做了诗"。也许是苍山大海触动了青年毛泽东诗兴,"苍山辞祖国,弱水望邻封"二句,气势雄浑,蕴藏着一代伟人宽广的胸怀和宏伟的气魄。

此诗首句写即将赴法的青年,故用"辞":次句写暂时尚留在国内的青年,故用"望"。诗写热血青年们辞别祖国的苍山,在交通艰难、远渡重洋的情况下,迫切地希望出国寻求救国救民的真理。

毛泽东诗词全集赏读

四言诗

祭母文①

一九一九年十月八日

呜呼吾母②，　　遽然而死③。
寿五十三，　　生有七子。
七子余三，　　即东民覃④。
其他不育，　　二女二男。
育吾兄弟，　　艰辛备历。
摧折作磨，　　因此遘疾⑤。
中间万万，　　皆伤心史。
不忍卒书，　　待徐温吐。
今则欲言，　　只有两端：
一则盛德，　　一则恨偏。
吾母高风⑥，　　首推博爱⑦。
遐迩亲疏⑧，　　一皆覆载⑨。
恺侧慈祥⑩，　　感动庶汇⑪。
爱力所及，　　原本真诚。
不作诳言，　　不存欺心。
整饬成性⑫，　　一丝不诡。
手泽所经⑬，　　皆有条理；
头脑精密，　　劈理分情⑭；

事无遗算，　　物无遁形。
洁净之风，　　传遍戚里⑮。
不染一尘，　　身心表里。
五德荦荦⑯，　　乃其大端。
合其人格，　　如在上焉。
恨偏所在，　　三纲之末⑰。
有志未伸，　　有求不获；
精神痛苦，　　以此为卓。
天乎人欤，　　倾地一角。
次则儿辈，　　育之成行。
如果未熟，　　介在青黄。
病时揽手，　　酸心结肠。
但呼儿辈，　　各务为良；
又次所怀，　　好亲至爱。
或属素恩，　　或多劳瘁；
大小亲疏，　　均待报赍⑱。
总兹所述，　　盛德所辉。
必秉悃忱⑲，　　则效不违⑳。
致于所恨，　　必补遗缺。
念兹在兹，　　此心不越。
养育深恩，　　春晖朝霭㉑。
报之何时，　　精禽大海㉒。
呜呼吾母，　　母终未死。
躯壳虽隳㉓，　　灵则万古。
有生一日，　　皆报恩时。
有生一日，　　皆伴亲时。

今也言长，　　时则苦短。
惟挈大端，　　置其粗浅。
此时家奠，　　尽此一觞。
后有言陈，　　与日俱长。

四言诗·祭母文〈1919年〉

【注释】

①这首祭文见之于《毛泽东早期文稿》(湖南出版社 1990 年版)；其后部分录载于《毛泽东大观》、《湘魂——毛泽东的家世》；全诗录载于蒋国平《毛泽东与韶山》。据介绍，"毛泽东的《祭母文》原稿在文运昌家里保存多年，后遗失。新中国成立初期，文运昌向国家档案部门提供了自己当时的抄件。毛宇居也同时向档案部门提供了另一个抄件，并在文后写道："此文脱尽凡俗，语句沉着，笔力矫健，皆是至性流露，故为之保存，以为吾宗后辈法。"两份抄件基本相同，仅个别字有异。毛泽东同志的母亲文七妹(1867—1919)，湖南湘乡县人。其父文芝仪。因在同族姐妹中排行第七故名。18 岁与毛顺生结婚，生五子二女，长、次子夭亡，三子泽东、四子泽民、五子泽覃。二女早殇。后收养一女毛泽健。1919 年 10 月 5 日患淋巴腺炎去世。

②呜呼：叹词，旧时祭文中常用"呜呼"，因以借指死亡。

③遽然：骤然；出人意料。

④东民覃：即毛泽东、毛泽民、毛泽覃。

⑤遘：遇，遭遇。归有光《抚州府学训导唐君墓志铭》："母方遘危疾。"

⑥高风：高尚的品格、操守。母亲去世后，毛泽东曾含着热泪给他的同学、好友写信，说：世界上共有三种人：损人利己的人，利己不损人的人；可以损己以利人的人。母亲属于第三种人。

⑦博爱：对人类普遍的爱。韩愈《原道》："博爱之谓仁。"毛泽东同志曾说："我母亲是个仁慈的妇女，为人慷慨厚道，随时都愿意接济别人。她同情穷人，并且当他们在荒年里前来讨米的时候，常常送米给他们。"(《毛泽东自述》人民出版社 1993 年 2 月版)

⑧遐迩：远近。

⑨覆载：原指天地养育及包容万物。《庄子·天地》："夫道，覆载万物者也。"后亦用为天地的代称。这里指文氏博爱之心，泽及众人。

⑩恺恻：恺，和乐。《庄子·天道》："中心物恺。"宣颖注："与物同乐。"恻，通"切"，诚恳。

⑪庶汇:犹庶物,众物,万物。

⑫整饬:严正。《新唐书·吕湮传》:"少力于学,志行整饬。"

⑬手泽:原意为手汗所沾润。此指其母所经办之事。

⑭劈理分情:劈,剖。分,析。指分析事理十分细密。

⑮戚里:亲戚邻居。《聊斋志异·婴宁》:"设鹘突官宰,必逮妇女质公堂,我儿何颜见戚里?"

⑯五德:智、信、仁、勇、严。荦荦:分明貌。《史记·天官书》:"此其荦荦大者,若至委曲小变,不可胜道。"

⑰三纲:指君为臣纲,父为子纲,夫为妻纲。是维护封建统治的教条。三纲之末,即指夫为妻纲。据毛泽东回忆:"我家分成两'党'。一个就是我父亲,是执政'党'。反对'党'由我、我母亲和弟弟组成。有时甚至于连雇工们也包括在内。可是在反对党的'统一战线'内部,存在着意见分歧。我母亲主张间接打击的政策。"(《毛泽东自述》)

毛泽东携小弟泽覃由长沙赶回韶山,二弟泽民告诉他,母亲临终时,还在呼唤着他们的名字……(据《湘魂——毛泽东的家世》)

⑱报赉:赉,以物送人。报赉,报答。

⑲悃忱:真心诚意。

⑳则效:效法。《诗·小雅·鹿鸣》:"君子是则是效。

㉑春晖:孟郊《游子吟》:"谁言寸草心,报得三春晖。"春晖,犹春光,春阳。后因以春晖比喻母爱。

㉒精禽大海:精禽,即精卫。古代神话中的鸟名。亦称"冤禽"。相传为炎帝女,名女娃。因游东海淹死,灵魂化为精卫,经常衔西山木石去填东海。见《山海经·北山经》及《述异记》卷上,后人常以"精卫填海"、"精卫衔木"作为意志坚决的比喻。

㉓躯壳:身体,对精神而言。孔武仲《松上老藤》:"蛇蟠筋脉壮,龙死躯壳在。"隳:毁坏。

附:慈母病逝后,毛泽东满怀悲痛,又撰写了两副挽联,表达对母亲的无限哀思。

(一)

疾革尚呼儿,无限关怀,万端遗恨皆须补;

长生新学佛,不能住世,一掬慈容何处寻。

（二）

春风南岸留晖远；
秋雨韶山洒泪多。

【赏读】

毛泽东的母亲文七妹，湖南湘乡人，生于 1867 年 2 月 13 日，
1919 年 10 月 5 日因患淋巴腺炎病逝世。母亲逝世后三天内，诗人
怀着沉痛的心情写下这篇至性流露、沉郁平实的《祭母文》。

虽用的是旧体四言韵文，但其中有新意。一方面对母亲颂扬，
一方面指出母亲的隐痛（即："恨偏"）是封建社会的"三纲五常"造
成的。而且文中叙述与抒情配合妥帖，读来令人感到言真意切而又
文情俱佳。全章文法也极考究，层层递进，回肠荡气，同时也写得端
庄大方。

此诗前 16 句总略叙述母亲生平及养育儿子们所备受的艰辛
磨难。尤其是"中间万万，皆伤心史"这二句读来令人耸然震动，母
亲一生所经历的一切全都是一部伤心史，这些伤心事真是说不尽
道不完的呵！连诗人自己都不忍心全部将其写出来，而是尽力使自
己心里平静，待慢慢缓和地吐露。

接下来的 30 句是述说母亲的"盛德"，对母亲的博爱、慈祥、爱
心以及对母亲的仁、义、礼、智、信、温、良、恭、俭、让，这些"盛德"予
以高度赞美。

再接下来 22 句是第三层意思，讲说母亲的隐痛及抱恨方面。
劈头二句："恨偏所在，三纲之末。"已说得很明白了，母亲的憾恨就
是因为处于三纲的最后。我们知道在一个"君为臣纲，父为子纲，夫
为妻纲"的封建社会里，母亲（也可引申为广大女性）一直都处于受
压迫、受统治的地位。处于如此地位，母亲怎能施展她自身的抱负
呢，这就是母亲的"恨偏"，她精神上的痛苦在这一点上极为突出。
母亲除了有精神上的憾恨以外，还有对儿子及亲朋好友们的千肠
百结的牵挂，这也是一种憾恨，因为不能再抚育儿子们了，不能再
报答好亲至爱了，也不能关心那贫困的亲戚邻里了，这一切她只能
交代家人去作。而其中她最关切的是儿子们今后一生定要好自为
之，做好人，行善事。

再接下来的 8 句，收束前面母亲的"盛德"与"恨偏"，勉励自己一定秉承母亲的德行，而且还要努力弥补母亲的"恨偏"，要牢记于心，念念不忘。

　　继续接下来的 12 句是第五层意思。诗人在此立誓必将终生报答母亲的深恩，还以"精卫填海"的故事来进一步叙说自己对母亲的深恩真是报之不尽。

　　最后 9 句写在家中祭奠母亲的情况，并收束全文。同时，再次表达自己想对母亲说的话很多，但可惜时间苦短，只能提纲挈领式地从大方面来陈说母亲的伟大与仁爱。同时告诉母亲，儿子今后对你有说不完的话，日子有多长，儿子的话就有多长。此刻只能敬上一杯酒，祈愿母亲安息！

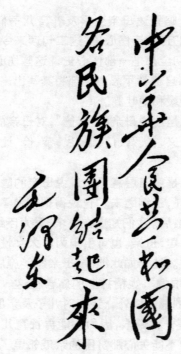

◇毛泽东手迹
中华人民共和国各民族团结起来

诗言志

毛泽东

独立寒秋，湘江北去，橘子洲头。看万山红遍，层林尽染；漫江碧透，百舸争流。鹰击长空

在土地革命时期的诗词
1920 年 – 1936 年

虞美人①

赠杨开慧②

一九二一年

堆来枕上愁何状，
江海翻波浪③，
夜长天色总难明④，
寂寞披衣起坐薄寒中⑤。

晓来百念皆灰烬，
倦极身无凭⑥。
一勾残月向西流，
对此不抛眼泪也无由。

【注释】

①虞美人：唐教坊曲。五十六字，上下片各两仄韵，两平韵。亦有五十八字之体。皆双调，同调。

②赠杨开慧：杨开慧(1901.11.6—1930.11.14)，字云锦，乳名霞姑，湖南长沙县东乡板仓杨昌济之女。1920 年冬同毛泽东结婚。生三子，长子毛岸英，次子毛岸青、三子毛岸龙。1930 年 11 月 14 日，于长沙浏阳门外被敌杀害，归葬东乡板仓棉花坡。开慧牺牲的消息传到江西苏区，毛泽东极为悲痛地说："开慧之死，百身莫赎！"

这首词由于种种原因，直到 1989 年 9 月 19 日《湖南广播电视报》方将之公之于世。后录载于陈晋《毛泽东与文艺传统》、《中国出了个毛泽东》诸书。在此之前，人们仅从有关资料获悉毛泽东有此词。1957 年 1 月，曾与杨开慧同学于长沙私立福湘女子中学且友谊甚笃的李淑一，读了《诗刊》创刊号上发表的毛泽东18首诗词后，心情激动。遂想起毛泽东早年与杨开慧恋爱时，曾赠给杨一首《虞美人》词，当时杨开慧极为兴奋，曾拿这首词给李淑一看，说毛泽东非常爱她。可惜的是，几十年过去了，李淑一只记得开头二句。于是写信索取词的全文。5月11日，毛泽东回信说："大作读毕，感慨系之。开慧所述的那首不好，不要写了吧。有《游仙》一首为赠。"据毛泽东的卫士张仙朋回忆，1961年，毛泽东将这首词抄写给他，并说："这个由你保存。"《当代》1979年第2期张仙朋《为了人民……》

③江海翻波浪：写愁情满怀，辗转难眠。李清照《凤凰台上忆吹箫》："香冷金猊，被翻红浪，起来慵自梳头。"柳永《御街行》："和衣拥被不成眠，一枕万回千转。"《安公子》："从卧来，辗转千余遍，恁数重鸳被，怎向孤眠不暖。"

④夜长句：柳永《忆帝京》："辗转数更，起了还重睡，毕竟不成眠，一夜长如岁。"

⑤披衣起坐：柳永《祭天神》："念平生，单栖踪迹，多感情怀，到此厌厌，向晓披衣坐。"

⑥倦极句：柳永《满江红》："独自个，赢得不成眠，成憔悴。"毛泽东曾说"词有婉约、豪放两派，各有兴会，应当兼读。"他的兴趣是"偏于豪放，不废婉约。"这是一首典型的婉约词。词人对于心上人的深深思恋之情，亦可用著名婉约派词人柳永的二句词以概括之——"衣带渐宽终不悔，为伊消得人憔悴。"

另，陈晋《毛泽东与文艺传统》第375页注①曰："据笔者所见的一个材料，词中"倦极身无凭"一句是"剩有离人影"。

【赏读】

这是毛泽东怀念杨开慧的三首词的第一首，状写与新婚妻子离别时夜不能眠的情态，另两首为《贺新郎·别友》、《蝶恋花·答李淑一》。

1921年，杨开慧在长沙市福湘女中读书时，收到了她父亲杨昌济的学生毛泽东寄送的《虞美人·赠杨开慧》，很欣喜，并拿给好友李淑一看过。1961年，毛泽东把这首词作了几处修改，又亲手书写好，交给卫士张仙朋，说："这个由你保存。"直到1973年冬，他还将此词交保健护士吴旭君用毛笔抄清。

毛泽东诗词全集赏读

1921 年春夏之交，毛泽东在湖南的岳阳、华容、南县、常德、湘阴等地进行社会调查，日夜忙碌，静下来也时常想起新婚的妻子、亲密的战友，段段思念，缠绵悱恻，于是填了这首《虞美人·赠杨开慧》，记下了当时彻夜不眠的思绪。

词的上阕从一"愁"字入手，极写思念之深切；下阕以一"泪"字收笔，甚言思念之苦涩。写此词时，作者还是个刚离开学校的二十八岁的青年，儿女情长，是极自然的情愫，正所谓"无情未必真豪杰"。

全词语言明快流畅，坦直朴素而富有情趣。"夜长天色总难明，寂寞披衣起坐薄寒中"的似水柔情，与"数风流人物，还看今朝"的男儿气概，完全可以同时并存心胸。1957 年 8 月 1 日，毛泽东写道："词有婉约、豪放两派，各有兴会，应当兼读。""我的兴趣偏于豪放，不废婉约。"这首词是人们所能看到的毛泽东词中较早的一首。该词受词史上婉约派词风的影响，虽然飘逸着一缕阳刚之气，但阴柔是其基本格调。

附：

杨开慧《偶感》①

一九二八年十月

天阴起[溯]②风，
浓寒入肌骨。
念兹远行人③，
平波突起伏。
足疾④已否痊，
寒衣是否备？
孤眠[谁]爱护，
是否亦凄苦？
书信不可通，
欲问无[人语]。

恨无双飞翮，
飞去见兹人。
兹人不得[见]，
惘怅无已时。

【注释】

①偶感：这是作为毛泽东妻子的杨开慧，怀念身在远方为革命奔波的丈夫的一首诗，诗的写作时间是 1928 年深秋或冬日。这首诗真实而生动地记录了一位妻子日夜对丈夫深切的眷念情愫，但这首诗却一直没有传到丈夫手里。据现在的材料推测本诗是毛泽东生前没有见到过的。湖南省在 1982 年 3 月间修葺杨开慧烈士故居时，拆掉杨家老屋的旧墙，在烈士住房后墙的砖缝中，发现了烈士一叠手稿，这首诗就在其中。诗中[　]中的字，因年代长久，残缺了，[　]中的字是后人根据上下文义加上的。

②溯：从文义看，此字应为"朔"字，很可能是烈士的笔误。

③远行人：指毛泽东，远去的爱人。

④足疾：据老人回忆，毛泽东上井冈山时，曾患有足疾。

毛泽东诗词全集赏读

贺新郎①

别　友②

一九二三年冬

挥手从兹去③，
更那堪凄然相向④，
苦情重诉。
眼角眉梢都似恨，
热泪欲零还住⑤。
知误会前番书语。
过眼滔滔云共雾⑥，
算人间知己吾和汝。
人有病，
天知否⑦？
今朝霜重东门路⑧，
照横塘半天残月⑨，
凄清如许⑩。
汽笛一声肠已断⑪，
从此天涯孤旅。
凭割断愁丝恨缕。
要似昆仑崩绝壁，
又恰像台风扫寰宇。

重比翼⑫,

和云翥⑬。

【注释】

这首词最早发表于 1978 年 9 月 9 日《人民日报》。

①贺新郎:又名《金缕曲》、《乳燕飞》、《贺新凉》、《貂裘换酒》。百十六字,上下片各六仄韵。大致用入声韵较雄壮激烈,用上、去声韵较凄怨郁抑。

②友:指杨开慧。

关于《贺新郎·别友》一诗中的'友'目前有二种悬疑:

说法一:可能是陶斯咏

"我开始研究毛泽东诗词,是(上世纪)60 年代初。我主要从两个方面研究,一是对毛诗本身的评价,二是对全国专家给毛诗的注释提出质疑。经过考证,我认为,毛主席的《贺新郎·别友》不是写给杨开慧。我查过毛主席年谱,写这首词的时候,毛主席和杨开慧不在一起。毛主席写这首词是否 1923 年 12 月底,他这个时候在广州参加国民党的一大,杨开慧刚生完毛岸青不久,还在板仓坐月子。另外,毛主席何等英明,他不会分不清妻和友的区别,如果是给杨开慧的,他应该会写'别妻'。(上世纪)80 年代,有一次易礼容回到长沙,我去采访他。讲起毛主席的诗,易老说,这个可能是写给陶斯咏的。另外,我也问过肖永毅。肖永毅的母亲和杨开智(杨开慧的哥哥)的夫人是亲姐妹,另外,肖永毅的父亲肖道五也是新民学会会员。肖永毅讲,这个《贺新郎·别友》也很有可能是写给陶斯咏的。"

(口述人:彭明道,69 岁,毛泽东诗词研究专家,湖南某单位退休干部。时间:2007 年 7 月 11 日下午 5 点)

说法二:是杨开慧

"白黎在《中国行——记史沫特莱》一书中记载:'毛主席……也满怀深情地讲述了他和杨开慧的爱情。讲述完,毛主席还低声吟了一首怀念杨开慧的诗。'这里虽然没有点明是哪首诗词,但可以判断是《贺新郎·别友》。因为史沫特莱在 1937 年春是由丁玲陪同从前线回到延安的,当时毛泽东曾将这首词书赠给了丁玲。丁玲与杨开慧、陶毅(即陶斯咏)(个别论者认定这首词是赠给她的,并把她暗指为毛泽东的'知音')都是长沙周南女校的同学,当然知道毛泽东与杨开慧、陶毅的关系。难道毛泽东会向丁玲表示这是对陶毅(1931 年病逝)的怀念?(摘自中央文献出版社 2003 年

12月第1版《毛泽东诗词全编鉴赏》第7页)"

——引自潇湘晨报 2007 年 7 月 15 日《口述史：人物． ＜恰同学少年＞之陶斯咏》一文，以上悬疑仅供参考。

③挥手从兹去：李白《送友人》："浮云游子意，落日故人情。挥手自兹去，萧萧班马鸣。"

④更那堪：张相《诗词曲语辞汇释》："犹云兼之也与本义之解作'不堪'，者异……均用于两项或数项平列时其作'那堪更'或'更那堪'者，则犹云：'兼之更'或'更兼之'也。"王建《凉州行》："养蚕缫茧成匹帛，那堪绕帐作旌旗。"邵雍《暮春吟》："林下居常睡起迟，那堪车马近来稀。"马致远《双调·夜行船》："红尘不向门前惹，绿树偏宜屋角遮，更那堪竹篱茅舍。"

⑤热泪欲零还住：柳永《雨霖铃·寒蝉凄切》："执手相看泪眼，竟无语凝噎。"

⑥过眼滔滔云共雾：比喻误会虽如滔滔云雾，但过眼即逝。共，和。苏轼《宝绘堂记》："譬之烟云之过眼……去而不复念也。"

⑦人有病，天知否：原稿曾作"重感情，泪如雨"。人有病，世人有困苦。《广雅·释诂》："病，苦也。"《尚书·吕刑》："罚惩非死，人极于病。"孔安国《传》："刑罚所以惩过，非杀人，欲使恶人极于痛苦，莫敢犯者。"天知否：《史记·屈原贾生列传》，"人穷则反本，故劳苦倦极，未尝不呼天也。"

⑧东门：当时，毛泽东夫妇住在长沙小吴门外清水塘二十二号中共湘区执行委员会所在地。小吴门为长沙老市区的东门，故"今朝霜重东门路"为写实。《幸经》中有《东门之蝉》、《出其东门》、《东门之扮》、《东门之池》、《东门之杨》五首诗，全是写男女爱情的，故事地点都在东门之外。古乐府相和瑟调曲中有《东门行》，首四句为："出东门，不愿归；来入门，怅欲悲。"全诗写一贫士因"盎中无斗储，还视桁上无悬衣"，而拔剑出门，其妻阻之，故后人有借东门之行写夫妻间的离愁别恨。周邦彦《浪淘沙·晓阴重》："晓阴重，霜凋岸草，雾隐城堞。南陌脂车待发，东门帐饮乍阕。"也是写离别时的情景。故"今朝霜重东门路"，又为虚写，借典寄情。

⑨横塘：当时，中共湘区执行委员会门前，有塘曰清水塘。呈东西长、南北窄的狭长形。此处用横塘也如用"东门"一样，乃借典寄情，古诗词中"横塘"多借指妇女居住的地方。乐府杂曲歌辞中有《长干行》，多为情歌：后来文人多有仿制，亦以男女恋情为内容，如李白的《长干行》，而崔颢的《长干曲四首》则有"君家何处住？妾住在横塘"之句。吴文英《莺啼序》："横塘棹穿艳锦，引鸳鸯弄水。"贺铸《青玉案·横塘路》："凌波不过横塘路，但目送、芳尘去。锦瑟华年谁与度？"赵师侠《双头莲令》："太平和气兆嘉祥，

草木总成双。红苞翠盖出横塘,两两斗芬芳"。"横塘",在古诗词中,也常借指送别之地。范成大《横塘》:"年年送客横塘路,细雨垂杨系画船。"

⑩如许:如此。范成大《盘龙驿》:"行路如许难,谁能不华发。"

⑪肠已断:肠断,比喻极度悲伤,江淹《别赋》:"行子肠断,百感凄恻。"凭:张相《诗词曲辞汇释》:"凭,请也。"杜牧《赠猎骑》:"凭君莫射南来雁,恐有家书寄远人。"曹松《已女岁》:"凭君莫话封侯事,一将功成万骨枯。"但古汉语中的"请",可以是请对方干某事,也可以是请对方允许自己干某事。《战国策·赵策三》:"鲁仲连曰:'梁客辛垣衍安在? 吾请为君责归之。'"

⑫比翼:比翼鸟。本名鹣鹣,似凫,青赤色。《尔雅·释地》:"南方有比翼鸟焉,不比不飞,其名谓之鹣鹣。"郭璞注:"一目一翼,相得乃飞。"《释文》:"鹣鹣,众家作兼兼。"诗词中常以比翼鸟喻生死不渝的男女情谊。白居易《长恨歌》:"在天愿作比翼鸟,在地愿为连理枝。"

⑬和云翥:跟云一起飞翔。和,连。翥,鸟飞。《楚辞·远游》:"鸾鸟轩翥而翔飞。"洪祖兴注:"翥,举也。"

【赏读】

这首词作于毛泽东 1923 年 4 月即将远离夫人杨开慧时,诗人写这首离别之诗时正值而立之年。而在这一年(1923 年)前后,中国发生了一系列大事, 可谓多事之秋。1921 年中国共产党成立,国民党也立足不稳,祖国江山被各路军阀割据,而北洋军阀政府也不可能号令全国,总之,中国当时的政局扑朔迷离、变幻莫测,十分动荡。而诗人毛泽东的个人生活也迎头逢上了好多纷至沓来的事件。

首先是 1920 年冬,毛泽东与杨开慧在长沙结婚。1921 年中国共产党诞生后,毛泽东创建了中共湘区委员会并亲任书记。1923年 4 月,毛泽东因遭湖南军阀赵恒惕下令通缉,离开长沙去上海党中央机关工作。6 月,又赴广州出席党的第三次全国代表大会,并当选为中央委员。这次大会决定了与国民党合作并建立革命统一战线的主旨。毛泽东趁革命形势高涨之势于同年 9 月又回长沙工作。年底,党中央通知他去广州参加国民党第一次全国代表大会。此诗正作于这一年岁末,亦即与杨开慧离别之时。

自古以来,离别是诗人们多愁善感、竞相吟咏的题目,其中出了多少伟大诗人，诞生了多少动人诗篇。屈原在《九歌》中就沉痛地歌唱过："悲莫悲兮生别离。"

而毛泽东为了中国革命，孤身行天涯，虽有昵昵儿女情，执手相看泪眼（因当时他们的儿子毛岸英才一岁，次子毛岸青刚出生不久），他却强忍离恨，以一句"挥手从兹去"开始了倾诉衷肠。

"挥手从兹去"五字独立成句，开宗明义，奠定全词离别之主题，统领通篇情感。接下四句，以"更那堪"为领字，极写与杨开慧凄然相对，苦情重诉，热泪盈眶，离怨绵绵的情态。"眼角眉梢都似恨"，以传神之笔，活灵活现地绘出了杨开慧的神态。"热泪欲零还住"，"住"字是词眼，细腻而深刻地说明了杨开慧哀而不伤的神情，刻画了她在亲人别离时的痛苦心境和坚强意志，表明了她对丈夫投身革命的理解与支持，也表达了她带着襁褓中的孩子，只身处在虎狼遍地的白色恐怖中而不畏险恶的气概。

（贺新郎·别友）

"知误会前番书语"，词至此一顿，于离别前将以往的口角统算作误会而消除。因当时诗人给爱人的一封信中曾手抄了唐代元稹的《菟丝》一诗相赠：

> 人生莫依倚，依倚事不成。
> 君看菟丝蔓，依倚榛与荆。
> 下有狐兔穴，奔走亦纵横。
> 樵童砍将去，柔蔓与之并。

诗人已深感爱人过分依恋，所以用这首诗委婉开导。可杨开慧却产生了误会，以为诗人不愿与他长相伴云云。后来，诗人数次写信解释并当面解释，才使杨开慧慢慢明白是自己误会了。

紧接着一句"算人间知己吾和汝"，毛泽东以最坦荡诚实的一颗心向爱人展露，剖腹倾诉内心的爱情，在此一切嫌隙尽释，如过眼云烟，人世间唯有诗人与爱人的心最心心相印，勾勒了夫妻和战友间感情笃深的情谊。然而诗人没有囿于儿女情长的狭小天地，"人有病，天知否"以问天的传统形式，抒发了对现实社会的强烈愤懑，抒发了心忧天下的崇高境界；同时，在"过眼滔滔云共雾，算人间知己吾和汝"的意思的基础上，进一步表达了词人对"前番书语"的"误会"不计前嫌的心境，勉励"吾和汝"不再纠缠家庭"误会"，而要放眼"人有病"的社会现实。

下阕借景抒情，首写离别的时间、地点和自然景色。一径重霜，半天残月，凄凉惜别，加上火车启程的声声汽笛，从此夫妻两地分居，怎叫人不生离情别绪？这里，诗人用了"东门"、"横塘"两个语意双关的词，既写离别之地，更寓离别之情。词还以"霜重"、"残月"的凄清景色，以及催人上路的汽笛声，来烘托"愁丝恨缕"、"孤旅断肠"的心境。

至此，诗人突然笔锋一转，请"知己"与自己一起割断愁丝恨缕，"要似昆仑崩绝壁，又恰像台风扫寰宇"。两个比喻句情绪激昂，如异峰突起，想象雄奇，气势凌厉，使全篇达到高潮。形象地表达了毛泽东此时"挥手从兹去"的崇高情怀，同时，抒发了远别亲人、投身革命的依恋与自豪。让旧社会如昆仑崩塌，让台风扫净"人有病"

毛泽东诗词全集赏读

的寰宇，这是广大中国人民的强烈愿望，是诗人与杨开慧共同奋斗的崇高事业，也是两人建立爱情的坚实基础。诗人深信，有朝一日，当革命取得胜利，他们必将重新比翼，高翔云空。这是写爱情，更是抒发革命豪情。作者把情侣依恋的情操，放在革命的时代背景下，使全词既是柔情脉脉的恋歌，又是激情高扬的革命宣言。

全词始发于情，而终归于理；落笔于别离，而收尾于革命。以刚健敷写柔情，于婉约中存豪放；使词的境界大为开阔，使儿女情长得到升华。

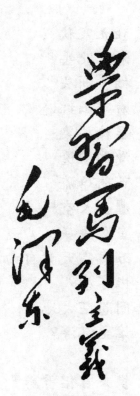

◇毛泽东手迹
学习马列主义

沁园春①

长　沙②

一九二五年秋

独立寒秋③，
湘江北去④，
橘子洲头⑤。
看万山红遍⑥，
层林尽染；
漫江碧透，
百舸争流⑦。
鹰击长空⑧，
鱼翔浅底，
万类霜天竞自由。
怅寥廓⑨，
问苍茫大地⑩，
谁主沉浮？

携来百侣曾游⑪。
忆往昔峥嵘岁月稠⑫。
恰同学少年⑬，
风华正茂；

书生意气，
挥斥方遒⑭。
指点江山，
激扬文字，
粪土当年万户侯⑮。
曾记否，
到中流击水，
浪遏飞舟？

【注释】

①沁园春：又名《寿星明》。格局开张，宜抒壮阔豪迈之情怀。百一十四字，上片四平韵，下片五平韵。

②长沙：湖南省的省会。古为郡府名。秦置郡，因有"万里沙祠"，故曰长沙。汉为长沙国。后汉复为长沙郡，晋因之。明洪武五年改置长沙府，清因之。公元1913年废府，1933年设市。毛泽东同志的青年时代，大部分时间在长沙学习和进行革命活动。1911年，18岁的毛泽东来到长沙求学。1913年至1918年，他在省立第一师范学校读书。1918年4月，与何叔衡等同志创立新民学会。1919年起，先后在长沙修业小学、第一师范附属小学等校任教。"五四"时期，组织领导了长沙学生和市民的爱国运动，主编《湘江评论》。随后，又领导了驱逐湖南督军兼省长、皖系军阀张敬尧的斗争。1920年9月，与何叔衡等同志建立湖南共产主义小组。1921年7月中国共产党诞生后，又组建了中共湘区区委并任书记。1923年4月，他离开长沙，赴上海、广州从事革命工作。1925年春，回湖南领导农民运动。同年秋，自韶山赴广州接办农民运动讲习所。途经长沙，重游橘子洲、岳麓山，追怀在长沙度过的长达13年的生活经历，因有此作。

③独立寒秋：意谓独自一人伫立在已有寒意的秋风之中。

独立，在诗中往往一种若有所思的意象。杜甫《乐游园歌》："独立苍茫自咏诗。"黄遵宪《夜起》："斗室苍茫吾独立"。晏几道《临江仙》："去年春恨却来时。落花人独立，微雨燕双飞。"

④湘江：又名湘水。湖南境内最大的河流。源出广西壮族自治区灵川县海洋山西麓，向东北流贯湖南省东部，经长沙北去，于湘阴芦林潭入洞

庭湖。湘江汇合潇水,称潇湘;汇合蒸水,称蒸湘;汇合沅水,称沅湘。总称三湘。

⑤此句补出"独立"的具体处所。橘子洲:在长沙市西湘江中。原名水陆洲,又名长岛。为一列狭长沙洲,由牛头洲、水陆洲等部分组成。《水经注》云:"湘水又北经南津城西,西对橘洲……水中有橘子洲戍,故郭尚存"。《太平寰宇记》载,时有大水,诸洲皆没,惟橘洲独浮,上多美橘,故以为名。

⑥清周之琦《好事近·舆中杂书所见》词四首其二:"看万山红叶"。看:此系词中领字。据词义,应直贯至"万类"句为止。万山:群山。主要指湘江南岸岳麓山诸峰。万,言其多,非确数。红遍:岳麓山上多枫树,经霜后满山红叶,故云。

⑦百舸:泛指众多的船只。舸,大船。杨雄《方言》卷九:"南楚江湘,凡船大者谓之舸"。争流:嵇康《琴赋》:"尔乃颠波奔突,狂赴争流"。刘义庆《世说新语·言语》载顾恺之赞会稽山川之美曰:"千岩竞秀,万壑争流"。原指群波竞逐而涌流,此处借以形容群舟争相行驶。

⑧鹰击长空:谓雄鹰展翅搏击长天,迅猛矫健。鹰击:《太平御览·天部》引《春秋感精符》:"季秋霜始降,鹰隼击"。《汉书·五行志》:"故立秋而鹰隼击"。皆谓搏杀凡鸟。此词非专取此义,兼有雄鹰遨游长天之意。

⑨怅:原指惆怅、怅惘。这里指作者"仰观宇宙","俯察品类",思考社会人生的无限感慨之意。寥廓:广远空阔,此指宇宙广阔无边。司马相如《大人赋》:"上寥廓而无天。"

⑩苍茫:旷远无边貌。李白《关山月》:"明月出天山,苍茫云海间"。主:主宰。沉浮:泛指世上一切事物的消长兴衰。以上三句意谓:面对广阔无垠的天地,感慨顿生,不禁要思考人生、社会、国家和社会的命运、人民的自由究竟由谁掌握?

⑪携来百侣曾游:回忆自己曾领着许多朋友到此地聚会、游泳。携来:挽手领来,侣:同伴。百侣,言友朋之多,约数。据《湖南一师校志》记载,1917年毛泽东主持该校学友会时,参加"游泳部"的同学达八十多人。又据罗学瓒1917年9月18日日记记载:"今日开始在水陆洲头游泳,同学往者,数十人"。另,毛泽东同志于1917年冬发起组织,次年4月14日成立的新民学会,会员亦有七八十人之众。

⑫峥嵘岁月:鲍照《舞鹤赋》:"岁峥嵘而愁暮。"杜甫《敬赠郑谏议》:"旅食岁峥嵘"。陆游《十二月二十九日夜半雨雪作披衣起听》诗:"岁月惊峥嵘。"皆为感叹流年之辞,毛泽东同志转用以指不平常的斗争岁月。峥

嵘:本形容山势高峻,引申则有新义。

⑬恰:正值。此亦为领字。领起下四句。同学少年:语出杜甫《秋兴》八首之三:"同学少年多不贱,五陵衣马自轻肥"。杜诗含有讥刺之意,前人谓"公之目当时卿相如此"。此处作者借用字面,用以赞相知学友。

⑭挥斥方遒:《庄子·田子方》:"挥斥八极"。挥斥:奔放。方:正。遒:强劲。

⑮粪土当年万户侯:粪土,语见《后汉书·李固传论》:"其顾视胡广赵戒,犹粪土也"。此处名词动用,视……如粪土。万户侯:食邑万户之侯。《战国策·齐四》:"令曰:有能得齐王头者,封万户侯"。此借比大军阀、大官僚。元代白朴《双调沉醉东风·渔父》有"傲杀人间万户侯"句。

【赏读】

这是一首旧地重游的感怀之作,通过写景与忆旧,反映了毛泽东早期的革命思想和革命活动。这一年是 1925 年,毛泽东正值 32 岁,刚过而立之年,就在这一年深秋,他在湘江之畔写下了这首洋溢着青春、理想和大无畏精神的诗篇。

关于此诗,毛泽东曾回忆道:"我逐渐地团结了一批学生在我周围,形成了一个核心,后来成为对中国的国事和命运产生广泛影响的一个学会(即:新民学会)。这是一小批态度严肃的人,他们不屑于议论身边琐事,他们的一言一行,都一定要有一个目的……"(转引自埃德加·斯诺所著《西行漫记》一书中第 123 页——124页。)

从以上诗人的回忆中,我们更能理解《沁园春·长沙》一诗中的二句诗:"问苍茫大地,谁主沉浮?"诗人在年轻时代就同一群志同道合的朋友关心祖国的命运,"先天下之忧而忧,后天下之乐而乐。"立下"国家兴亡,匹夫有责"的宏大志愿,将自己的一生献给救国救民这一伟大的历史责任。

再看全诗:上片着重描绘当时深秋的绚烂景色,写景为主,情入景中。起首三句交代游览季节,点明地域。"独立"一词描绘出作者自我独立的形象。"湘江北去,橘子洲头"两句,仿佛把读者带到了湘江中的橘子洲头,欣赏深秋时长沙一带的美丽景色。词中描绘出一幅绚丽多彩的江南深秋图,表达出作者对祖国山河的热爱,更反映出其心胸的开阔。

接下来十句，全由"看"字领起。先写山，远眺入笔，"万山红遍"概写群山颜色，"层林尽染"则具体写红色呈现于山林的情形。再写江，以"碧透"写江水的澄清见底，以"争流"写船只的竞发，用以展现江上的生机弥漫。"鹰击长空"为仰望所见，"鱼翔浅底"为俯视所见。"击"、"翔"两个动词，充分表现了鹰与鱼的活力。通过一系列实景静动结合的描写，最后自然得出"万类霜天竞自由"的结论。

这一结论写足了自然界万物万类的自由竞争状态。作者写景的目的是为了写人，人才是"万类霜天"的主角；"竞"字，不仅点染出万物的勃勃生机，更揭示了万物变化的动力，是作者对自然与社会发展规律的形象概括。

作者用一"怅"字一转，由景入情，抒发了自己胸中深沉的心事。民族的命运，国家的前途，应由"谁主沉浮"？"沉浮"，就是人世间升沉起伏，也就是国家的兴衰荣辱。"谁主"一问，说明作者对国家与人民的深深忧虑。"国家兴亡，匹夫有责"。作者阔大的胸怀，高远的志向，充分地展现在了读者眼前。这一片先写景，然后自然转入抒情，两者融合无间，堪称为借景抒情的范例。

下片侧重追忆往昔与少年同学来这里游览的情景，抒写昂扬的意气和豪迈的激情。"携来百侣曾游"点明过去作者常和志同道合的学子来橘子洲游览，为下文作铺垫。"忆往昔"，明确说明以下是回忆。往昔作者常和同学们一起度过了多少"峥嵘岁月"。那时正是同学年少，"风华正茂"之时，"挥斥方遒"正是这群"书生意气"的体现，"指点江山"也显革命豪情。这几句词采用层层推演的手法，写出了"风华正茂"的同学们的心意气度。他们针对当时掌权的上层人物，写出了反对弊政，提倡革新的激浊扬清的文章。在风华正茂的同学们看来，这些掌权的上层人物毫不顾及国家和民族的前途，为人们所不齿。他们虽身居高位，如同封建社会的万户侯一样，实则粪土不如，这个比喻也是"激扬文字"的具体化。

最后三句仍承"忆往昔"写出，照应上片的"湘江"等句意，也照应下片的"曾游"。这三句是写实，作者与同学们常来湘江学习游泳，锻炼身体，又是借游泳来寓写少年同学的远大志向，是对前面的革命实践和革命情怀作进一步的阐释。

"到中流击水，浪遏飞舟"的夸张描写，也是一种令人兴奋神往的景观，因情而出景。同时这两句词也隐指作者和"百侣"在"五四"运动中所作的激流勇进、敢于革命的精神。他们同心同德，全力以赴，在时代的大潮中，推波击浪，无坚不摧。同时也隐喻作者在历史发展到了新的阶段，希望昔日的"百侣"同自己一道"到中流击水"，以掀起中国革命的新浪潮。

沁园春·长 沙〈1925年〉

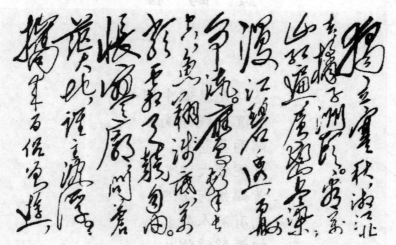

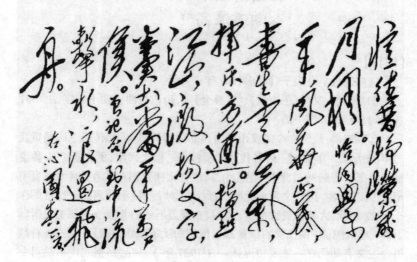

〈沁园春·长沙〉

菩萨蛮①

黄 鹤 楼②

一九二七年春

茫茫九派流中国③，
沉沉一线穿南北④。
烟雨莽苍苍，
龟蛇锁大江⑤。
黄鹤知何去⑥？
剩有游人处。
把酒酹滔滔⑦，
心潮逐浪高⑧!

【注释】

这首词最早发表于《诗刊》1957 年 1 月号。

①菩萨蛮：又名《子夜歌》、《重叠金》等，唐教坊曲。四十四字，上下片各四句，两仄韵，两平韵。

②黄鹤楼：故址在今武汉市蛇山西北之黄鹤矶头。相传于三国吴黄武二年(公元 223 年)创建。后各代屡毁屡修，致"楼之兴废，更莫能纪"。传说仙人王子安曾骑鹤过此(《齐谐志》)；又说费文祎驾鹤在此登仙(《太平寰宇记》)，因以得名。历代文人至此游赏抒怀，题咏甚多。毛泽东同志这首词作于 1927 年春，大革命失败前夕。当时，在轰轰烈烈的北伐战争和工农运动下面，危机四伏。国民党右派暴露了他们的反革命狰狞面目，陈独秀右倾机会主义者却仍在一味妥协退让。自 1927 年 3 月起，窃据北伐军总司令要职的蒋介石即不断制造残杀共产党人的流血事件；4 月 12 日，蒋竟在

毛泽东诗词全集赏读

上海发动政变,大规模屠杀革命群众,公然投向帝国主义和封建买办势力的怀抱。与此同时,把持武汉国民政府的汪精卫也在"左派"的伪装下策划着反革命的阴谋。面对危局,毛泽东同志力主依靠工农,坚决予以还击。4月27日至5月9日,党在武汉召开了第五次全国代表大会。毛泽东同志提出的加速土地革命、建立苏维埃政权、组织工农军队等挽救革命的提案,大会拒不讨论。甚至毛泽东同志本人也被排斥于大会领导之外,剥夺了表决权。终致坐失良机,断送了北伐战争的大好形势。此词即作于武汉剧烈政治斗争的漩涡中,收入人民文学出版社1963年12月版《毛主席诗词》。

③九派:《尚书·禹贡》:"九江孔殷"。孔安国注:"江于此州界分为九道"。郭璞《江赋》:"流九派乎浔阳"。鲍照《登黄鹤矶》:"九派引沧流"。李白《金陵望汉江》:"汉江回万里,派作九龙盘。横溃豁中国,崔嵬飞迅湍"。派,江河的支流。九,言其多,非确数。毛泽东同志在1959年12月29日致钟学坤同志信中说:"九派,湘、鄂、赣三省的九条大河。究竟哪九条,其说不一,不必深究。"中国:即我国的中部地区。

④沉沉:深隐貌。一线:指当时的京汉(北京至汉口)、粤汉(广州至武昌)两铁路。在黄鹤楼鸟瞰两路,细长如一线。

⑤龟:龟山。古名翼际山,又名大别山、鲁山。在武汉市汉阳城北。前临大江,北带汉水,威武盘踞,状若巨鼋。相传为大禹治水的灵龟所化。蛇:蛇山。横贯武昌城中,状若长蛇,首饮长江,尾插东城。大江:长江的古称。锁:龟、蛇二山隔江对峙,封锁大江,形势险要。

⑥"黄鹤"以下二句:化用唐代崔颢《黄鹤楼》诗。崔诗为:"昔人已乘黄鹤去,此地空余黄鹤楼。黄鹤一去不复返,白云千载空悠悠。晴川历历汉阳树,芳草萋萋鹦鹉洲。日暮乡关何处是,烟波江上使人愁!"

⑦把:持。酹:古人祭奠或盟誓时以酒浇地。《隋书·贺若弼传》:"将渡江,酹酒而咒曰:'弼亲承庙略,伐罪吊民,上天长江,鉴其若此'。"后亦泛指洒酒。苏轼《念奴娇·赤壁怀古》:"一尊还酹江月"。陆游《登灌口庙东大桥观岷江雪山》:"白发萧条吹北风,手持卮酒酹江中。姓名未死终磊磊,要与此江东注海"。

⑧结句谓眼前江流滔滔,胸中心潮激荡,两相呼应,一浪高过一浪。作者自注:1927年,大革命失败的前夕,心情苍凉,一时不知如何是好。这是那年的春季。夏季,八月七号,党的紧急会议,决定武装反抗,从此找到了出路。

【赏读】

这首词是毛泽东偕夫人杨开慧同游武昌黄鹤楼时所作。黄鹤楼是历代游人游览之胜地,站在楼上,可以俯瞰波澜壮阔的长江和武汉三镇的雄姿,风景极其壮丽,又有美丽的神话传说,所以引起历史文人墨客的吟咏和题记。

在这首词中,作者触景生情,感怀国事,抒发了对革命前途沉重的忧虑,同时也表现了作者澎湃的革命激情和将革命进行到底的坚定信念。

上片写景。"茫茫九派流中国,沉沉一线穿南北",这是作者站在黄鹤楼上所见到的阔大的景象。放眼望去,看到的是横贯东西,波涛汹涌,武汉三镇深远,一片浩荡的长江。"九派",这里是长江的同义语。"流中国",点明长江源远流长,势不可挡。大江之外,最显眼的就是穿越南北的铁路了。"沉沉",形象地描绘了铁路延伸之遥远。这两句词写得气象阔大。近看,眼前是"烟雨莽苍苍,龟蛇锁大江"。大地烟雨迷茫,隔江对峙的龟山和蛇山好像要锁住奔腾的大江。"锁"字,形象传神,写出山对峙,似欲阻遏滔滔江流之态,也反映了政治形势的严峻。这两句词,寓情于景,暗示了作者当时的心境。

下片抒情。"黄鹤知何去?剩有游人处"两句,借用典故,巧妙地记叙作者的黄鹤楼之游。同时也隐含着作者因革命前途而产生的沉重心情。两句低徊咏叹,郁思凝结。

"把酒酹滔滔,心潮逐浪高"两句,写洒酒祭江的行为和内心如潮逐浪的感受。把酒酹江并非真的以酒祭奠江水,只是借用典故,对江盟誓,形象地反映了作者当时在如烟如雨的政治形势面前的心情,即"大革命失败的前夕,心情苍凉,一时不知如何是好"。"心潮逐浪高"一句,与上片所形成的感情色彩相对照,语句亢奋,心潮澎湃,抒发了作者要以身许国的豪情壮志。因为诗人相信,革命事业终究会如滔滔长江,滚滚向前,必将取得最后的胜利。结句振起全篇,又含蓄不露,戛然而止。杨开慧当时就称赞说:"这首词真好,前几句太苍凉了,后几句一变而显得昂扬,激动,我听了心绪也难平。"可作为此词的注脚。

茫茫九派流中国，
沉沉一线穿南北。
烟雨莽苍苍，
龟蛇锁大江。

黄鹤知何去？
剩有游人处。
把酒酹滔滔，
心潮逐浪高。

调寄菩萨蛮·黄鹤楼

一九二七

（菩萨蛮·黄鹤楼）

西江月①

秋收起义②

一九二七年秋

军叫工农革命③，
旗号镰刀斧头④。
匡庐一带不停留⑤，
要向潇湘直进⑥。
地主重重压迫，
农民个个同仇⑦。
秋收时节暮云愁，
霹雳一声暴动。

【注释】

　　这首词最早非正式地发表于《解放军文艺》1957 年 7 月号，是在一篇邓叙萍撰《读毛主席诗词的一点感受》的文章中提供的。词题原作"秋收暴动"。收入人民文学出版社 1986 年 11 月版《毛泽东诗词选》时，编者据毛泽东同志修改稿改今题。

　　①西江月：又名《步虚词》、《江月令》。唐教坊曲。五十字，上下片各两平韵。两结句为两"叶韵"。

　　②秋收起义：也称秋收暴动。大革命失败后，毛泽东在汉口出席中共中央紧急会议。会议决定实行土地革命和武装反抗国民党反动派屠杀政策的总方针，并在湘鄂粤赣四省发动秋收暴动。"八七"会议后，毛泽东、彭公达回湘改组省委。8 月 18 日，改组后的湖南省委讨论了秋收起义问题。8 月 30 日，在湖南省委常委会议上，毛泽东被任命为前敌委员会书记。9

月初,毛泽东到达江西安源,主持召开了重要军事会议。着重讨论了秋收起义的具体部署,组成了工农革命军第一师,决定兵分三路会攻长沙。由于部队没有得到整训,敌强我弱,寡不敌众,暴动接连受挫。9月14日,毛泽东当机立断召开紧急会议,放弃攻打长沙的计划。9月19日,毛泽东在文家市召开前敌委员会,深刻分析了形势。决定把力量转到敌人力量薄弱的农村中去,在农村进行土地革命,坚持武装斗争,积蓄革命力量。革命军改向罗霄山脉中段前进,开始了创建井冈山革命根据地的战略进军。这首词写于秋收起义开始时。

③军叫工农革命:即工农革命军第一军第一师。

④镰刀斧头:在准备起义的过程中,产生了工农革命军军旗:旗底为红色,中央为五星,饰有镰刀、斧头。(1943年4月28日,中央政治局会议决定"中共党旗式样,长阔为三与二之比,左角上有斧头镰刀,无五角星,并委托中央办公厅制一批标准党旗分发各主要机关"。这是迄今为止有关部门查到的最早的关于党旗的规定。1996年9月,经中央批准,中央办公厅印发了这个《规定》。《规定》共12条,它对党旗党徽的性质、式样、规格、制作和使用等都作出了明确而具体的规定。至此,党旗党徽有了统一规范的图案。)

⑤匡庐:首次发表时作"修铜",指江西的修水、铜鼓。毛泽东的修改稿改为"匡庐"。相传周朝匡氏七兄弟上庐山修道,草庐为舍,故名。此处代指江西。

⑥潇湘:湘江的别称。又,湘水与潇水汇合,称潇湘。此处代指湖南。原稿本为"平浏",指湖南东北部的平江、浏阳二县。按秋收起义的具体部署,起义部队所属三个团,分别暴动。9月11日,毛泽东同志亲自领导第三团在修水、铜鼓地区起义,尔后向第一团和第二团所在的平江、浏阳方向运动。原词纪实。

⑦同仇:同心协力,对付敌人。《诗·秦风·无衣》:"修我戈矛,与子同仇"。

【赏读】

这是首叙事词,记述的是湘赣边界的秋收暴动。秋收起义是作者亲自领导的革命暴动。起义队伍高擎革命红旗,向国民党反动派以及地主豪绅,发起了猛烈的进攻。秋收起义是一伟大的创举,中国工农红军从此建立,并紧接着又建立了中国第一个农村革命根

西江月·秋收起义〈1927年〉

据地——井冈山。以秋收起义为出发点，诗人领导中国人民走上了一条以武装夺取全国政权的革命道路。

此诗开宗明义，上阕："军叫工农革命，旗号镰刀斧头"，用通俗的语言点明起义军的性质和特征。其性质是工农革命军。受苦受难的中国人民要翻身解放，全靠工农自己组织起来革命。其特征是"旗号镰刀斧头"。镰刀斧头是中国共产党党旗的旗徽，它既是工农联盟的象征，也是革命的象征。毛泽东豪气冲天，激情满怀，挥毫泼墨，写下了这首词，对秋收起义军给予赞美和歌颂。

"匡庐一带不停留，要向潇湘直进"，点明了起义部队进攻的行程。"匡庐"代指江西。不在江西一带停留是出于当时革命斗争形势的考虑。"潇湘"代指湖南。向湖南直进是因为约定了在湖南东部举行起义。

下阕：写秋收起义的原因。地主重重压迫我农民弟兄，农民个个被逼得走投无路，只能齐心协力奋然反抗。那么，顺理成章，由于这种残酷的阶级压迫，农民们在秋收时要向地主交租，情形更为凄惨，犹如黄昏时的愁云密布，同时，也说明革命已经到了一触即发的关头。

"霹雳一声暴动"，用通俗语言写出了起义的雷霆万钧般的威猛声势，毛泽东振臂一呼，带领农民起来造反闹革命，打倒地主阶级的深重压迫。

这首词采用赋的艺术表现手法，具有鲜明的纪实特色，堪称为史诗，咏颂了革命初期的工农革命的壮举。其次，词的语言质朴直朗，节奏紧凑，气势磅礴刚健有力。

西江月
井冈山①

一九二八年秋

山下旌旗在望，
山头鼓角相闻②。
敌军围困万千重，
我自岿然不动③。

早已森严壁垒④，
更加众志成城⑤。
黄洋界上炮声隆⑥，
报道敌军宵遁⑦。

【注释】

这首词最早见于1956年8月出版的《中学生》杂志刊载的谢觉哉《关于红军的几首词和歌》一文。正式发表于《诗刊》1957年1月号。

①井冈山：在江西、湖南两省边境，罗宵山山脉万洋山北段，平均海拔1000米左右。山势雄伟险峻。山中多盆地，以茨坪为中心，风景秀丽，辟有小井龙潭、茨坪南山、黎坪石燕洞、笔架山等风景区。1927年10月，毛泽东率领秋收起义部队挺进井冈山，创立了全国第一个农村革命根据地。1928年4月底，朱德、陈毅率领南昌起义保存下来的队伍和湘南农军来井冈山和毛泽东领导的部队会师，成立了中国工农红军第四军。根据地在全盛时期拥有宁冈、永新、莲花三县，吉安、安福、遂川、酃县一部分，东起拿山，西到水口，北起茅坪，南到黄坳，方圆275公里。红军利用天险要隘，

修筑五大哨口,设立红军医院、被服厂、军械处、公卖处、各团留守处。井冈山的斗争开辟了一条以农村包围城市,最后夺取城市的革命道路。此词讴歌的是井冈山第二次反"会剿"战斗中的关键一仗——黄洋界保卫战。

②鼓角:指红军的战鼓、军号声。角,古代军号以牛角为之,此系沿用旧称。相闻:谓听得见。古代军队用鼓角、旌旗发号施令,指挥队伍行动。以上二句,可参看《孙子》卷七《军争》:"言不相闻,故为鼓铎;视不相见,故为旌旗"。《太平御览》卷297《兵部》28《训兵》引唐李靖《卫公兵法》:"使士卒目见旌旗,耳闻鼓角,心存号令。"此二句词互文见义,谓山上山下,旌旗在望,鼓角相闻。作者说,"在望"与"相闻"均指我方(臧克家《珍贵的"孤纸"》)。

③我:指我井冈山根据地军民。岿然不动:《孙子·军争》:"不动如山"。旧题曹操注:"守也。"唐杜牧注:"闭壁屹然,不可摇动也"。岿然:高踞屹立貌。

④森严壁垒:宋范成大《次韵郊祀庆成诗》:"百神森壁垒。"森严,严密坚固。壁垒,古代军营的围墙。此指防御工事。

⑤更加:再加上、又加以。众志成城:《国语·周语下》:"故谚曰:'众心成城'。"三国吴韦昭注:"众心所好,莫之能败,其固如城也。"词中喻指我根据地军民团结一致,同仇敌忾,构成坚不可摧的钢铁长城。

⑥黄洋界:江西宁冈和湖南邻县通往井冈山区的要隘。又称望洋界、汪洋界。在井冈山区西北部,海拔1342米,两侧为深谷、峭壁,是井冈山根据地五大哨口最险峻的一处。

⑦报道:谓有人报告说。宵遁:夜晚逃跑。南朝宋傅亮《宋公九锡册文》:"狡寇穷衄,丧旗宵遁。"此词艺术形象地反映了当年的黄洋界保卫战。1928年8月,湘赣两省国民党军共4个团乘红四军主力二十八团和三十团由毛泽东、朱德、陈毅率领,赴湖南未归之际,向井冈山根据地进行所谓"两省会剿"。30日上午,湘敌吴尚部第八军第一师在赣敌王钧一部的策应下,以五个团的兵力向黄洋界阵地发起猛攻。当时红军只有三十一团守山。守卫黄洋界哨口的是一营的2个连。他们在赤卫队和广大人民群众的支援下,凭借居高临下的黄洋界天险,抗击敌人,顽强作战,打退了敌人多次进攻。下午,正当敌军重新组织进攻时,我军以仅有的一门迫击炮射击敌人正在集结的部队。敌军以为我军主力已经回山,不敢再战,星夜逃遁。此战胜利地保卫了井冈山战略基地,为迎接红四军主力返回,打破第二次"会剿"创造了条件。毛泽东同志在《井冈山的斗争》一文中曾说:"8月30日敌湘赣两军各一部乘我军欲归未归之际,攻击井冈山。我守军不

足一营,凭险抵抗,将敌击溃,保卫了这个根据地。"

附:陈毅同志跋《西江月·井冈山》

　　录毛主席所作井冈山词,调寄西江月。此词作于 1928 年夏。当时我军主力赴湘南。敌军企图袭取井冈山。毛主席亲率一个营将敌击退。此词表现出我军以少胜众不可震撼的英雄气概。是役,井冈山根据地赖以保全,有扭转战局的作用。读此词令人增长志气,可视敌军如草芥。我认为新中国人民应有此气概,而且已经有此气概。真可喜可贺。至于此词选调之当,遣词之工,描绘之切,乃其余事。例如在战争中尝有炮声雷鸣而敌已开始逃跑。此敌之起身炮也,此我之送行炮也。不可不知。

【赏读】

　　这首词记录了第二次国内革命战争时期井冈山地区的一次重要的反"围剿"战斗,高度赞扬了保卫井冈山革命根据地的军民,是一首抒写黄洋界抗敌胜利的光辉史诗。

　　上片写战前气氛。"山下旌旗在望,山头鼓角相闻"两句,概括描写了红军士气高昂,严阵以待的雄壮声势。山下到处可以看见红旗飘扬,山上可以听到战鼓隆隆,军号阵阵。

　　"敌军围困万千重,我自岿然不动"两句,用夸张的手法写敌人方面,数倍于红军,人众势强,气焰嚣张,"围困万千重"。面对如此强大的敌人,早已严阵以待的红军,沉着应战,泰然自若,"我自岿然不动"。用"万千重"夸张敌军人多势众,一是实写敌人确实在数量上多于红军,二是衬托红军"岿然不动"的英雄气概。

　　下片写军民万众一心,粉碎敌人的围攻,战斗取得胜利。

　　"早已森严壁垒,更加众志成城"两句写我革命根据地军民上下协力,齐心拒敌。"早已"二字,说明作者早就料定敌人会乘虚进攻,便指令红军早做准备。"森严壁垒",是物质准备,形象地说明红军事前已构筑好工事,早已戒备森严地等待敌军的来临,红军打的是有准备之战,因此战斗的胜负已在预料之中。"更加"二字展示了根据地虽小,却有很大的政治威力,红军虽少却有强大的战斗力这一史实。作者没有写战斗的具体过程,也没有渲染战场的惨烈景

西江月·井冈山〈1928年〉

象,只写了战斗的重要地点和战斗的结果:"黄洋界上炮声隆,报道敌军宵遁"。词作以革命根据地军民欢庆战斗胜利,敌人连夜逃遁结束。采用对比艺术手法是这首词的突出特点。

全词八句,六句写革命根据地军民,两句写敌人,意在扬我军民威风,灭敌人的嚣张气焰,有利于鼓舞革命根据地军民的士气、斗志。写敌人只有两句,欲抑先扬,前一句是夸张,极言敌人声势浩大,不可一世的气势,后一句写敌人不堪一击,借着夜色的掩护逃跑了。"敌军围困万千重"与"报道敌军宵遁"也是对比,敌人以声势浩大的进攻始,以惊慌害怕连夜逃遁终。

这首词也是毛泽东许多以革命战争为题材的诗词中最早的一首。

(西江月·井冈山)

清平乐①

蒋 桂 战 争②

一九二九年秋

风云突变，
军阀重开战③。
洒向人间都是怨，
一枕黄粱再现④。

红旗跃过汀江，
直下龙岩上杭⑤。
收拾金瓯一片⑥，
分田分地真忙⑦。

【注释】

本词最早发表于 1962 年 5 月号《人民文学》，当时，正值全国准备纪念《在延安文艺座谈会上的讲话》发表 20 周年，毛泽东同志同意在《人民文学》以"词六首"为总题发表他的六首词。

①清平乐：又名《忆萝月》、《醉东风》。四十六字，上片四仄韵，下片三平韵。

②蒋桂战争：指 1929 年 3 月至 6 月 24 日间，发生于国民党南京军阀蒋介石和桂系军阀李宗仁、白崇禧之间的战争。毛泽东同志在 1928 年 10 月《中国的红色政权为什么能够存在？》一文中曾指出："国民党新军阀蒋桂冯阎四派，在北京天津没有打下以前，有一个对张作霖的临时的团结。北京天津打下以后，这个团结立即解散，变为四派内部激烈斗争的局面，蒋桂

两派且在酝酿战争中"。正如毛泽东同志所预料的,国民党南京政府在名义上统一全国之后,新军阀各派系之间为抢夺地盘而进行的明争暗斗愈演愈烈,终于兵戈相见,战争爆发。

③军阀重开战:北洋军阀统治时期,曾有过 1920 年 7 月直系军阀曹锟、吴佩孚联合奉系军阀张作霖反对皖系军阀段祺瑞的直皖战争,1922 年 4 月至 5 月、1924 年 9 月至 10 月的两次直奉战争,大革命失败后,又有过 1927 年 10 月李宗仁与唐生智争夺两湖之战、11 月至 12 月张发奎与李济深争夺广东之战等国民党新军阀之间的战争,1928 年 4 月至 5 月国民党新军阀蒋、冯、阎、桂联合起来与奉系军阀张作霖争夺华北的战争。1929 年又发生了蒋桂、粤桂战争,所以词人曰"军阀重开战"。

④一枕黄粱:典出唐人沈既济传奇小说《枕中记》。小说写唐玄宗开元年间,有卢生落魄邯郸客栈,向道士吕翁叹诉穷困。翁乃授生一青瓷枕。言睡在枕上可称心如意。生枕之入梦,历尽荣华富贵。睡前,店主人方蒸黍;醒时,黍尚未熟。黍即黄粱,亦即黄小米。后人诗词用此典,或称"黄粱梦",宋代郭印《上郑漕》:"荣华路上黄粱梦"。或省称"黄粱"。宋代吴潜《蝶恋花·吴中赵园》:"回首人间名利局,大都一觉黄粱熟"。本句意谓,新军阀妄想凭借武力实现自己的野心,只不过是黄粱一梦。

⑤下:攻克。《史记·项羽本纪》:"闻陈婴已下东阳。"龙岩上杭:福建西南部二县名。1929 年 5 月 19 日,红军自江西瑞金出发。20 日,于长汀水口渡汀江。23 日及 6 月 3 日、19 日,三次攻击龙岩,全歼国民党福建省守军第一混成旅。9 月 21 日,攻占上杭,全歼福建省守军第二混成旅。以上二句词纪实。

⑥收拾:收取。唐代诗人李山甫《上元怀古》诗二首其一:"南朝天子爱风流,尽守江山不到头。总是战争收拾得,却因歌舞破除休。"金瓯一片:金瓯,金盆。语出《南史·梁书》载萧衍语:"我家国犹若金瓯,无一伤缺"。后以"金瓯"代指国家山河完整。此言"一片",意谓国民党新军阀战乱连年,已将中国搅得四分五裂,我军建立的闽西根据地,只是收取"金瓯"一片。

⑦分田分地:在闽西革命根据地开辟前,全国百分之八十五的田地在地主阶级手中。农民所有仅百分之十五。红四军入闽后,中共闽西特委于1929 年 7 月 20 日至 29 日于上杭蛟洋组织召开了第一次代表大会。大会通过的政治决议中明确规定:没收一切收租的田地山林,分配与贫农;富农田地自食以外的多余部分,在贫农要求没收时应没收;田地以乡为单位,按男女老幼,依原耕形势,抽多补少,平均分配。会后,闽西各乡党支部苏维埃政府在红军的帮助下,迅速发动农民开展分田分地的斗争,掀起了

波澜壮阔的土地革命运动。毛泽东同志曾称赞："闽西土地解决办法最好"
(李六如《各苏区土地问题》)。

【赏读】

　　这首词作于 1929 年秋，词中高度概括了当时的国内斗争形势。作者通过军阀开战与革命力量空前壮大之间的内在联系，生动地表现了中国革命迅速发展的趋势。

　　上片写蒋桂战争以及这些罪恶的战争给中国人民带来的无穷灾难。

　　首句"风云突变"，起笔突兀凌厉。不仅渲染了形势的突然变化，制造出一种浓重的气氛，而且十分形象地写出了当时的时代特征。指出当时蒋桂之战给社会带来的动荡和混乱局面，接着诗人以强烈的感情色彩浓墨一点："洒向人间都是怨"这一句写得非常有力，坚定，"洒向"这个动词用得完美无缺，而收尾一个"怨"字搭配浑然天成，意象突出；接着又一个大对比，坏人只能是一枕黄粱美梦，这在诗之技巧上也可以说是转换切入都准确、快捷，从人民之恨陡地转到了坏人必败，两个鲜明画面并立，空间广阔但又一目了然。

　　下片写在军阀混战背景下红军力量迅速壮大，所向披靡，革命根据地蓬勃发展。"红旗跃过汀江，直下龙岩上杭"，"红旗"指红军。用"跃过"、"直下"两个动词极其生动形象地描写了红军迅速、快捷地越过汀江，快速地开辟了龙岩、上杭等闽西革命根据地的情景，反映了人民革命战争所向披靡的现实。

　　另外，汀江、龙岩、上杭，三个地点名词让人陡地如作魔般产生幻美之感，使人感到祖国地名的可亲、可爱，而且有一种特殊的汉语文字的美感。

　　最后二行，又是毛泽东作为诗人一贯的大气坦然，无拘无束，而且写出祖国的真欢喜，写了中国农民的真欢喜，尤其是"分田分地真忙"极富有动感和画面感，亲切、快乐，对祖国乡村朴实浑厚的喜悦之情跃然纸上。貌似平淡，却极为精当。恰如宋代葛立方《韵语阳秋》卷中所说："作诗无古今，欲造平淡难。平淡而到天然处，则善矣。"

全诗的叙事、议论和抒情交相混融，既有写实之动，又有抒发之妙。显示了一代领袖目睹人民富足而自己也感到无比的乐趣，同时也反映了贫苦农民当家作主的伟大历史变革，蕴涵了十分深刻的历史内容。

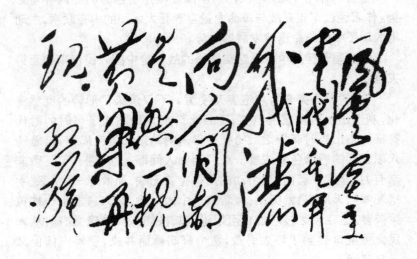

(清平乐·蒋桂战争)

采桑子①

重　阳②

一九二九年十月

人生易老天难老，
岁岁重阳。
今又重阳，
战地黄花分外香③。
一年一度秋风劲④，
不似春光。
胜似春光，
寥廓江天万里霜⑤。

【注释】

本词首次公开发表于《人民文学》1962年5月号。

①又名《丑奴儿令》、《罗敷艳歌》、《罗敷媚》。唐教坊大曲截取而成。双调，四十四字，上下片各三平韵。

②重阳：阴历九月初九日。古人以"九"为阳数，其月、日皆逢九，故称又称"重九"。重阳是我国传统的民俗节日之一，自古以来，人们就有重阳日登高赏菊之习。

③战地：战场。上杭当年九月刚被红四军攻克，故云。黄花：菊花。《礼记·月令》："季秋之月，……鞠(菊)有黄华(花)。"分外香：宋杨万里《九日郡中送白菊》诗："若言佳节如常日，为底寒花分外香？""战地黄花分外香"，是对革命战争的歌颂。洋溢的是革命形势发展迅猛，作者满怀喜悦之情。前此诗词中"战地黄花"多写厌战之辞。唐岑参《行军九日思长安故园》：

"遥怜故园菊,应傍战场开。"清陈维崧《虞美人·无聊》:"好花须映好楼台,休傍秦关蜀栈战场开。"

④秋风劲:指秋风劲拔、有力。陆机《文赋》:"悲落叶于劲秋"。

⑤寥廓:空阔貌。寥廓江天万里霜:宋黄庭坚《登快阁》:"落木千山天远大。"辛弃疾《鹧鸪天》:"木落山高一夜霜"。下阕词创意似刘禹锡《秋词》而更超妙。刘诗云:"自古逢秋悲寂寥,我言秋日胜春朝。晴空一鹤排云上,便引诗情到碧霄。"

【赏读】

这首词写的是重阳节令,但并不是纯写重阳节,而是借重阳节礼赞战地风光。透过写景,抒发了革命豪情,通篇洋溢着革命乐观主义精神。上阕热情歌颂革命根据地红军的战争。诗人一开始就是一句大气磅礴的感慨,"人生易老天难老;岁岁重阳",这一句的胸襟气势以及对具体的光阴不再的体验唯有孔子的"子在川上曰:逝者如斯夫,不舍昼夜"可与之相较。如出一辙的感慨决非"诗家九月怜芳菊"式的感慨,毛泽东关心得更多,思考得更多,整个人生或苍天主宰都在他的注目之中。接着他反复吟唱,后二句,连用二个叠字叠韵,让"重阳"二字回荡在耳际,缕缕不绝,令人产生一种博大的沉郁之感。

下阕赞美秋天的美丽景色。"一年一度秋风劲,不似春光。胜似春光",其中的"劲"字,写出了秋天的个性,也融进了主观感情色彩。一年一度的强劲秋风,荡涤酷暑,使大地景象不像美丽的春天,但是又胜过春天的美丽景色,可见作者对强劲秋风中的景色是十分喜爱的。作者采用欲扬先抑、以退为进的手法,写出了自己独特的感受。带来鲜明而新奇的出人意料之美,这就是诗人生活的一个侧影,也是革命斗争中抒情的一笔。

最后一行以描写大景致结束,"寥廓江天万里霜",作者豪情激荡,大笔挥洒,描绘了一幅万里霜天的空阔深远景象,这也是"胜似春光"的形象化说明。

通观全词:上下两阕的末句,都是以景作结,上阕写黄花吐香,下阕写江天寥廓。写黄花是近景,写江天是远景。一近一远,前后呼应,生动地展现了一幅秋色万里生意盎然的动人画境,格调高昂，意境开阔，余韵悠扬，生动展现了诗人在逆境中的乐观情绪和积极的人生态度。

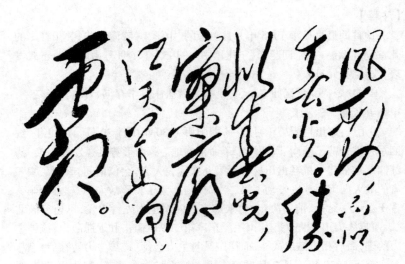

（采桑子·重阳）

如梦令①

元　旦②

一九三零年一月

宁化、清流、归化③，
路隘林深苔滑。
今日向何方，
直指武夷山下。
山下、山下，
风展红旗如画。

【注释】

　　这首词最早见于 1956 年 8 月出版的《中学生》载谢觉哉《关于红军的几首词和歌》一文。词题为《宁化途中》。1957 年 1 月号由《诗刊》正式发表，改题为《元旦》。

　　①如梦令：又名《忆仙姿》、《宴桃源》。后唐庄宗李存勖始作。三十三字，单调五仄韵，一叠韵。

　　②元旦：这里指阴历正月初一，即阳历 1930 年 1 月 30 日。1929 年，红四军相继开辟了赣南、闽西两个革命根据地。革命形势迅猛发展。12 月，红四军在福建上杭县古田村召开第九次代表大会。会议期间，闽、粤、赣三省的敌人向闽西苏区发动了第二次"会剿"。为了粉碎敌人的"三省会剿"，古田会议一结束，前委决定：由朱德率红四军主力先行出发，迅速突破北线，西越武夷山，出击赣南。由毛泽东率第二纵队阻击和迟滞敌人，掩护主力西进，而后相机撤出战斗，前往广昌与主力会师。掩护主力转移后，毛泽东率部于 1930 年 1 月 7 日撤离古田，经福建连城、清流、归化(后改名明溪)、宁化等县境，越武夷山入广昌与主力会合。词即作于此次战略转移行

毛泽东诗词全集赏读

军途中。

③宁化、清流、归化:均为福建省西部县名。归化县,1933年改为明溪县,1956年与三元县合并改称三明县。今属三明市。毛泽东同志所率红军行军路线是清流、归化、宁化,为适应词律,将顺序改为"宁化、清流、归化"。

【赏读】

这首词叙写红军在元旦翻越武夷山的行军情景。宁化、清流、归化三县地处武夷山中段,高山连绵,沟壑纵横,林木茂密。时值数九寒冬,天寒地冻,但红军战士们情绪高涨,斗志昂扬,翻山越岭,急速挺进,一路上人唱马嘶,红旗飘扬,描绘出一幅雄浑壮美的军旅图画。

开诗一句,"宁化、清流、归化",写红军行军队伍经过的地方,几个地点名词(音、形俱佳)流溢着汉语之美同时又轻快地勾出红军战略转移行军作战的运动之美。整句读起来音韵和谐、畅达,意境开阔、清朗。

从地点名词一转,接着又是一组整齐的词语,"路隘林深苔滑"。行军的艰苦荡然无存,依然是美丽幽深的闽西风景。这首诗前两句都是两个字一顿,一连六顿,读来朗朗上口,又颇感凉快宜人,此诗虽写于冬天的行军,但给人有如沐春风,如享春雨的感觉,毫无冬日的萧索和寒冷:凉爽、轻灵、洁净、开阔;而诗中"风展红旗"般的大气乃毛诗一贯特征。

另外,这首诗的韵脚是:"化"、"滑"、"下"、"下"、"画"。音韵在此巧妙、妥帖,只有"滑"字入声,而其它三个字为去声,虽不在一个韵部,但仍自然滑顺,而且用的也是方音取叶法。

"风展红旗"更使整个画面色彩鲜明,生机勃勃,充分显示出流动的美。这是一首欢快的词,作者欢畅的心情已从轻快的节奏,和谐的旋律中飘逸而出。

再看看诗人当时的实际情况,毛泽东自1929年秋一直在上杭养病。由于红四军党内一些同志中存在着单纯军事观点等各种非无产阶级思想,在这一年6月,他被迫离开前敌委员会书记之职。而在紧接着的7月,红四军先后进击闽中、粤东,均受挫。广大将士要求毛泽东重返红四军。于是,在11月,他重返红四军工作。

如梦令·元 旦〈1930年〉

接着蒋介石纠集江西、福建、广东三省反革命武装对闽西苏区进行"三省会剿"。1930年元旦后数日红四军分两批进行战略转移，一批由朱德率领，另一批由毛泽东率领。毛主席作为一名伟大的政治家，虽然当时未取得绝对的领导权，但他依然从容不迫，而且满心欢喜，没有半点患得患失的失落、悲观。从这首小诗就可以看到他乐观、向上的美好境界，当然这也是他的天性使然。

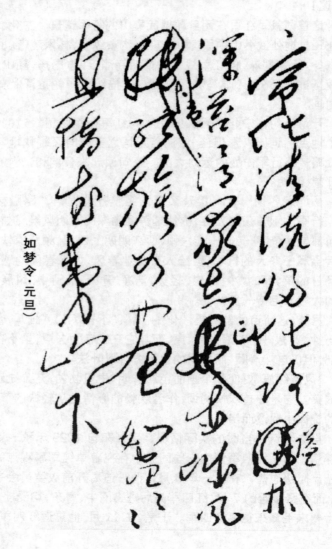

（如梦令·元旦）

减字木兰花①

广昌路上②

一九三零年二月

漫天皆白，
雪里行军情更迫③。
头上高山，
风卷红旗过大关④。

此行何去？
赣江风雪迷漫处⑤。
命令昨颁，
十万工农下吉安⑥。

【注释】

本词首次公开发表于《人民文学》1962 年 5 月号，1963 年 12 月收入人民文学出版社出版的《毛主席诗词》一书。

①减字木兰花：简称《减兰》。双调四十四字，即就宋词《木兰花》的一、三、五、七句各减三字。上下阕各二句仄韵转二句平韵。又有《偷声木兰花》，即就宋词《木兰花》的第三、第七句各减三字，平仄转韵和《减字木兰花》同。

②广昌路上：广昌，县名。在江西省东部。1930 年 1 月，毛泽东、朱德自月初各率部撤离古田后会师广昌，迅即向附近地区分兵，占领了江西宁都、永丰、乐安等县。2 月 7 日至 9 日，红四军前委、赣西特委、红五军、红六军两军军委在江西吉安陂头召开著名的"陂头会议"（或称"二七"会议）。会议在毛泽东同志主持下提出了夺取江西全省的口号，并确定了当时行

动的总目标——攻取吉安。词中所纪,即红四军自广昌向吉安进发这一段战斗历程中冒雪行军的情景。

③情更迫:心情更显急切。此三字,首次发表为"无翠柏"。作者几经推敲,收入人民文学出版社 1963 年 12 月版《毛主席诗词》时,定稿为"情更迫"。

④大关:指高山间险要的关隘。"风卷红旗过大关"原稿作"风卷红旗冻不翻"。似曾受唐岑参《白雪歌送武判官归京》中:"纷纷暮雪下辕门,风掣红旗冻不翻"诗句的影响。定稿更切合南方风雪之实际。

⑤赣江:江西省最大的河流。东源贡水出武夷山,西源章水出大庾岭。二水在赣州汇合后称赣江。北流经吉安、南昌注入鄱阳湖。全长 758 公里,流域约占全省面积的二分之一。

⑥工农:指工农红军及其他工农群众武装。下:直趋,直向。吉安:县名。在江西中部。县城位于赣江西岸。今已升为市。

【赏读】

这首词描写红四军粉碎敌人的"三省会剿"后,去攻打吉安时,路过广昌的情形。红军攻打吉安,在 1930 年一共有九次之多,这首词写的是第一次。

而当时情况的确也是这样的,1930 年 1 月下旬, 自闽西回师赣南的两批红四军部队在东韶会合后,立即向周围地区分兵,一举攻下了江西宁都、永丰、乐安等县,接着在 2 月最初的几个日子,红军各部在江西吉安举行联席会议,会议由毛泽东主持,并提出夺取江西全省的号令,号令的第一步就是直取吉安。随后,十万大军(其中包括赤卫队)浩荡挺进吉安。就在这一次风卷红旗的雪里进军中,作为诗人的毛泽东在雪里黄昏或者在雪里清晨,抑或在寂静的雪夜,指挥若定,踏歌向前,情意迫切。

上阕通过雪景,赞扬了红军不畏艰险行军夺关的英雄气概。起始两句描写行军的环境和气氛。"漫天皆白,雪里行军情更迫",是说在漫天一片银白的世界里, 红军冒着风雪急速地行进在广昌路上,可见当时军情十分紧迫。"漫"、"皆"状雪势之盛,"头上高山,风卷红旗过大关",雪里行军已经十分艰难,可是前面又现险峻的高山和"一夫当关,万夫莫开"的要塞和关隘。但是,我英勇红军还是

（减字木兰花·广昌路上）

战胜了各种艰难险阻,神速地越过了要塞和关隘。"风卷红旗"四个字充分显示了红军攻夺关隘时势如破竹的凌厉气势。

下阕写红军向吉安进军时的情景。"此行何去?赣江风雪迷漫处"两句,一问一答,交代了红军的战略意向。"风雪迷漫处"就是吉安,因吉安当时尚被敌军所占,红军前去攻打,于是便以"风雪迷漫处"代之,显得含蓄而有韵味,点明"争取江西首先胜利"的战略意义。同时,"风雪迷漫处"与上阕的"漫天皆白"遥相呼应,又构成了一幅大雪纷飞,江天莫辨的雄浑图景。"命令昨颁,十万工农下吉安",明白如话地补充交代:这次行军的命令是昨天颁布的,命令的具体内容是红军去攻打吉安,在行文上又与"过大关"相照应。一个"下"字,显示出"十万工农"势不可挡有如排山倒海的气势。全词描绘了一幅雄壮的雪天行军图。画面有近景:高山、大关;有远景:风雪迷漫的赣江。

整首词景象壮美,节奏整饬,跃动着大自然的力与社会革命的力,具有雄浑的艺术特色,显露出作者卓越的填词造诣。

蝶恋花①

从汀州向长沙②

一九三零年七月

六月天兵征腐恶③，
万丈长缨要把鲲鹏缚④。
赣水那边红一角⑤，
偏师借重黄公略⑥。
百万工农齐踊跃⑦，
席卷江西直捣湘和鄂⑧。
国际悲歌歌一曲⑨，
狂飙为我从天落⑩。

【注释】

此词首次正式发表于《人民文学》1962年5月号。

①蝶恋花：又名《鹊踏枝》、《凤栖梧》。唐教坊曲。六十字，上下片各四仄韵。同调。

②汀州：指福建西南部的长汀县。唐玄宗开元二十四年(736年)始置汀州，州治即在长汀。元改汀州路。明改汀州府。1913年，府废。此沿用旧称。

②天兵：古时指王者之师、正义之师。唐戴叔伦《送崔融》："王者应无敌，天兵动远征。"温庭筠《遐水谣》："天兵九月渡辽水，马踏沙鸣惊雁起"。此代指工农红军。腐恶：腐朽而凶恶。此指国民党反动军队。

③万丈长缨要把鲲鹏缚：长缨，长绳子。《汉书·终军传》："南越与汉和亲，乃遣军使南越，说其王，欲令入朝，比内诸侯。军自请：'愿受长缨，必羁

南越王而致之阙下。'"万丈长缨比喻强大的革命力量。鲲鹏:语出《庄子·逍遥游》。词中以之喻指貌似强大的国民党反动派。毛泽东同志诗词曾数次化用此典,可参看。

④赣水那边红一角:指黄公略同志率领的红三军在赣西南赣水流域所建立的根据地。

⑤偏师借重黄公略:偏师,配合主力军作战的侧翼部队。当时红三军与红四军等合编为红一军团,红四军是主力,红三军为辅,故称。借重:借助、倚重。黄公略(1898—1931):湖南湘乡人。黄埔军校毕业后参加北伐战争。1927年加入中国共产党。1928年7月参加领导湖南平江起义。1930年任红三军军长。1931年9月,在江西吉安的东固地区行军中遭敌机扫射牺牲。

⑥踊跃:汉刘熙《释名》卷四《释言语》:"勇,踊也。遇敌踊跃,欲击之也"。《晋书·李矩传》:"将士闻之,皆踊跃争进。"

⑦席卷江西:南朝陈徐陵《檄周文》:"席卷江淮"。席卷,犹如卷席子一般包括无余。汉贾谊《过秦论》:"有席卷天下、包举宇内、囊括四海之意,并吞八荒之心。"直捣:长驱直入。岳飞《送紫岩张先生北伐》"长驱渡河洛,直捣向幽燕"。湘:湖南的简称。鄂:湖北的简称。

⑧国际悲歌:指《国际歌》。1888年6月法国工人狄盖特据巴黎公社诗人鲍狄埃1871年6月所作诗篇谱成。同年7月23日由狄盖特所领导的合唱团"工人的里拉"在里尔的售报工人集会上首次演出。19世纪末开始应用于国际无产阶级的隆重集会。1917年,曾被苏联采用为国歌。1923年起,传唱于中国,歌词系从俄文转译。

⑨狂飙:疾风、暴风。杜甫《乾元中寓居同谷县作歌七首》其一:"呜呼一歌兮歌已哀,悲风为我从天来"。以上二句用杜诗句格,而抒发感情不同。据臧克家先生《珍贵的"孤纸"》一文,袁水拍曾请益毛泽东此词"国际悲歌歌一曲"之含义,晓以"悲壮"。

【赏读】

在这首词中,作者描写了中国工农红军横扫湘赣,征伐敌人的浩荡声势,颂扬了革命根据地工农运动的蓬勃发展。

上阕歌颂了红军磅礴的气势。开头两句"六月天兵征腐恶,万丈长缨要把鲲鹏缚",起笔不凡,气魄雄伟。写出了红军无坚不摧的力量,威慑敌胆的声威。"要"字有如千钧,表达了红军的坚强决心。

"赣水那边红一角,偏师借重黄公略",是说赣水地区的革命根据地已经建立起来,这是红三军黄公略军长开辟和领导的。作者在歌颂红军的同时,充分肯定了建立农村革命根据地,以农村革命根据地包围城市,最终夺取全中国的战略决策。

下阕承上阕词意写出,热情洋溢地描述了正在蓬勃兴起的工农武装斗争。"百万工农齐踊跃",形象地写照了工农群众踊跃参加革命,建立革命根据地的情景。"齐"字充分写出了工农踊跃革命的动人场面。"席卷江西直捣湘和鄂",这是工农齐踊跃以后所形成的大好局面。"席卷"一句极言革命根据地开创与建立的速度之快,声势之浩大。"直捣"则写出了革命根据地的影响与力量已形成威慑之势。

最后两句"国际悲歌歌一曲,狂飙为我从天落",把全词推向高潮,意思是百万工农唱着《国际歌》大进军,为推翻旧世界,为共产主义理想的实现而斗争,其势如狂飙天落,不可阻挡。

这首词以浪漫主义的笔触,写出了红军各路大军互相配合,讨伐敌人的浩荡声势。在炎热的夏天,红军宛如神兵,从天而降,万丈长缨腾空而起,捆缚"鲲鹏"。全词感情浓烈,激越高昂,表现了红军指战员慷慨激昂,叱咤风云的气势与无坚不摧的战斗力量。

毛泽东诗词全集赏读

渔家傲①

反第一次大"围剿"②

一九三一年春

万木霜天红烂漫，
天兵怒气冲霄汉③。
雾满龙冈千嶂暗④，
齐声唤，
前头捉了张辉瓒⑤。

二十万军重入赣，
风烟滚滚来天半。
唤起工农千百万，
同心干，
不周山下红旗乱⑥。

作者原注：

关于共工头触不周山的故事：

《淮南子·天文训》："昔者共工与颛顼争为帝，怒而触不周之山，天柱折，地维绝。天倾西北，故日月星辰移焉；地不满东南，故水潦尘埃归焉。"

《国语·周语》："昔共工弃此道也，虞于湛乐，淫失其身，欲壅防百川，堕高堙庳，以害天下。皇天弗福，庶民弗助，祸乱并兴，共工用灭。"（韦昭注："贾侍中（按指后汉贾逵）云：'共工，诸侯，炎帝之后，姜姓也。颛顼氏衰，共工氏侵凌诸侯，与高辛氏争而王也。'"）

《史记》司马贞补《三皇本纪》："当其(按指女娲)末年也，诸侯有共工氏，任智刑以强，霸而不王，以水乘木，乃与祝融战，不胜而怒，乃头触不周山崩，天柱折，地维缺。"

毛按：诸说不同。我取《淮南子·天文训》，共工是胜利的英雄。你看，"怒而触不周之山，天柱折，地维绝。天倾西北，故日月星辰移焉；地不满东南，故水潦尘埃归焉"。他死了没有呢？没有说。看来是没有死，共工是确实胜利了。

【注释】

本诗首次公开发表于《人民文学》1962年5月号。

①渔家傲：北宋流行歌曲，有用作"十二月鼓子词"者。六十二字，上下片各五仄韵，句句用韵，同调。

②反第一次大"围剿"：1930年底，蒋冯阎军阀混战刚结束，蒋介石就调集十万兵力，以国民党江西省主席鲁涤平为总司令，第十八师师长张辉瓒为前线总指挥，采用"分进合击"战术，进犯中央根据地。国民党军队从江西吉安，到福建建宁长达800里的战线上，分八个纵队，由北向南进攻，这就是第一次大"围剿"。当时我红一方面军仅四万余人，在毛泽东同志"诱敌深入""慎重初战"战略方针指引下，于12月下旬将敌先头部队诱至根据地中部，而后集中优势兵力，于12月30日在龙冈歼敌第十八师师部及两个旅，俘获张辉瓒及部下9000余人，随即乘胜追击东逃之敌第五十师，于1931年1月3日歼其一半。余敌畏惧，纷纷撤退，此次"围剿"遂告破产。第一次大"围剿"被粉碎后，敌人不甘心失败，又于1931年4月对我中央根据地发动了第二次大"围剿"。本词就作于此后不久。

③怒气：战斗豪情。汉赵《吴越春秋》卷十《勾践伐吴外传》载越王勾践语："今蛙虫无知之物，见敌而有怒气。"霄汉：高空。霄指云天，汉指星河。

④龙冈：即江西永丰县龙冈镇。在永丰县南端，南与兴国相连，西与吉安相接。重峦叠嶂，地势险要。千嶂：泛言群峰。嶂，山峰高峻犹如屏嶂。范仲淹《渔家傲》："千嶂里，长烟落日孤城闭"。据老红军战士回忆，龙冈之战正酣，山林大雾弥漫，"雾满"云云，盖纪实。

⑤张辉瓒(1886—1931)：字石候。湖南长沙人。日本士官学校毕业。1911年，回国后入湘军。曾任湖南陆军第四混成旅旅长、第九师师长、国民革命军第二军第四师师长、第二军军长等职。1930年，参加对中央苏区

的第一次大"围剿",任前线总指挥。12 月 30 日,在龙冈被俘。1931 年 1 月 28 日被处决。

⑥不周山:出处详见作者原注所引有关文字。古代神话中的山名。此处借喻国民党反动派赖以存在的统治支柱。红旗乱:红旗飘舞缭乱。乃词人展望中的声势浩大的群众革命斗争景象。

【赏读】

这首词着重写反第一次大"围剿"中的关键性战役龙冈大捷。龙冈战役胜利了,反第一次大"围剿"就取得了决定性胜利。这次胜利,增强了根据地人民战胜敌人的信心,也为第二次反"围剿"的胜利奠定了基础。它是一曲鼓舞军心民心的凯歌。

本诗上半阕是诗人喜闻龙冈之战大捷的当晚一气写成的,第三句原为"唤起工农千百万",而后在次年春,当诗人闻敌人将结集更大兵力作第二次大"围剿"时,心潮起伏,豪气难平,遂一气补写出整首诗的下半阕。完稿后,毛泽东发现上下两阕都有"唤起工农千百万"之句,便将上半阕的第三句改为"雾满龙冈千嶂暗"。

红军战士不仅仅是一腔怒火冲云端,而且为保卫家园在毛泽东的亲自指挥下沉着迎战。在诗中第三、第四、第五句中生动凝练地再现了战斗场面,虽未正面详细描写激战情况,但诗人凌云健笔先点出龙冈大雾,暗示给读者一种毛泽东一贯的"诱敌深入"伏击之的战略战术,然后是战士的欢呼声,最后进抵战局之结果,并干干脆脆地用一个具体细节指明活捉敌军前线总指挥张辉瓒,犹如王昌龄的"已报生擒吐谷浑"。而当时的情形也的确如此,毛泽东亲自指挥红一方面军的一、三两个军团,共四万人,先是后撤,于 12 月下旬将敌军先头部队诱至根据地中部,紧接着于 1930 年最后一天在龙冈作伏击歼敌之战,结果一举击溃敌军并活捉张辉瓒及敌部九千人。新年伊始,再度乘胜攻击,至 1931 年 1 月 3 日,共歼敌军一半以上。迎来了第一次反"围剿"的胜利。

下半阕写第二次反"围剿"前的敌我双方的态势。开头两句写敌军情况。一九三一年二月,蒋介石调兵二十万,向红军发动第二次大"围剿","二十万军重入赣,风烟滚滚来天半"两句写的就是这一事实。敌人的兵力比第一次"围剿"时多了一倍,而且来势凶猛,气焰嚣张。接下来三句写红军这一方。面对强大的敌人,红军的策略是发动工农群众,"唤起工农千百万,同心干",表达了作者的战略思想,抒写了作者反"围剿"必胜的信心与豪情。

"不周山下红旗乱"一句,给旧典赋予新的内容。共工是一个摧毁旧天地,创造宇宙新格局的英雄。红军也正是这样的英雄,红军就是要打碎旧世界,创建一个崭新的中国。这一典故,把不周山与红旗,共工与红军,神话与现实联系起来,化腐朽为神奇,给神话以崭新的氛围,使词有了新的生命力,红军的斗争显得更加壮阔,整首词的内容也大为扩展。"乱"字又如神来之笔,豪放而凝重,显示了千百万工农"同心干"轰轰烈烈的革命声势。于豪放中见出典雅、凝重,是这首词的显著艺术特色。

最后一行,诗人活用了中国古代神话中共工头触不周山的故事,在他眼里,共工是胜利者,是敢于革命的英雄,共工以头触山就比喻为红军将士最终将推翻蒋家王朝,毛泽东不愧为一位有预见性的诗人,他在最艰苦的岁月已看到遥远的胜利的曙光。

渔家傲

反第二次大"围剿"①

一九三一年夏

白云山头云欲立②，
白云山下呼声急，
枯木朽株齐努力③。
枪林逼，
飞将军自重霄入④。

七百里驱十五日⑤，
赣水苍茫闽山碧，
横扫千军如卷席⑥。
有人泣，
为营步步嗟何及⑦！

【注释】

此诗首次发表于《人民文学》1962年5月号。

①反第二次大"围剿"：蒋介石对中央根据地第一次"围剿"失败后，又调集了18个师又3个旅约20万人的兵力，以军政部长何应钦为"围剿"总司令兼"南昌行营"主任，采取"稳扎稳打，步步为营"的方针，分四路向根据地大举进攻。毛泽东、朱德同志指挥红一方面军3万将士，继续采取"诱敌深入"的战略方针。4月23日，红军主动转移至龙冈、上固、东固地区，进行整顿、训练。5月10日，各路敌军继续向根据地中心区推进。5月

16 日,国民党第五路军右翼第二十八师和第四十七师一个旅,脱离富田巩固阵地,向东固进犯。红军向敌人发起总攻击,歼敌第二十八师和第四十七师一个旅大部。19 日,在白沙歼灭企图逃跑的敌第四十三师大部和第四十七师一个旅的残部。22 日,在中村歼灭前来增援的敌第二十七师近一个旅。27 日,攻克广昌,歼敌第五师一部,打死敌第五师师长胡祖玉。31 日,攻占建宁城,歼敌第五十六师三个多团。红军连续进行五次战斗,五战五捷,共歼灭国民党军三万多人,缴获枪两万多支,取得了第二次反"围剿"的胜利。词作于反"围剿"胜利不久。

②白云山:在江西泰和、吉安、兴国三县交界处,距东固镇十七里,海拔 820 米。《嘉庆一统志》载,此山"峰峦特出,常有白云蒙罩。"云欲立,《史记》卷二十七《天官书》:"阵云如立垣。"

③枯木朽株:干枯、老朽的树木、树桩。《史记·鲁仲连邹阳列传》载邹阳《狱中上梁王书》:"故有人先谈,则以枯木朽株树功而不忘。"又,《史记·司马相如列传》载司马相如谏武帝猎长杨疏:"枯木朽株尽为害矣"。再,《古代兵略·天地》:"金城汤池,不得其人以守之,曾不及培土娄之丘,泛滥之水;得其人,即枯木朽株皆可以为敌难。"历来注释、阐释此词者,对"枯木朽株"究竟旨归何处,争论颇多。概而言之,形成对立的两种意见,多数认为本词中写白云山之战,云犹欲立,树犹努力,红军战士奋勇赴敌之状,尽在言外。也有人认为枯木朽株指喻敌军,以"枯""朽"喻代红军不妥。艺术欣赏,见仁见智,可以两存。臧克家先生《珍贵的"孤纸"》一文透露的毛泽东本人的意见可供参考。据载,袁水拍曾就毛泽东诗词翻译中有争议的17 个问题去请教作者本人。"主席约了时间去谈","按着我们提出的句子,主席一一回答了。""再谈一条:'枯木朽株齐努力,枪林逼……'"。"三年前,有位跟随毛主席很久的老同志来,谈及上面这个句子时,他说:一般都解释错了,弄得敌我颠倒"。"我问:你的意思?"他答:我的意思,当然是指敌人"。"我笑了。接下去说,对于一首词,一句诗,各人理解不同,甚至相反,这是正常的,但主席本人的意思可以供我们参考。我到内室从放重要文件的皮包里拿来了这三张绿字白纸,交给了这位老同志,他看完了,没说一句话。"很显然,毛泽东同志自己的解释和那位老同志不同——"枯木朽株"指的是我方。

④飞将军自重霄入:语出《汉书·周勃传》:"诸侯闻之,以为将军从天而下也"。飞将军:典出《史记·李将军列传》:"广居右北平,匈奴闻之,号曰'汉之飞将军',避之数岁,不敢入右北平。"此处以飞将军李广喻指红军战士。重霄:高空。旧传天有九重,亦称九霄。

渔家傲 · 反第二次大『围剿』〈1931年〉

111

⑤七百里驱十五日：即十五日驱七百里的倒装。驱：策马驰骋，快速推进。全句写第二次反"围剿"战斗历程。"十五天中(1931 年 5 月 16 日至 30 日)"，走七百里，打五个仗，缴枪二万余，痛快淋漓地打破了'围剿'。"(《毛泽东选集·中国革命战争的战略问题》)

⑥横扫千军：杜甫《醉歌行》："笔阵横扫千人军"。喻笔力雄肆。本词实写横扫千军万马。如卷席：像卷席子般干净利落。

⑦有人泣：指蒋介石。蒋氏在第二次大"围剿"破产后，曾在南昌召开高级军事会议，大骂部下无能，以致痛哭失声。为营步步：明罗贯中《三国演义》第七十一回："黄忠即日拔寨而进，步步为营；每营住数日，又进。"此指蒋介石第二次大"围剿"中采取的"稳扎稳打，步步为营"的训示。嗟何及：嗟，叹息。语出《诗·王风·中谷有蓷》："啜其泣矣，何嗟及矣。"胡承珙《后笺》："当作'嗟何及矣'！"原诗说事已至此，哭泣、哀叹都来不及了。词人借以嘲笑蒋介石。

【赏读】

蒋介石认为第一次大"围剿"败在"长驱直入"，因此第二次大"围剿"改为"稳扎稳打，步步为营，紧缩包围"。5 月 16 日，红军在吉安县东固伏击蒋军公秉藩部二十八师。接着在十五天内，从西向东横扫七百里，五战五胜，打破了第二次大"围剿"。

这首词就是真实地再现了这次大"围剿"的战斗历程。此诗虽同样是写战争场面的诗，但与《蝶恋花·从汀州向长沙》及《渔家傲·反第一次大"围剿"》不同；它描写了一次战斗的整个过程，比其它两首要具体、详细、正面，而不像其它两首那样从大写意出发，从一两个侧面出发，从虚处传来神韵。在此我们可以看到诗人犹若指挥作战，可以驾轻就熟采用各种不同的艺术手法写同一个题材，可实可虚，可轻可重，可大处着眼，可细处勾勒。

此诗上阕写第二次反"围剿"中的白云山战斗。一开始就直接切入激战的画面，而且非常形象化，仿佛白云山上的白云也按捺不住内心的愤怒，怒发冲冠，拍案而起，这属拟人化的修辞方法，在此收到奇效。与此句工仗相对的第二句作了互为呼应，既然云欲立，那自不消说，红军战士更杀声震天，奋勇杀敌。前是"云欲立"，后是"呼声急"，一物一人，一景一心交相映衬，一浪高过一浪,迫人心急。

就在这个焦急撩人的当口,高潮迭起、直趋向前,再次使用拟人手法,请看正义之师的确感天地泣鬼神,不仅有白云助阵,而且连枯木朽株都在为红军拼命努力。正如郭沫若所说:"这是巧妙的感情输入,是胜利的工农兵群众豪迈的感情,是主席豪迈的感情,使青山白云、枯木朽株都具有积极的能动性。"(引自郭沫若所著的《喜读毛主席的"词六首"》)接着上半阕最后两句使此战胜利的高潮到达顶峰。相持的激战有了结果,读者的心平复下来,这胜利兵贵神速,诗人在此化典,沿用汉时名将李广飞将军来形容红军战士,他们不惧刀枪如林直逼敌阵,仿佛从天而降,立马得胜。

下阕用倒笔追叙反第二次大"围剿"战役的全过程。从写辗转作战,到扩大胜果,直至最后一举粉碎敌人的第二次大"围剿"。其中"七百里驱十五日"是写实,从江西富田镇到福建的建宁县约七百里,战斗从 5 月 16 日开始~5 月 30 日结束。红军在 15 天中,边打边迂回挺进,总共五战皆获全胜,行军作战七百里,在这七百里方圆之内,横扫敌军如卷席,共歼灭敌部三万余众,缴枪二万余支,酣畅淋漓若下了一盘好棋。一举破了这第二次大"围剿"。诗中一个"驱"字,十分形象地描写了红军长驱御敌的无可抵挡的英雄气概。

在此诗人以山清水秀之景烘托出内心胜利的愉悦,仿佛在大战中,得闲暇,品评妖娆江山,以日月天地之精气贯通诗人心灵,以逸待劳再行大战,而且"赣水苍茫闽山碧。"同后一句"横扫千军如卷席",又形成巨大的反差,诗人内心大震荡,笔法也是大起大落,所到之处随意拾来无不是诗。最后两句,是写实,属陡然急转但又气韵悠悠,以一个轻轻的调侃,讽刺了敌人步步为营之战术,这样的结尾可谓异峰突起,耐人寻味。全词画面雄阔,语气跌宕,风格豪壮,韵致无穷,生动地概括了第二次反"围剿"战役的全过程,堪称是一首壮丽的史诗。

菩萨蛮

大 柏 地①

一九三三年夏

赤橙黄绿青蓝紫，
谁持彩练当空舞？
雨后复斜阳②，
关山阵阵苍③。
当年鏖战急，
弹洞前村壁④。
装点此关山⑤，
今朝更好看。

【注释】

　　本词首次公开发表于《诗刊》1957年1月号。

　　①大柏地：地名。在江西瑞金以北约30公里处。1929年1月中旬，红四军为粉碎国民党对井冈山根据地的第三次"会剿"，在坚持内线作战与外线实施机动作战相配合方针指导下，毛泽东、朱德、陈毅于1月14日率红四军主力离开井冈山，向赣南进击。由于敌军围追堵截，敌我力量悬殊，沿途数战皆失利。在大庾遭到赣敌第二十一旅、第十五旅等部的袭击后，为摆脱险境，红四军决定放弃北出赣州的计划，沿赣粤、赣闽边界前进。于2月9日到达瑞金以北大柏地隈前地区。决定抓住敌第十五旅两个团孤军冒进的弱点，利用大柏地有利地形，集中兵力予以歼灭。2月10日(农历正月初一)，敌军钻入我事先布好的口袋阵。自是日下午三时激战至次日正午，将敌击溃，俘虏敌团长以下800余人，缴获枪支200多支。此役是红四军进入赣南闽西以来的第一个大胜仗，扭转了被动局面，扩大了红军的

毛泽东诗词全集赏读

政治影响。陈毅同志在当年 9 月 1 日向党中央所作的《关于朱毛红军的历史及其状况的报告》中称："是役我军以屡败之余作最后一掷击破强敌,官兵在弹尽援绝之时,用树枝石块空枪与敌在血泊中挣扎终获最后胜利,为红军成立以来最有荣誉之战争"。

②雨后复斜阳:语出唐温庭筠《菩萨蛮》:"雨后却斜阳,杏花零落香。"张相《诗词曲语辞汇释》:"却,又也,复也"。

③关山:泛指附近群山。阵阵:每一列战斗队形。宋赵什《和韵前人初出锁头》:"淮木林林脱,霜鸿阵阵飞。"言大雁列队而飞。本词写群山排列如军阵。北周庾信《周柱国大将军长孙俭神道碑》:"风云积惨,山阵连阴。"苍:青黑色。

④弹洞:枪眼。洞,若视为动词,则指枪弹洞穿了前面村庄的墙壁。前村:前面的村庄。指战场附近的一个小村——杏坑。

⑤装点:装饰点缀。宋华岳《登楼晚望》:"装点江山归画图"。

【赏读】

1929 年初,湘赣两省军阀何键、鲁涤平联手第三次"会剿"井冈山。1 月 14 日,毛泽东率红军主力下山,意图将敌军引离井冈山。离山后红军在赣南数战不利,直至 2 月 11 日,得以在大柏地歼赣军刘士毅两个团,才打破危局。这是赣南、闽西的红军根据地创建之始。这首词是毛泽东重经大柏地时所作。

这是一首追忆战争的诗篇,诗人毛泽东在这里没有像写《蝶恋花·从汀州向长沙》或那两首《渔家傲》反第一、二次大"围剿"那样以"天兵怒气冲霄汉"的壮怀激烈之情,直抒胸臆,即景写诗斥敌;而是轻松地慢慢地驻足细看,留恋光景,回首当年。

他在回忆 1929 年,他同他的亲密战友朱德、陈毅等率红军主力 3600 余人在那一年的早春离开了井冈山,向赣南进击。由于敌军重兵围追,又由于来到外地,人生地不熟,红四军沿途五战皆告失利。就在这一年的除夕之夜,红四军刚到瑞金,江西敌军便尾随而至。毛主席见敌单薄,即决定再次迎敌。战机已经抵达,好运即将降临。毛主席沉着调兵,在瑞金以北约 30 公里处的大柏地麻子坳布下口袋阵。自第二日下午 3 时一直激战到次日正午,终于击溃敌军,取得这次转战以来首次重大胜利。而胜利之地就是大柏地——

菩萨蛮·大柏地〈1933 年〉

一个吉祥的必胜之好地名。面对昔日金戈铁马的战场，他感慨万千地抚今追昔，一口气写下了这首诗。

该诗上阕写景。开头"赤橙黄绿青蓝紫，谁持彩练当空舞"两句，作者首先巧妙地运用借代的手法，通过七种颜色的铺叙，写出了七彩纷呈的彩虹绚丽夺目。接着又以彩色绸带比喻彩虹，具体写出了彩虹美丽的形态，而且"当空舞"三字又使静止的彩虹具有了动态的英姿，彩虹的出现是雨后的自然现象，所以作者随即点明"雨后复斜阳"，表明此时正是阳光西斜之时。其中一个"复"字尤显得比"却"字有重量，更肯定，"却"字却更婉转、更轻一些。而且第四句的风物也呈浩然大气，尤其是"阵阵"二字，有浩荡铺展之势，"关山"二字也是从大象入手，最后一个"苍"字显得气韵悠荡，无边无涯之感回荡于心头。

下半阕起首二句才点出此诗追忆的主题，当年的激战如今已成为烟云，只有雨后墙壁上还残留着一些弹洞。这些追忆并非随意道来，它立即为诗人创造出一个新意境："装点此关山，今朝更好看。"这的确是一个前所未有的对美的新发现，因为在一般人的眼中，弹洞点是不好看的东西，但在诗人眼里，一切都是物随心喜。就用这些弹洞来点缀祖国河山吧，它在夏日黄昏雨后的晴空里显得分外美丽。因为它展示了一种新风景，诗人在此也预感到一个新世界。

整首词亦画亦诗，情景交融。画面清晰，色彩交融。绚丽的彩虹，雨后的斜阳，苍翠欲滴的关山，前村墙壁上的弹洞等，构图适宜，层次极强。彩虹的赤橙黄绿青蓝紫，斜阳的红，村庄墙壁的白，但以天宇的湛蓝和群山的苍翠为主色。"舞"字，使人似见彩虹在蓝天的映衬下飘动。"阵阵苍"。让人感到群山的苍翠之色有着深浅明暗的变化。总之，作者把主观的情志美与客观的自然美高度统一，熔炼成艺术美，并融情入景，体现了革命者的豪情与热爱自己事业的新的美学观。

清平乐

会　昌①

一九三四年夏

东方欲晓，
莫道君行早②。
踏遍青山人未老③，
风景这边独好。
会昌城外高峰④，
颠连直接东溟⑤。
战士指看南粤⑥，
更加郁郁葱葱⑦。

清平乐·会　昌〈1934年〉

【注释】

这首词最早发表于《诗刊》1957 年 1 月号，1958 年 9 月收入文物出版社刻印的大字本《毛主席诗词十九首》一书中。

①会昌：县名。在江西省东南角。东接福建，南近广东。为了向西南扩大苏区，在南方战线上对付广东、广西诸敌军，开发钨矿和发展出入口贸易，同时也因为中央根据地内江西省区域大，指挥不便，1933 年 8 月 16 日，中华苏维埃共和国临时中央政府人民委员会第四十八次会议决定在江西最南端设立粤赣省，省政府即设在会昌。1933 年 9 月，蒋介石在第四次"围剿"失败后，不顾日本帝国主义吞并东北三省、侵占华北的严重民族危机，调集一百万军队，二百架飞机，疯狂地向中央和其他根据地发动第五次大"围剿"。他们采用堡垒战术，层层进逼，实行残酷的经济封锁，企图寻找红军主力决战，一举而歼灭之。当时的红军经过四次反"围剿"斗争的

考验，比以前更加发展壮大，根据地也愈加巩固。但由于王明"左"倾机会主义路线在党内占统治地位，排挤毛泽东同志的正确领导，面对强敌，在军事上实行进攻中的冒险主义、防御中的保守主义、撤退中的逃跑主义。红军作战节节失利，中央根据地日益缩小。1934年7月，敌军重兵大举向根据地中心区进攻，形势十分严峻。此时，毛泽东同志亲临会昌城外的文武坝参加中共粤赣省委扩大会议，进行调查研究和指导工作。23日晨，毛泽东与一些同志登上会昌城外的岚山岭，之后写下了这首词。

②莫道君行早：俗谚："莫道君行早，更有早行人。"本句中的"君"指作者自己。

③踏遍青山人未老：陆游《渔家傲·寄仲高》："行遍天涯真老矣"。表现的是回顾往昔的无限感慨。作者反其意而用之。本句中的"人"指作者自己。

④会昌城外高峰：指会昌城西北的会昌山，又名岚山岭。作者曾回忆说：会昌有高山，天不亮我就去爬山。

⑤东溟：东海。李白《当涂赵炎少府粉图山水歌》："峨眉高出西极天，罗浮直与南溟连"。与之句意相近。

⑥南粤：泛指广东、广西一带。秦末赵佗据此地，自立为南粤武王（《汉书·两粤传》）。此处偏指广东。

⑦郁郁葱葱：汉王充《论衡·吉验》："城郭郁郁葱葱"。指所谓帝王之佳气。后用以形容草木葱茏。

【赏读】

这首词是毛泽东在中央苏区填的最后一首词，表现了作者豪迈的气概，宽广的胸怀，以及对革命胜利的乐观精神和坚定信念。诗人曾在1958年12月21日批注此诗时写道："1934年，形势危急，准备长征，心情又是郁闷的，这一首《清平乐》如前面那首《菩萨蛮》(按即《菩萨蛮·黄鹤楼》)一样，表露了同一心境。"而当时的实际情况亦如此，1933年9月，蒋介石亲自挂帅指挥国民党部队的一百万人向中央苏区及周边革命根据地发起了第五次大"围剿"。而那时毛泽东已基本赋闲，王明一伙"左"倾机会主义者在党和红军领导层中占有绝对统治地位。

第五次大"围剿"时，由于毛泽东已被调离领导岗位，被调去搞什么调研工作，他的一系列战略战术得不到实行，红军遭到接二连

毛泽东诗词全集赏读

三的失利,中央根据地危在旦夕。1934年7月,敌人重兵开始向中央根据地中心地区推进,形势确如诗人自己所说十分危急。

就在这个危急时刻,毛主席仍在会昌搞调查研究,在这一年(1934年)7月23日凌晨,毛泽东带领一行当地的高级干部登临了会昌县城西北的会昌山(也叫岚山岭),诗人面临祖国壮丽山河,在黎明的清风中感慨万千,遂吟诗一首,以展心曲。

本诗上阕写晨起登山的情景与感慨。起始两句"东方欲晓,莫道君行早",交代时间环境。近似白描的两句词勾勒了一幅天将破晓的夏日晨曦图。"莫道"二字是说走得早是很自然的事,因为急需做的事毕竟很多。"踏遍青山人未老",紧承前一句的"行"字,联系作者的自注看,内中颇有深意。

自1927年秋收起义队伍进入井冈山,建立革命根据地以来,历经国民党的五次大"围剿",转战于革命根据地的山山岭岭,可谓是踏遍了青山。作者写这首词的时候,七、八年过去了,人的年龄有所增长,但人并未衰老,仍精力旺盛,游兴甚浓革命意志更没有衰退。所以结句出现了"风景这边独好"的评说。

下阕写登会昌山目及之景,实际上是"风景这边独好"的具体描述。"会昌城外高峰,颠连直接东溟"两句,写登上城外会昌山高峰所看到的极为开阔辽远的风光。作者登上高峰,向东眺望,峰峦叠嶂,山海相接。"战士指看南粤,更加郁郁葱葱",写南方的美丽景色。

作者借同行的战士指看,所见到的是"更加郁郁葱葱"的南国风景。事实上,站在岚山岭上,不仅看不到山海相接,也看不到南粤的郁郁葱葱;此数句是将眼前实景融化宽广的胸怀与远大的眼光之中,反映苍凉郁闷而又恢弘宽广的意境。这也是这首诗的主旨。

清 平 乐 · 会 昌 〈1934年〉

十六字令三首①

一九三四年至一九三五年②

其一

山，
快马加鞭未下鞍③。
惊回首，
离天三尺三④。

其二

山，
倒海翻江卷巨澜⑤。
奔腾急⑥，
万马战犹酣⑦。

其三

山，
刺破青天锷未残⑧。
天欲堕，
赖以柱其间⑨。

作者原注：

民谣："上有骷髅山，下有八宝山，离天三尺三。人过要低头，马过要下鞍。"

【注释】

这三首词最早发表于《诗刊》1957年1月号。

①十六字令：又名《苍梧谣》、《归字谣》。十六字，三平韵。

②1934年10月，为了保存革命力量和北上抗日挽救民族危亡，中国工农红军进行了震惊世界的二万五千里长征。红军从赣南、闽西出发，在一年的时间内，纵横十一个省，战胜各种艰难险阻，胜利到达了陕北。红军在长征途中所越关山不可胜数，其最著者，1934年11月过江西境内之雷岭、广东境内之苗山、大小王山、大盈山。11月至12月过广西境内之小相岭。次年5月至6月过西康(今已分别划入四川、西藏)境内之猛虎岗、花林隘口，6月至8月过四川境内之大相岭、夹金山、梦笔山、长板山、打鼓山、拖雷冈、腊子山、分水岭，9月至10月过甘肃境内之朵扎里山、岷山、六盘山。这三首小令，是从总体上对所经过诸山作出的具有典型性质的艺术概括。

③快马加鞭：明徐《杀狗记》第十七出《看书苦谏》："何不快马加鞭。"

④离天三尺三：语出作者所注民谣。极言山高，与天相近。类似比喻，历代典籍、诗词中多有。《太平御览》卷四十《地部》五《太白山》引汉辛氏《三秦记》："俗云：武功太白，去天三百尺。"唐李白《蜀道难》："连峰去天不盈尺。"宋贺铸《渔家傲·荆溪咏》："南岳去天才尺五。"清顾祖禹《读史方舆纪要》卷八十七《江西》五《吉安府》："谚云：高霄(岭名)慵隔，去天三尺。"以上二句意谓：急行军中上山时未曾留意观山，下山时蓦然回首，始惊叹其山之高险。

⑤倒海翻江卷巨澜：谓群山起伏，犹如江海巨澜翻卷。隋李巨仁《登名山篇》："叠峰如积浪。"唐岑参《与高适薛据同登慈恩寺浮图》："连山若波涛。"宋王安石《泊姚江》二首其一："山如碧海翻江去。"词意相近。"卷巨澜"，今所见手稿为"搅巨澜"。

⑥奔腾急：唐韩愈《南山》："或决如马骤"。金王特起《绝句》二首其一："山势奔腾如逸马"。

⑦万马：辛弃疾《沁园春·灵山齐庵赋，时筑偃湖未成》："叠嶂西驰，万马回旋，众山欲东"。战犹酣：杜甫《丹青引赠曹将军霸》："英姿飒爽犹酣战。"韩愈《南山》："或蠢若相斗。"

⑧刺破青天：郦道元《水经注》卷三《河水》："连山刺天"。锷：刀剑之刃。以上二句谓山峰高峻。

⑨赖：依赖，依靠。拄：支撑。其间：指天地之间。《楚辞·天问》："八柱何当？"汉王逸注："言天有八山为柱。"唐徐坚等《初学记》引《河图括地象》："昆仑山为天柱。"以上二句词由神话传说生发而出。

【赏读】

　　纵观毛泽东的一生对山似乎有着密切的因缘和偏爱，从少年时代的家乡韶山；到青年时代的长沙岳麓山；再到第一个革命根据地井冈山；以及在长征途中翻过的无数座峻岭高山。正是从这一座又一座的高山，我们可以从中看到并认识到毛主席的奋战历史。毛泽东自己也说过一句饶有兴味的话："我们在山上，他在水边。"（《抗日战争胜利后的时局和我们的方针》）这里的"他"是指蒋介石。因蒋介石当时将首都建立于南京，南京依傍长江，后来又在重庆建陪都，依然靠长江与嘉陵江。而毛泽东却是依山立业，在山区建立新理想、新风格、新秩序、新制度，并以山为基地打击敌人。所以在毛主席所写的诗作中几乎篇篇有山，因为山养育了一代诗人，养育了工农红军，养育了一个崭新的中国。

　　诗人这首《十六字令三首》就是一首典型和正面对山的赞美歌吟的英雄之诗。这是作者在马背上断断续续吟出来的，虽非一时之作，但内容相互有联系，而且都是写山。作者从三个不同的审美视角展示了山横空接天的高峻，颠连逶迤的磅礴，力擎蓝天的崇高，凝聚了在长征途中对山的观感，极典型地显示出山的高、险、奇的外在特征，同时又赋予山以丰富的社会性，使之展示出了革命者的革命英雄主义气概和乐观主义精神。

　　第一首写山的高峻兼写革命者的豪情。人与山相互映衬：人马走过之后，回头一看，所过之山高耸入云，令人惊叹，"离天三尺三"。作者又用"离天三尺三"的民谣烘托人的"快马加鞭未下鞍"的豪情，用高山作背景，衬托和突出长征路上红军跨越高险峰峦后的豪迈心境。

　　紧接前面一句是"惊回首"，飒爽之情不禁流露。这里的"惊"字用得极好，诗人的动感、神态、眼神以及高峻之山巅全都溶入这一

122

字之间，显得内涵尤其深邃、丰富。而且这"惊"字也一贯到底，不但在第一首中写了惊叹山之高，而且在第二首中写了惊叹山之多，还在最后一首写了惊叹山之险，连惊三次，气势畅通，浑然磅礴。

第二首如前所说，写山的连势，因第一首是写的高度，山在这里如狂涛巨浪成倒海翻江之势，奔腾朝前，起伏延绵，连环不绝，犹如一幅巨型的红军万马奔战图，使人联想到杜甫《丹青引赠曹将军霸》诗中一句："英姿飒爽犹酣战。"以及稼轩《沁园春·灵山齐庵赋，时筑偃湖未成》词中的："叠嶂西驰，万马回旋，众山欲东。"这里以山之雄伟走势象征了诗人永怀斗志的壮志豪情以及红军将士摧枯拉朽般的战斗士气。狂飙突进，宛如让读者又重临毛诗的"飞将军自重霄入"等一系列情景之中。

第三首写山之险峻，山可以高得来刺破青天，而锋刃未残，然而又用一个合乎情理的大夸张，似乎山之利剑要刺塌青天，但青天不会垮下，因为高山之大柱正支撑中天。这里所写的顶天立地之山同样既是写景又是象征诗人及红军作为民族中流砥柱之顶天立地的作用。

综观三首小令，堪称：意境雄伟，寓意深刻，音节遒劲，气势凌厉。虽是正面写景（即是高山），其实深含喻义。诗人高手妙着，采用象征的艺术手法，以雄伟苍劲的笔力，描绘了群山的奇特形象，从而热情讴歌了长征途中的中国共产党及其所领导的红军雄伟豪迈的气魄和革命英雄主义精神，达到二者的珠联璧合，情景交融。从而又一次完成了诗人内心之大任务，胜任了诗人的万丈豪情和主题意象，既是作者对所有山的外在形体本质特征的精炼概括，又是作者寄托深厚情感的艺术创造。

忆秦娥①

娄山关②

一九三五年二月

西风烈，
长空雁叫霜晨月③。
霜晨月，
马蹄声碎④，
喇叭声咽⑤。

雄关漫道真如铁⑥，
而今迈步从头越⑦。
从头越，
苍山如海，
残阳如血⑧。

作者原注：

1958 年 12 月 21 日，毛泽东同志在文物出版社刻印的大字本《毛主席诗词十九首》上对此词注道：

"万里长征，千回百折，顺利少于困难不知有多少倍，心情是沉郁的。过了岷山，豁然开朗，转化到了反面，柳暗花明又一村了。以下诸篇，反映了这一种心情。"(张贻玖《毛泽东和诗》中说："以下诸篇指的是：《七律·长征》、《念奴娇·昆仑》、《清平乐·六盘山》、《沁园春·雪》等"。)

【注释】

这首词最早发表于《诗刊》1957年1月号。

①忆秦娥:又名《秦楼月》。传为李白始作。四十六字,上下片各三仄韵,一叠韵。以入声韵为宜。

②娄山关:一称娄关、太平关。在贵州遵义县大娄山中。是由川入黔的要隘。此处万峰插天,中通一线,地势极为险要。历来是兵家必争之地。1934年10月,第五次反"围剿"战役失败,党中央和中央红军被迫退出中央根据地,开始长征。长征初期,由于"左"倾机会主义者实行逃跑主义,致使中央红军在短短3个月中遭受严重损失,由出发时的8万人锐减为3万。在此危急关头,毛泽东说服中央军委放弃原定计划,改向敌军兵力薄弱的贵州前进。1935年1月,红军强渡乌江,占领遵义,党中央在此召开政治局扩大会议,结束了王明路线的错误领导。遵义会议后,毛泽东指挥中央红军越娄山关,一渡赤水,拟于川南横渡长江,与红四方面军会合,建立川陕甘革命根据地。因蒋介石急调40万大军封锁长江,毛泽东同志遂当机立断,率军回师贵州,于2月下旬二渡赤水,重占娄山关,再取遵义,歼敌20个团,赢得了长征以来的第一次重大胜利。此词即作于2月26日红军前锋重占娄山关后,中央领导机关在跟进途中再过此关之时。

③霜晨月:谓清晨时霜华铺地,残月在天。贵州山区,早春亦有霜。以上二句词乃实景实写。亦可参看宋蒋捷《虞美人·听雨》:"江阔云低断雁叫西风。"

④马蹄声碎:碎,形容马蹄声清脆错落。唐岑参《卫节度赤骠马歌》:"弄影行骄碧蹄碎。"唐刘言史《春游曲》诗二首其二:"碧蹄声碎五门轿。"

⑤喇叭声咽:唐李白《忆秦娥》:"箫声咽"。喇叭:此指军号。咽:形容军号声低沉断续。

⑥雄关漫道真如铁:即漫道雄关真如铁。雄关:指娄山关。漫道:不要说。

⑦而今迈步从头越:而今:如今。从头:重新开始。岳飞《满江红》:"待从头,收拾旧山河,朝天阙。"

⑧残阳如血:残阳;夕阳。杜甫《喜雨》:"日色赤如血"。以上二句,作者曾说:是在战争中积累了多年的景物观察,一到娄山关这种战争胜利和自然景物的突然遇合,就造成了作者自以为颇为成功的这两句话。(《人民日报》1991年12月26日《毛泽东对郭沫若〈喜读毛主席的词六首〉的改文》)

忆秦娥·娄山关〈1935年〉

毛泽东诗词全集赏读

【赏读】

1935 年 1 月16 日至 18 日,遵义会议开了三天,随后红军就经娄山关北上四川,想和张国焘的红四方面军会合。2 月 5 日,在一个叫"鸡鸣三省"(四川,贵州,云南)的村庄,博古把军事指挥权正式移交给毛泽东。上任伊始的毛泽东求胜心切,敌情未明而猛攻四川土城。没料到四川辣子们打战十分凶猛,红军兵数千,败下阵来。毛泽东当机立断,决定放弃和张国焘会合的这一长征初始目标,回贵州攻打战斗力薄弱的黔军。这是长征途中的最重大的战略转折。黔军企图凭娄山关天险力阻红军,会合川军、滇军和中央军聚歼红军于云贵川交界处。彭德怀亲自带兵急行军在 2 月 26 日下午抢占娄山关,接着几天,又在娄山关周围歼敌二个师,取得了自从惨败湘江,损失一半人马以来的长征途上的第一个大胜利。这首词,应该是作于 2 月 26 日左右。

毛泽东的这首《忆秦娥·娄山关》可以说是他所有诗作中绝对一流的作品,写景状物、抒发胸臆,堪当精品。

首先让我们来看一下诗人自己对这首诗的解释(毛主席在 1962 年 5 月 9 日读了郭沫若对这首诗的赏析后,将郭沫若的内容全部删去,并以郭沫若的口气在清样的四边空白处写了一段对这首诗的注释性文字):

"我对于《娄山关》这首词作过一番研究,初以为是写一天的,后来又觉得不对,是在写两次的事,头一阕一次,第二阕一次,我曾在广州文艺座谈会上发表了意见,主张后者(写两次的事),而否定前者(写一天),可是我错了。这是作者告诉我的。1935 年 1 月党的遵义会议以后,红军第一次打娄山关,胜利了,企图经过川南,渡江北上,进入川西,直取成都,击灭刘湘,在川西建立根据地。但是事与愿违,遇到了川军的重重阻力。红军由娄山关一直向西,经过古蔺古宋诸县打到了川滇黔三省交界的一个地方,叫做'鸡鸣三省',突然遇到了云南军队的强大阻力,无法前进。中央政治局开了一个会,立即决定循原路反攻遵义,出其不意打回马枪,这是当年 2 月。在接近娄山关几十华里的地点,清晨出发,还有月亮,午后二、三时到达娄山关,一战攻克,消灭敌军一个师,这时已近黄昏了。乘胜直追,夜战遵义,又消灭敌军一个师。此役共消灭敌军两个师,重占遵义。词是后来追写的，那天走了一百多华里，指挥作战，哪有时间去哼词呢？南方有好多个省，冬天无雪，或多年无雪，而只下霜，长空有雁，晓月不甚寒，正像北方的深秋，云贵川诸省，就是这样。'苍山如海，残阳如血'两句，据作者说，是在战争中积累了多年的景物观察，一到娄山关这种战争胜利和自然景物的突然遇合，就造成了作者以为颇为成功的这两句话。由此看来，我在广州座谈会上所说的一段话，竟是错了。解诗之难，由此可见。"

这首诗慷慨悲烈、雄沉壮阔，从内到外描写了红军"风萧萧兮易水寒"般的铁血长征中征战娄山关的这一节情景。

此诗上阕描写了红军向娄山关进军时的战前气氛，融入了作者当时的沉郁心情。一开始三个字"西风烈"，悲声慷慨高亢，英雄落寞之情划破寒空，直上云天。其中尤其这个"烈"字，让人读来不禁泪雨滂沱，犹如置身凛冽的西风之中耸然动容，平添悲壮。

接着第二句，凄婉悠长的景致出现了，音律前（第一句）急后（第二句）慢，在鲜明的对比中产生回肠荡气之感。长空浩大无涯，大雁哀鸣凄婉，"霜晨月"虽读上去是三字一顿，但这个画面可以剖成三个字组成的意境，一幅晓月寒霜图，而在图中美丽的大雁也为这美丽晨景感动得如歌如泣了。就在这霜、晨、月（有意分开，让我们细细品一品这三个字本身的美）中，在肃杀的西风及大雁的凄声中，在声、色、音的交融中，人物出场了。

第四、五句，嗒嗒的马蹄与呜咽的军号声远近唱和，起伏跌宕，在山间回环向前。前面三行已层层铺开了这样一个悲烈的风景，就在这霜华满地，残月当空的风景中，红军的长征壮怀激烈犹如易水之寒。诗人仅用"马蹄""喇叭"代表红军，又用"碎"与"咽"形容心境，用字凝练、准确、优美，情景相得益彰。整个上半阕一气读到此处不由得令人想到稼轩的《水龙吟·登建康赏心亭》，在断鸿声里，忧愁风雨中："倩何人，换取红巾翠袖，揾英雄泪？"稼轩这几行千古绝唱在毛泽东的这首诗尤其上半阕得到了完美的应和，可堪英雄苍凉之气难分伯仲。

而且毛主席自己的话也说明当时这种一代英雄苍凉之心境："万里长征，千回百折，顺利少于困难不知多少倍，心情是沉郁的。过了岷山，豁然开朗，转化到了反面，柳暗花明又一村了。毛泽东的许多诗篇(如《十六令三首》、《七律·长征》、《念奴娇·昆仑》、《清平乐·六盘山》等诗),均反映了这一种心情。"

下阕写红军越过娄山关天险的豪迈气概和娄山关的壮美景色。起始二句,一破上阕的凄厉悲壮,豪气再升,一笔宕开,并不写攻占娄山关激烈的战斗,而是指明即便关山漫漫,长路艰险,但已下定从头做起的决心。因当时确立毛主席为最高军事统帅的遵义会议已经于1月召开,在这次政治局扩大会议上,结束了王明的错误路线,选举毛主席为政治局常委,并确立了他和周恩来、王稼祥组成的三人军事指挥小组,实际上确定了毛泽东在党和红军中的领袖地位。正是在这样的当口,诗人毛泽东在上半阕正视了红军的现实处境,但在下半阕抒发自己一腔英雄豪气以及对获胜的信心。所以这两句虽表面写实,却的确有象征意义,诗人感到即便过去遭过一些失败,但可以"从头越"。"从头越"这三个字凝结了多少内心的奋发崛起之情。"真如铁"这个"铁"字用得极妙,让人有超现实之感。

最后二行让人有一种仿佛亲眼见到诗人伫立于娄山关之巅,遥望万里祖国壮丽江山之英姿。他看见了如海的青山,如血的夕阳,画卷之美正符合苍凉沉雄的大写意之境界,而这种大写意之境界正是继承了汉风之美。李白《忆秦娥》有"西风残照,汉家陵阙。"近人王国维在《人间词话》中评曰:"寥寥八字,遂关千年登临口。"而毛主席这最后二行博大苍茫之气与李白有同气相呼应之感,同时毛主席这二行还更多一些英雄之气与壮丽之气。

另外,"雄关漫道真如铁,而今迈步从头越"表达出诗人内心一种强烈的必胜之决心,及要克服万重困难,以至于最后获得成功。它对于精神的升华起到了某种神奇般的效应,有某种神秘的符语般的力量。

综观全词,气象雄浑,画面阔大,蕴涵着勃勃生机,始终跃动着一种生命的创造力。它既是一幅壮丽的进军图,也是一首雄壮的革命进行曲。不愧为毛泽东诗词中的上乘之作!

忆秦娥·娄山关〈1935年〉

念奴娇①

昆　仑②

一九三五年十月

横空出世，
莽昆仑，
阅尽人间春色。
飞起玉龙三百万，
搅得周天寒彻。
夏日消溶，
江河横溢，
人或为鱼鳖。
千秋功罪，
谁人曾与评说？

而今我谓昆仑：
不要这高，
不要这多雪。
安得倚天抽宝剑③，
把汝裁为三截？
一截遗欧，
一截赠美，

一截还东国。
太平世界，
环球同此凉热。

作者原注：

前人（编者按：指宋张元，见《诗人玉屑·知音·姚嗣宗》）所谓"战罢玉龙三百万，败鳞残甲满天飞"，说的是飞雪。这里借用一句，说的是雪山。夏日登岷山远望，群山飞舞，一片皆白。老百姓说，当年孙行者过此，都是火焰山，就是他借了芭蕉扇扇灭了火，所以变白了。

【注释】

这首词最早发表于《诗刊》1957年1月号。

①念奴娇：又名《百字令》、《酹江月》、《壶中天》、《大江东去》、《湘月》。百字，上下片各四仄韵。其抒壮怀豪情者，宜用入声韵。仄韵体音节高亢。亦有平韵体。

②昆仑：是我国最大的山脉之一，西起帕米尔高原，沿新疆西藏边界向东延伸。东端分为北中南三支。南支可可西里山，是长江上游通天河的一些支流的源头。南支东延为青海境内的巴颜喀拉山，是黄河的源头。巴颜喀拉山东接四川的岷山和邛崃山处，是一片海拔六千公尺的雪原，毛泽东在岷山所看到的就是昆仑山的这片余脉。

③倚天抽宝剑：宋玉《大言赋》，"方地为车，圆天为盖，长剑耿介，倚天之外？"、李白《大猎赋》，"于是擢倚天之剑"。

【赏读】

《念奴娇·昆仑》是一首十分复杂的诗，其主题的丰富性可能会使细心的读者应接不暇，而又扑朔迷离。诗人的胸怀在这首诗中不仅仅是容纳了祖国河山，而且容纳了整个人类世界，其气魄之大堪称穷尽八荒，涵盖环宇。那么它的主题到底是什么？作者在1958年12月21日为这首诗的批注中曾向我们揭开了谜底："昆仑：主题思想是反对帝国主义，不是别的。"接着作者继续批注道："改一句，'一截留中国'，改为'一截还东国'。忘记了日本人民是不对的，这样英、美、日都涉及了。"

当读者在读到"把汝裁为三截？一截遗欧，一截赠美，一截还东国"时，也许一定会问毛主席为什么要把昆仑一分为三赠予英、美、日呢？根据作者的解释是反对帝国主义，我们循着这一思路向前，就会豁然开朗了。

纵观毛主席的一生从来都是"胸怀祖国，放眼世界"的，不屑于一寸一地之得失，他输得起也赢得起。他胸怀世界的抱负是从青年时代就开始的且随着岁月的流逝没有丝毫减退，反而越来越高涨，一浪高过一浪。终于在 1935 年 10 月，借昆仑山为着眼点或壮志之出发点，一举表达了他对于全世界的义务、责任及抱负，这一切都是很具体的，说到底就是要把世界范围内的无产阶级革命事业进行到底，而且要铺开到世界的每一个角落，形成燎原之势，从东到西、从南到北。毛主席对于世界革命的整套思想体系露出了最初的光芒，从这一天开始，直到后来他提出了第一、第二、第三世界学说，在最大范围内团结了不同肤色、不同民族的革命同志，共同反对帝国主义。为此，"一截遗欧，一截赠美，一截还东国"即是把中国革命的经验以及毛泽东思想传送给他们，而不是真的把昆仑砍成三段送给他们——以上也可说是此诗的思想境界之美。

再谈此诗的艺术之美。对于如此复杂的主题本身要表达清楚已不容易，而且要同艺术相结合就更非易事了，但天公（即昆仑）出来帮忙了，诗人"横空出世"般的胜任了。

诗之上半阕写昆仑山之壮丽从冬天一直写到夏日，冬天的酷寒、夏天的水祸，功过是非，谁曾评说。诗人在此以昆仑象征祖国，高屋建瓴地评说祖国几千年历史的功过是非。气势流畅，有一泻千里之感，从大象入手，又有细节描绘，"飞起玉龙三百万"化用前人"战罢玉龙三百万，败鳞残甲满天飞"二句，正如作者所说借此一句来形容雪山。此句用得灵妙自然、恰切精当。再有"人或为鱼鳖"一句，意象突兀，如超现实主义诗歌中的奇异比喻，指夏日从此昆仑横流下来的江河湖水已泛滥成灾，加害于人，同时又暗指中国旧社会的黑暗之云。

关于"飞起玉龙三百万"，作者有两次自注。第一次在 1957 年年初，注中云："老百姓说，当年孙行者过此，都是火焰山，就是他借了芭蕉扇扇灭了火，所以变白了。"这则注特地点出孙行者征服火焰山的民间传说，是有深意的。它表明诗人非常敬佩孙行者，而且它与《昆仑》词所蕴含的要改造自然和社会的思想是完全一致的。诗人写昆仑山的"过"时，则化用"微禹，吾其鱼乎"的典故，直接地道出昆仑山的积雪使"江河横溢"，为虐成灾，殃及苍生，抒发了忧国忧民的情感。昆仑山的形象，经过"横空"、"出世"、"莽"、"阅尽"、"飞起"、"搅得"、"横溢"，层层铺叙之后，使读者的心灵为之震撼。至此，诗人奇拔的意象却突然一顿，然后破空斗胆一句提问："千秋功罪，谁人曾与评说？"

　　几千年来，昆仑山作为古老文明的发源地之一对于中华民族的生存与繁衍有功也有过，可是，有谁从国计民生的高度对昆仑山作过公正的评价呢？只有放眼乾坤、纵观古今的历史巨人，才会发出"千秋功罪，谁人曾与评说"的慨叹。这样，就把昆仑山的自然运动与人类的兴盛衰败联系了起来。

　　下半阕，诗人挺身而出，直面昆仑，用力于"而今"，直抒己意。"而今我谓昆仑"，诗人直接向昆仑山发难了。"我"是指包括诗人在内的革命力量。上阕写昆仑，它的形象够高大了，它的力量够雄伟了，而在下阕中，"我"却要抽出耿介的倚天之剑，把这么"高"、这么"多雪"的宇宙奇观裁为三截，分赠三家！经过如此奇特的畅想，经过高大雄伟的昆仑山的反衬，使读者不由不深信，"我"实是古今无双、环宇无匹的伟人！李白"安得倚天剑，跨海斩长鲸"，是抒发自己的抱负，与诗人引用倚天剑典以抒发裁昆仑山为三截的抱负无法相比，此词中"我"之所以伟大，根本原因在于"我"胸怀改造全世界、造福全人类的伟大理想："太平世界，环球同此凉热。"这样，就把昆仑山这个客体与"我"这个主体连接起来。

　　1935年夏，日本帝国主义者制造"华北事变"，迫使国民党政府签订丧权辱国《何梅协定》，此协定激起了全国人民的抗日怒潮。中共中央酝酿了建立抗日民族统一战线的方针。毛泽东于当年10月填这首词，也许是受时局的激发。诗人认为，只有打倒帝国主义，才能实现没有剥削、没有压迫的"太平世界"，昆仑山之类"有罪"的大山也就可以化虐为利了，环球就可以"同此凉热"了。诗人的这种共产主义理想和国际主义精神，全寄寓于对昆仑山的新颖立意和

念奴娇·昆仑〈1935年〉

瑰丽设想之中。

　　最后二行带有预言性质,在未来的和平世界里,全人类将共享一个冷暖适宜的气候,这是字面之意,但它的潜在之意是诗人坚信他所捍卫及奉行的理想属大道中正,必将普行于全人类。这理想是世界革命进行到最后胜利,彻底埋葬帝国主义。

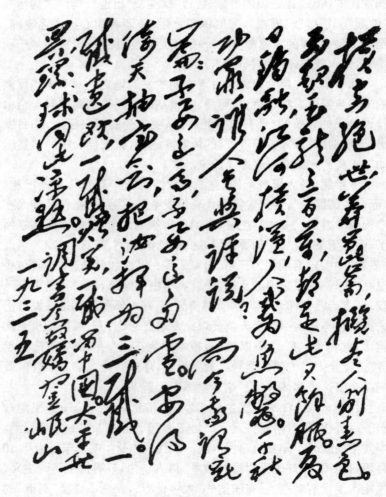

(念奴娇·昆仑)

七　律
长　征①

一九三五年十月

红军不怕远征难，
万水千山只等闲②。
五岭逶迤腾细浪③，
乌蒙磅礴走泥丸④。
金沙水拍云崖暖⑤，
大渡桥横铁索寒。
更喜岷山千里雪⑥，
三军过后尽开颜⑦。

【注释】

　　此诗最早发表于 1937 年 10 月英国伦敦戈兰公司出版的美国记者埃德加·斯诺编著的《红星照耀中国》一书第五编《长征》，无标题；后又见之于 1955 年 5 月人民出版社编辑、出版的《中国工农红军第一方面军长征记》一书，题为《毛泽东同志长征诗》；1957 年《诗刊》1 月号再次发表。

　　①长征：1934 年 10 月，中央红军主力从中央革命根据地出发作战略大转移，转战福建、江西、广东、湖南、广西、贵州、四川、云南、西康、甘肃、陕西等 11 省，行程二万五千里，克服了无数艰难险阻，终于在 1935 年 10 月到达陕北革命根据地。1935 年 9 月 27 日，党中央和毛泽东同志率北上抗日先遣队到达甘肃通渭，获知陕北苏区的情况，乃召开政治局会议。会上，毛泽东同志朗诵了本诗。据此，则诗当草成于是日之前。(参阅《解放军文艺》1959 年第 2 期胡安吉《毛主席给我们朗诵诗》一文)。

②万水千山：唐贾岛《送耿处士》："万水千山路"。

③五岭逶迤腾细浪：五岭：指大庾、骑田、萌渚、都庞和越城五岭，绵延在湘、赣、粤、桂四省边境。逶迤：蜿蜒曲折，连绵不断。唐高适《燕歌行》："旌旗逶迤碣石间"。李白《荆门浮舟望蜀江》："逶迤巴山尽，摇曳楚云行。"腾细浪：谓险峻的五岭山脉在红军眼中仅只是水面吹起的细小波浪。

④乌蒙磅礴走泥丸：乌蒙：山名。绵延在云南东北部、贵州西部。海拔2300米左右。1935年4月，中央红军长征经过此山。磅礴：气势雄伟貌。走泥丸：《汉书·蒯通传》："犹如坂上走丸也。"本谓山坡上滚动弹丸，顺势且便易。诗中指气势雄伟的乌蒙山在红军眼中不过如同滚动着的小泥球一般。以上二句诗，据臧克家《珍贵的"孤纸"》一文记载，袁水拍去请教作者，作者认为"两说均可"，也就是说：队伍在高山峻岭中如细浪，如走泥丸；或说山岭本身象细浪，似泥丸。我们取后者。

⑤金沙水拍云崖暖：金沙：江名。即长江上游自青海省玉树县巴塘河口至四川省宜宾县之间的一段。1935年5月，中央红军在云南省禄劝县西北的绞车渡巧渡金沙江。本句"水拍"原作"浪拍"。作者自注："水拍，改浪拍。这是一位不相识的朋友建议如此改的。他说不要一篇内有两个浪字，是可以的。那位"不相识的朋友"为山西大学历史系的罗元贞教授。他在1952年元旦给作者写信提出这个建议。句中"云崖"，曾作"悬崖"。

⑥岷山：绵延于四川、青海、甘肃、陕西等省境。在四川、甘肃交界处，岷山的南支和北支，有几十座山峰海拔超过4500米，山顶终年积雪，称为大雪山。千里雪：语见唐李世民《饮马长城窟行》："阴山千里雪。"

⑦三军：周制，天子设六军，诸侯大国设三军。如晋有上、中、下三军，楚有左、中、右三军(见《左传·僖公二十八年》)。现代则以海、陆、空为三军。亦用作军队的通称。李白《战城南》："万里长征战，三军尽衰老"。作者反其意而用之，是因为长征万里，历尽险艰，"过了岷山，豁然开朗"，"柳暗花明又一村了"。胡为雄《〈毛泽东诗词选〉注释中若干问题商榷》(《党的文献》1991年第四期)指出：作者曾在批注中说明："三军：红军一方面军、二方面军、四方面军。不是海陆空三军，也不是晋国所谓上军、中军、下军的三军。"

附：毛泽东同志论长征

——摘自《论反对日本帝国主义的策略》

"讲到长征，请问有什么意义呢？我们说，长征是历史纪录上的第一次，长征是宣言书，长征是宣传队，长征是播种机。自从盘古开

毛泽东诗词全集赏读

天地,三皇五帝到于今,历史上曾经有过我们这样的长征吗?十二个月光阴中间,天上每日几十架飞机侦察轰炸,地下几十万大军围追堵截,路上遇着了说不尽的艰难险阻,我们却开动了每人的两只脚,长驱二万余里,纵横十一个省。请问历史上曾有过我们这样的长征吗?没有,从来没有的。长征又是宣言书。它向全世界宣告,红军是英雄好汉,帝国主义者和他们的蒋介石等辈则是完全无用的。长征宣告了帝国主义和蒋介石围追堵截的破产。长征又是宣传队。它向十一个省内大约两万万人民宣布,只有红军的道路,才是解放他们的道路。不因此一举,那么广大的民众怎会如此迅速地知道世界上还有红军这样一篇大道理呢?长征又是播种机。它散布了许多种子在十一个省内,发芽、长叶、开花、结果,将来是会有收获的。总而言之,长征是以我们胜利、敌人失败的结果而告结束。谁使长征胜利的呢?是共产党。没有共产党,这样的长征是不可能设想的。中国共产党,它的领导机关,它的干部,它的党员,是不怕任何艰难困苦的。谁怀疑我们领导革命战争的能力,谁就会陷进机会主义的泥坑里去。长征一完结,新局面就开始。"

七律·长征〈1935年〉

【赏读】

《长征》一诗,是红军两万五千里战略转移和向抗日战场大进军的光辉写照和热情歌颂。它生动地描写了长征那艰险壮阔的场面,细致地刻画了红军不怕困难、勇于战胜困难的英雄气概。《长征》作为一首中国革命的不朽史诗,是革命浪漫主义与革命现实主义结合的杰出典范,是革命乐观主义的不朽之作。

长征如此伟大复杂的题目,毛泽东以一首短短的七律浓缩了它的景观,其中包括了多少惊险,多少曲折,多少悲壮,多少感天地泣鬼神的故事。诗人就长征的题材写过《忆秦娥·娄山关》、《十六字令三首》、《念奴娇·昆仑》、《清平乐·六盘山》,这些诗都是写一景一地,并以此来表达心情,着重在于侧写。而这首《长征》,从题目就可看出,是写整个长征的经过与感受,诗人从正面挺身而出,运酣畅之笔朝四面八方抒写,景致转换向前,一首八行七律担当了二万五千里,担当了一个庞大的包罗万象的主题。

首联以直白的词汇、豪迈的语势,高屋建瓴,总领全诗,高度概括出红军在长征中不畏艰难险阻、勇往直前的英雄气魄。它以革命乐观主义精神和革命浪漫主义风格，成为全篇的纲领。"红军不怕远征难"，视万水千山的漫漫征途为小事一桩。在此不仅写了红军不惧自然界的困难，也明显地暗示了围追堵截的敌军更不值一提，对于红军来说，他们只是等闲之辈，不堪一击。

颔联承接"千山"，进入具象的细部勾勒，沿着红军长征的路线，俯瞰五岭和乌蒙山这两个典型的高山峻岭，以点带面地描绘了一组空中鸟瞰图：在英勇无比的红军面前，绵延数省的险峻的五岭群山，仅仅像水面上微微腾越的细小波浪；廓大接天的乌蒙山不过是一个滚动着的小小泥丸。作者先用"逶迤"和"磅礴"的夸张手法极言山势雄险，用的是"扬"的手法，而后用"细浪"和"泥丸"的比喻手法言其渺小，用的是"抑"的手法，这抑扬之间描绘出红军让高山低头的顶天立地形象。"腾"与"走"的拟人化动态描写，使静止的山变成了动态的物象，大山与红军都灵动起来。此联可谓想象超绝，以小喻大，以微喻著，用语新奇，境界开阔，气象万千。

颈联承接"万水"，近看金沙江两岸和大渡河上的铁索桥，描绘了一组放大的特写图：红军在炎热的天气中渡江，金沙江的浪涛拍击着陡峭的两岸，给人以暖热的感觉；红军在阴冷的天气中夺桥，泸定桥的铁索横悬在急流的河面，寒光凛凛。"暖"、"寒"，既状写了天气情况，又写出了心理感受。因当时情况亦是紧急的。

1935 年 5 月 3 日，中央红军干部团在后有强大敌军的追击下在云南禄劝绞车渡，仅用七只小船，经过九天九夜偷渡过了金沙江，全歼对岸守敌，甩掉了追兵，突破了重围。对于这次如此惊险的胜利，诗人运用象征主义的艺术手法把严酷的战斗隐了下去，却把寒冷的江水写得温暖如春，它正怀以从容不迫的欣喜之气缓缓拍打着夹江的悬崖，诗人得以在江畔流露出胜利的宛若春水般的欢悦。

紧接着是冰冷的铁索桥横跨在大渡河上。红军抢夺泸定桥是长征中最英勇、最不可思议的激战，虽不是大规模的人海战，却是显现单独个人的天才精兵之战，铁血亡命之战，旋风般的理想之战，真正堪称红军之鹰飞过了泸定桥。那时，红军刚过了金沙江，"跳出了数十万敌人围追堵击的圈子，取得战略转移中具有决定意义的胜利"(刘伯承《回顾长征》)。随即而至的强渡大渡河谈何容易。连太平天国时的一代名将石达开也身败大渡河，竟是英雄末路，可悲可叹。但红军在大诗人毛泽东的率领下，一举冲桥成功，那就是我们从小耳熟能详的十八勇士全身武装，攀踏着悬空的寒冷铁索，拿了敌人的桥头堡。后继部队才得以跟进踏桥过了大渡河。对于这一次惊天动地的恶战，诗人仅用"铁索寒"三字便已使场面栩栩如生、英勇激烈了。这两句中的一"暖"一"寒"二字，含有不尽之意味，张弛奔竞，起落生姿，含而不露又天然浑成。此外，一"拍"一"横"也是以动写静的手法。此联对仗自然、工整，以自然环境寄寓无限感慨，极具气势。

尾联描述了红军长征的最后历程。翻越"千里雪"的岷山，其困难程度远远超过"逶迤"的五岭和"磅礴"的乌蒙山，但这时由于胜利在望，心情舒朗。"更喜"二字用得尤好，有婉转回肠之气，喜上加喜之意；"三军"更用得妙，这个词语本来就带有古汉语之美，加上按前面毛主席自己的说法是指当时的红一、二、四方面军，这古意盎然的"三军"又平添了当代汉语之美，岂不是难能可贵，羚羊挂角无迹可求。最后以"开颜"收篇，写出了红军翻过雪山后一片欢腾的喜悦之态，同时预示了长征的彻底胜利。

纵观全诗，气势磅礴，格调高昂，笔力雄健。不仅大处雄浑，节奏强烈；而且小处精细，抑扬顿挫。诗中对仗极为工整，用词极为精当。对貌似强大、穷凶极恶的敌人不屑一顾，对不畏艰险、勇敢乐观的红军将士尽情讴歌。正是这种傲视山川的夺人之气，百战沙场、总揽全局的伟人之胸怀，成就了这首千古一绝的奇诗！这就是毛泽东的艺术风格，这就是毛泽东诗词艺术魅力之所在！

七律·长征〈1935年〉

清平乐

六　盘　山①

一九三五年十月

天高云淡，
望断南飞雁②。
不到长城非好汉③，
屈指行程二万④。

六盘山上高峰，
红旗漫卷西风⑤。
今日长缨在手，
何时缚住苍龙⑥。

【注释】

　　这首词最早刊载于 1949 年 6 月再版的天津知识书店印行关青编著的《二万五千里长征》一书，题为《咏红军·长征》，分上下阕，通篇无标点符号；后又载入 1955 年 5 月人民出版社编辑出版的《中国工农红军第一方面军长征记》一书，题为《毛泽东同志长征词清平乐》；再又见发表于 1956 年 8 月出版的《中学生》杂志谢觉哉同志《关于红军的几首词和歌》一文；并正式发表于《诗刊》1957 年 1 月号。

　　①六盘山：又称陇山。跨宁夏、陕西、甘肃三省区。主峰在宁夏固原、隆德县境内。是陕北黄土高原和陇西黄土高原的界山，及渭河与泾河的分水岭，曲折险峻。古代盘道六重始达山顶，故名。这是中央红军长征中经过的最后一座大山。1935 年 10 月 7 日下午，红军北上抗日先遣队挟击溃敌骑

毛泽东诗词全集赏读

兵团之余威,乘胜翻越六盘山。词即山顶抒怀之作。据陈昌奉等同志回忆,此词定稿于是年12月。

②望断:望尽、望极。南飞雁:晋潘岳《秋兴赋》:"雁飘飘而南飞"。唐王维《寄荆州张丞相》:"目尽南飞雁,何由寄一言?"宋秦观《调笑令》十首其一《王昭君》"目断征鸿南去。"中央红军主力南征后,尚有部分同志留在南方坚持游击战争,红二、六军团此时正在湘鄂川黔根据地,红四方面军等已南下川康边境。全句既包含了对他们的关切之情,又显现了词人回顾凝望走过的万水千山的神态。

③长城:借指长征的目的地。全句抒发了红军排除万难,不达目的决不罢休的决心。

④屈指:扳着指头计算。行程二万:二万五千里的约数。宋陈造《赤口滩》诗:"路可屈指计"。是计未行之路,言其少;此词则数已行之路,言其漫长、艰险。

⑤红旗:首次发表时作"旄头"。1961年人民文学出版社12月版《毛主席诗词》,作者改为"红旗"。

⑥苍龙:古义甚丰,或指古代东方七个恒星星座的总称。《史记》卷27《天官书》:"东宫苍龙"。或指凶神恶煞。《汉书》卷99《王莽传》:"仓龙癸酉"。唐颜师古注引汉服虔曰:"仓龙,太岁也。"或指马。《吕氏春秋》卷一《孟春纪》:"驾苍龙"。汉高诱注引《周礼》:"马八尺以上为龙"。此处当以凶神恶煞喻指蒋介石为首的国民党反动派。此词后二句系化用宋刘克庄《贺新郎》"问长缨,何时入手,缚将戎主。"

附:1983年出版的阿英《敌后日记》,曾抄录载于1942年8月1日新四军《淮海报》副刊的两首毛泽东诗词,其二为《长征谣》,乃抵达六盘山时所作。全词如下:

"天高云淡,望断南归雁。不到长城非好汉!同志们,屈指行程已二万!同志们,屈指行程已二万!

六盘山呀山高峰!赤旗漫卷西风。今日没着长缨,同志们,何时缚住苍龙?同志们,何时缚住苍龙?"

有人认为,上文当系毛泽东《清平乐·六盘山》初稿。录以备考。

【赏读】

1935年9月11日红军第一方面军从川北北上,到达甘肃省迭部县俄界。中共中央政治局第二天在这里召开会议,决定将红一军、红三军、军委纵队合编为中国工农红军陕甘支队,以彭德怀为司令员,毛泽东为政委,同时由毛泽东、周恩来、彭德怀、林彪、王稼祥组成五人军事领导团。陕甘支队于9月17日突破天险腊子口,接着冲过国民党军队的最后一道封锁线,跨越西安至兰州的公路,10月7日击溃驻扎在固原县青石咀的四个敌骑兵连后,一鼓作气登上了长征路上最后一座高山——六盘山,距陕北根据地不远了。面对西部的高天白云,清朗秋气,再凝望阵阵南飞的大雁,眺望又要开始的新的征战。毛泽东一抒胸中情怀填下了这首《清平乐》。诗人在此心情是放松的、高旷的。在诗人所写的几首有关长征题材的诗中,就这一首是大好心情从心田里汨汨奔流而出的,没有半点悲烈之气,犹如作者自己所说此时的心境是豁然开朗,"柳暗花明又一村了"。

　　上阕是对长征胜利的总结。首二句,起笔境界辽阔,天高云淡,北雁南飞,乃陇西地区秋日之景,缀入"望断"二字,则情在景中了。以景开篇,清新隽永,点出时间,表露心情。诗人对中央根据地的依恋,对尚坚持在南方浴血奋战的战友的思念,对历尽艰辛的长征的回顾,对在战斗中壮烈牺牲的战友的哀悼,对万里长征即将胜利结束的喜悦,统统寄托在"望断南飞雁"的驻足凝思之中。即有胜利前的凝思,又有胜利后的自豪"不到长城非好汉",这一双重否定句是红军指战员北上抗日的钢铁誓言与坚强意志的凝聚。长城,既借代在长城之南的陕北根据地,也象征长征的目的地——陕北抗日前线。今天,二万五千里长征已在脚下,长城之关口已经到达,英雄的事业就要进入一马平川的时期,诗人这时的确是幸福而自豪的。

　　下阕写对未来前景的展望,上阕从远景起笔,下阕则就近吟咏。"六盘山上高峰",点明词题。在这样巍峨的山巅,红旗随意自如地舒展,这是胜利之景,也是红军指战员英姿飒爽、满怀欢畅的象征。刘克庄《贺新郎》:"问长缨,何时入手,缚戎主?"此词最末两句"今日长缨在手,何时缚住苍龙",即化用刘词以直抒己意。句中,"今日"与"何时"连贯,"长缨"与"苍龙"抗衡,"在手"道出了整首词的主题思想。跨越六盘山时,虽然红军已经摆脱了蒋介石军队的围追堵截,胜利结束长征,为革命保存下有生力量,开赴抗日前线已

毛泽东诗词全集赏读

成为现实，但是"攘外必先安内"的蒋介石不会甘心退出历史舞台，革命的道路还很漫长曲折。所以，"何时缚住苍龙"这一跌宕的问句，既表达了红军勇战强敌的坚强决心和冲锋陷阵的急切心情，也透露了作者对祖国的前途和人民的命运的深深忧虑。

　　纵观全词，结构自然，语言直白，形象鲜明，感情浓郁，隽永挺拔，意蕴深远，具有强烈的艺术震撼力与感染力。

清平乐·六盘山 〈1935 年〉

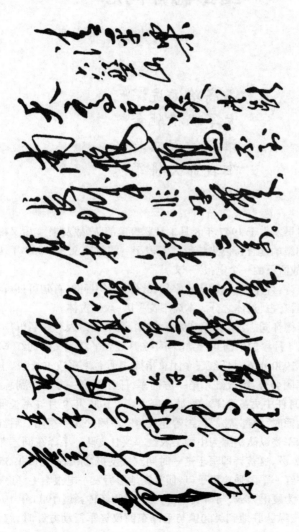

（清平乐·六盘山）

143

六言诗①

给彭德怀同志②

一九三五年十月

山高路远坑深③,
大军纵横驰奔④。
谁敢横刀立马?
唯我彭大将军⑤。

【注释】

此诗最早发表于 1947 年 8 月 1 日冀鲁豫部队《战友报》。后又由读者根据该报刊载的这首诗以来信形式发表于《解放军文艺》1957 年 4 月号《腊子口之战留下的一个电报》一文。

①六言诗:诗体名。全篇皆六字句,故称。偶句押韵,首句可押可不押。始于汉代,后有古、近体之分。本篇不拘平仄,属于古体。

②给彭德怀同志:彭德怀(1898—1974),湖南湘潭人。原名得华,号石穿。1928 年 4 月参加中国共产党。同年 7 月领导平江起义参加红军,任红五军军长。1930 年 6 月任红三军团总指挥,7 月曾率军攻占长沙。同年 8 月与红一军团会合,组成红军第一方面军,任红军第一方面军副总指挥。1931 年 11 月任中央革命军事委员会副主席。1935 年 9 月红军长征出腊子口到哈达铺时,因部队减员,彭曾建议将三军团并入一军团。后红一方面军主力和军委纵队整编为中国工农红军陕甘支队,毛泽东同志兼任政委,彭任司令员。这首诗即写于这一时期。《战友报》原编者注曰 1935 年彭德怀同志率红一军团强攻腊子口,侦察完地形后发一电报给毛泽东同志,毛即以此诗为复电云云,与事实不符。据《彭德怀传》载:(1935 年 10 月)彭德怀从二、三纵队驻地到吴起镇与毛泽东商议红军行动方针时,忽得报,

一路尾随红军之马鸿宾、马鸿逵和东北军的骑兵又来进犯。毛泽东说:"我们打退追敌,不要把敌人带进根据地"。这句话成为红军的口号。在彭德怀的指挥下,红军指战员奋起迎战,10月21日在吴起镇西南山上,将马鸿宾的三十五师骑兵团打了个措手不及,纷纷落马溃逃。这时,东北军白凤翔部来犯,其骑兵先头团又被红军打垮,掉头逃命。另外3个团也同时被击溃。红军经过此次战斗。结束了敌人的追剿。就在这时,毛泽东诗赠彭德怀,赞扬他卓越的军事才能和无畏的作战精神……

③山高路远坑深:战前毛泽东和彭德怀拟写了一份电报,上有"山高路远沟深"句。此诗首句即用电文,但改"沟"为"坑"。《彭德怀自述》中此句为"山高路险沟深"。

④大军纵横驰奔:指敌军嚣张,目中无人。历来注解多认为此句是写"红军的英勇气概",误。要因之一,《彭德怀自述》中此句为"骑兵任你纵横",大军即敌骑兵,其义甚明。要因之二,据张爱萍将军回忆,"1947年8月中旬,彭德怀指挥沙家店战役。一个黄昏就歼灭了胡宗南三大主力之一的整编第三十六师师部及两个旅,获得歼敌6000余人的重大战果,彻底粉碎了敌军企图将我军歼灭于陕北,或赶过黄河以东的狂妄计划,成为我西北野战军转入战略反攻的转折点。毛泽东得知这一胜利,当即又将这首诗写给彭德怀同志……"两相对照,两次战斗,皆在敌强我弱之情势下展开,以敌人之嚣张衬我军之英勇,当诗人之用意。再从全诗谋篇布局而论,二、三句一承一转,突出了在险恶军事形势下,彭大将军和以其为代表的红军将士的形象。

⑤唯我彭大将军:据《彭德怀自述》,彭回忆他当年看到毛泽东写给他的这首诗后,将末句改为"唯我英勇红军",然后将诗还给毛泽东。

【赏读】

这首短小的《六言诗》颂扬了英勇的红军和彭德怀将军。事情是这样的,当时彭德怀亲自指挥打了一场胜仗,诗人有感而发写成这首小诗。

这首诗以豪放欢快的写意笔法,描绘了红军在彭德怀的指挥下击溃国民党骑兵团的英勇战斗场景,刻画了彭德怀在战场上勇猛无敌的大将风度和气吞山河的豪迈气概。表达了毛泽东对彭德怀的倚重和深厚的战斗情谊,体现了作为红军统帅的爱将之心与领袖风范。

诗中,前二句是描写红军战士在如此复杂艰难的地形下,依然纵横驰骋、英勇退敌的英姿。后二句是描写彭德怀临危不惧、叱咤风云的猛将风范。同时也形象地描绘出彭德怀忠义侠胆、顶天立地的倔强个性。一句横刀立马,一句彭大将军,将一个红军将领的凛凛威风写得栩栩生动、简洁明了。

　　透过此诗,也反映了一位"胸中自有雄兵百万",危艰时刻表现出轻松、豁达、潇洒自如、充满革命乐观主义精神的领袖诗人形象。

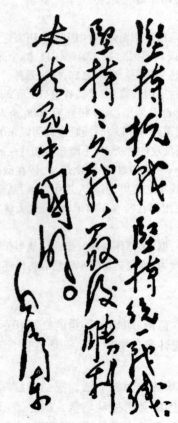

◇毛泽东手迹
坚持抗战,坚持统一战线。
坚持持久战,最后胜利必然是中国的。

沁园春

雪①

一九三六年二月

北国风光，
千里冰封，
万里雪飘。
望长城内外②，
惟馀莽莽；
大河上下③，
顿失滔滔。
山舞银蛇，
原驰蜡象④，
欲与天公试比高。
须晴日，
看红装素裹，
分外妖娆⑤。

江山如此多娇，
引无数英雄竞折腰⑥。
惜秦皇汉武⑦，
略输文采；

唐宗宋祖⑧，
稍逊风骚⑨。
一代天骄⑩，
成吉思汗⑪，
只识弯弓射大雕⑫。
俱往矣，
数风流人物⑬，
还看今朝。

【注释】

这首词首次正式发表于《诗刊》1957年1月号；1958年9月又在文物出版社刻印的大字本《毛主席诗词十九首》中登出；此外，1945年10月，毛泽东同志曾手书此词赠柳亚子先生。11月14日，重庆《新民报晚刊》据传抄件刊出。其后，一些报纸相继转载，但多有讹误；1951年1月8日，《文汇报副刊》也曾将毛泽东赠柳的墨迹制版刊出。

①雪：毛泽东同志1958年12月21日在文物出版社同年9月刻印的大字本《毛主席诗词十九首》上对这首词注道："雪：反封建主义，批判二千年封建主义的一个反动侧面。文采、风骚、大雕，只能如是，须知这是写诗啊！难道可以谩骂这一些人们吗？别的解释是错的。末三句，是指无产阶级。"

1957年5月21日，毛泽东同志在学英语休息时说，"《沁园春·雪》这首词是反封建的，'惜秦皇汉武，略输文采；唐宗宋祖，稍逊风骚，'是从一个侧面来批判封建主义制度的，只能这样写，否则就不是写词，而是写历史了。"(林克《忆毛泽东学英语》)

1935年10月，毛泽东同志率领中国工农红军，经二万五千里长征，胜利到达陕北。12月25日，中共中央在陕北瓦窑堡召开政治局会议，决定建立民族统一战线的战略。1936年2月，为了宣传我党抗日民族统一战线的主张，促成全国抗战，毛泽东同志在陕西清涧袁家沟，准备亲率红军抗日先遣队渡过黄河东征。《沁园春·雪》当写于此时。1945年10月7日作者致柳亚子先生书中说："初到陕北看见大雪时，填过一首词"，即指此词。

②望：此系领字。据格律，当领起下四句。据文义，则直贯至"欲与"句。

长城:作者当日所在清涧,北距长城约 150 公里。

③大河:黄河的古称。清涧东距黄河约 25 公里。

④原:作者原注:原指高原,即秦晋高原。原驰蜡象:原作"原驰腊象"(见毛泽东同志赠柳亚子先生墨迹)。改"腊"为"蜡",是采纳臧克家先生的意见。

⑤妖娆:娇艳妩媚。曹植《感甄赋》:"顾有怀兮妖娆。"

⑥引:吸引。折腰:本意是低头弯腰。《晋书·陶潜传》:"吾不能为五斗米折腰"。刘克庄《沁园春·梦孚若》:"当年目视云霄,谁信道凄凉今折腰。"此为折服、倾倒之意。

⑦惜:此亦系领字。据格律,当领起下四句;据文义,则直贯至"只识"句止。秦皇汉武:北周庾信《温汤碑》:"秦皇余石,仍为雁齿之阶;汉武旧陶,即用鱼鳞之瓦。"秦皇,即秦始皇嬴政(前 259—前 210 年)。前 246 年即位为秦国君。前 230—前 221 年十年间,扫平战国时期割据称雄的其它六国,建立了中国历史上第一个中央集权的大一统封建王朝。汉武,即汉武帝刘彻(前 156—前 87 年)。在位期间,数次进击匈奴,解除了匈奴贵族军事政权对汉王朝的威胁。

⑧唐宗宋祖:唐宗,即唐太宗李世民(599—649 年)。唐朝的建立统一大业的皇帝。宋祖,即宋太祖赵匡胤(927—976 年),宋朝的创业皇帝。

⑨稍逊:稍微差一些。风骚:本指《诗经》中的《国风》和《楚辞》里的《离骚》,后亦用作文学才华、文章辞藻的代名词。

⑩天骄:天之骄子。匈奴单于自称。《汉书·匈奴传》载匈奴狐鹿姑单于致汉武帝书曰:"南有大汉,北有强胡。胡者,天之骄子也"。后遂以"天骄"指称北方游牧民族及其酋长。

⑪成吉思汗:即元太祖铁木真(1162—1227 年)在 1206 年统一蒙古后的尊称,意即强者之王。在位期间,曾两次大举伐金,直至黄河北岸;又西征攻灭花剌子模,击败斡罗斯、钦察联军,将版图扩展至中亚、南俄。后南下攻西夏,死于军中。元王朝建立后,被追尊为元朝的始祖。

⑫只识弯弓射大雕:谓仅以武功见长,著称。射大雕:《史记·李将军列传》:"果匈奴射雕者矣"。大雕,即"大鹏鸟"。猛禽,惟善射者能毕其功。

⑬风流人物:指英俊潇洒、才能杰出的英雄人物。苏轼《念奴娇·赤壁怀古》:"大江东去,浪淘尽、千古风流人物。"

附:柳亚子跋《沁园春·雪》

"毛润之沁园春一阕,余推为千古绝唱,虽东坡、幼安,犹瞠乎其后,更无论南唐小令、南宋慢词矣。中共诸子,禁余流播,讳莫如深,殆以词中类似帝王口吻,虑为意者攻讦之资;实则小节出入,何伤日月之明,固哉高叟,暇日当与润之详论之。余意润之豁达大度,决不以此自歉,否则又何必写与余哉。情与天道,不可得而闻,恩来殆犹不免自郐下之讥欤?余词坛跋扈,不自讳其狂,技痒效颦……以视润之,始逊一筹,殊自愧汗耳!瘦石既为润之绘像,以志崇拜英雄之概;更爱此词,欲乞其无路以去,余忍痛诺之,并写和作,庶几词坛双璧欤?瘦石其永宝之。

　　　　一九四五年十月二十一日,亚子记于渝州津南村寓庐"

　　　　　　　　　　　　——摘自 1987 年 5 月 16 日《文艺报》

【赏读】

　　这首诗的写作时间是 1936 年 2 月,当时中央红军已胜利完成了举世闻名的二万五千里长征。而在 1935 年当红军长征快近尾声时,中国的政治形势已处在十分严峻的关头了。日本帝国主义继 1931 年至 1932 年侵占东北三省后,并未止步,又于 1935 年向中国发动全面战争,日军从关外杀进了关内。

　　就在这中华民族生死存亡的紧急时刻,在中国政治格局将发生大变动的前夜,中共中央政治局于 1935 年冬天(12 月 17 日至 25 日)在瓦窑堡召开了扩大会议,会上制定出了在全国建立抗日民族统一战线的方针。瓦窑堡会议结束后,为了宣传党中央关于全民抗日的政治主张,以实际行动推进全国抗战高潮,毛泽东、彭德怀率领红一方面军,以"中国人民红军抗日先锋军"的名义,于 1936 年 2 月 20 日渡黄河东征,取道山西,奔赴河北抗日前线。东征前夕,毛泽东在陕西清涧袁家沟指挥渡河准备工作时,眺望茫茫北方的大雪,一口气写成这首气吞河山的壮丽诗篇。

　　毛主席这首《沁园春·雪》从其诞生、发表直到现在一直被各界人士及广大人民共推为他最好之诗,也被认为是他最大气魄之诗。但这首诗引起震动神州的局面是在 1945 年 10 月,一首诗能掀起如此大的轰动的确是古今罕见的蔚然奇观。

　　这一年 10 月,毛泽东率中共代表团从延安赴重庆与国民党进行和平谈判。就在谈判期间,毛主席见到他的老朋友柳亚子,分外高兴，随后就手书《沁园春·雪》于一页印有"第十八集团军重庆办事处"的信笺上，相赠与柳亚子。

柳亚子读后，内心大为激荡，即唱和一首《沁园春》"次韵和毛主席咏雪之作，不能尽如原意也。"在柳词《沁园春》之后，他又写了一首自跋在诗后，在此不妨抄录于下，让我们看一代名词人柳亚子是怎样欣赏毛泽东的《沁园春·雪》的："余识润之，在 1926 年 5 月广州中国国民党第二届二中全会会议席上，时润之方任国民党中央宣传部部长也。及 1945 年重晤渝州，握手惘然，不胜陵谷沧桑之感。余索润之写长征诗见惠，乃得其初到陕北看大雪《沁园春》一阕。展读之余，叹为中国有词以来第一作手，虽苏、辛犹未能抗手，况余子乎？效颦技痒，辄复成此。"

后来，柳亚子忍痛割爱，将《沁园春·雪》毛主席的墨迹转赠不断向他索取的著名画家尹瘦石，并又作跋文一篇，连同自己和作，一并送之。

在给尹瘦石的这篇跋文中，柳亚子继续写道："毛润之《沁园春》一阕，余推为千古绝唱，虽东坡、幼安，犹瞠乎其后，更无论南唐小令、南宋慢词矣。……"

接着柳亚子又将毛主席此词及自己的和作抄送《新华日报》（中共中央当时设在重庆陪都的报社），报社负责人认为发表此诗应向毛主席本人请示，而那时毛主席已签署了"双十协定"后返回延安，请示需费时日。后决定先刊发柳亚子的和词。柳词一出立即引起普遍的关注，因人们已从他词的题序中知道了毛主席写有一首《沁园春·雪》的词。一时报人及文化人多方奔走，四处寻找，于是出现了一些手抄本在私下流传。而抢先一步首发于报纸上的是吴祖光，他当时在重庆一家民营报纸《新民报晚刊》副刊《西方夜谭》当编辑。他从三处（或好几处）抄得此诗的不完全稿，拼合完整，于 11 月 14 日在该报第二版副刊上刊出，并加有按语："毛润之先生能诗词，似鲜为人知。客有抄得其《沁园春·雪》一词者，风调独绝，文情并茂，而气魄之大乃不可。据毛氏称则游戏之作，殊不足为青年法，尤不足为外人道也。"

此诗一出，若平地一声春雷在重庆造成大震荡，一夜之间人民奔走相告，相互议论，成为持续了很长时间的重大新闻；从青年到老者,从办公室到茶馆,评论赞叹之声不绝于耳。同时又若一石激起的千层波浪,一圈又一圈水波向外扩,一直扩到全中国 960 万平方公里的大地上。

国民党一时慌了手脚,蒋介石亲自责令国民党中宣部召开紧急会议,布置围攻策略。昼夜之间,国民党反动派控制的各个报纸刊登大量的与毛主席针锋相对的《沁园春》,而且还著文攻击毛泽东有"帝王思想"云云。

重庆文化界进步人士对国民党当局的恶劣行为也给予了反击。郭沫若率先在《新民报晚刊》上发表了他的第一首和词《沁园春》,接着又与聂绀弩和作一首发表于《客观》杂志上。王若飞舅父黄齐生老先生也作《沁园春》反击,一时间两派"沁园春"(革命派的沁园春与反动派的沁园春)在重庆上空与大地搏斗飞舞,"沁园春"也成了成千上万市民的口头禅。就在这万众瞩目,激烈论战的当口,重庆有一个十分精明的开饭馆的老板当即决定以"沁园春"为店名,而且在店堂内悬挂毛主席的《沁园春·雪》以此招徕顾客,顿时生意火爆,日进斗金不在话下。

那么对于敌人的指责,此诗有"帝王思想",毛主席怎么对付的呢?后来,即 1958 年 12 月 21 日,毛主席正式为这首诗作了批注并点明了主题(见【注释】①)。

再来赏读该诗本身的艺术魅力。犹如前面所引柳亚子所说,毛主席这首诗可谓千古绝唱,而且技艺、胸襟之高超也是中国有词以来第一作手,连东坡、稼轩均屈居其下。

咏雪之作,自古以来,文人骚客无不多有咏叹,而且佳作迭出。但毛主席这首咏雪诗脱尽前人窠臼,词出新意,思想出新意,同时也依循古格,非大手笔不能出之。的确是"横绝六合,扫空万古",大气包举祖国万里江山及悠久中华历史。

《沁园春·雪》是一首北国风光的赞歌,它也表达了作者崇高的革命气概和无产阶级革命乐观主义精神,抒发了作者的伟大抱负和雄视百代的千古豪情。

上阕主要写景咏物,歌颂北国风光的壮丽奇瑰。"北国风光,千里冰封,万里雪飘"三句,起笔就大气磅礴,有包揽宇内之势。千里、万里、冰封、雪飘,工仗整齐,上天入地,向八面展开,在此诗人内心

毛泽东诗词全集赏读

之激情已一举盖了"北国风光"。

然后又以方位地理写长城内外、黄河上下之大象，将一腔豪气再贯四行，笔力千钧包括了东、南、西、北。

接着乘未竟的大豪气，稍稍一顿，进入细部描绘，山之旋舞如银蛇，雪原驰骋如白象，比喻神来，当以妙化入境，信手拈来，不费半点力气。这山、这雪想与老天一决高下吗？诗人在此也借此景暗示了自己欲与天地搏斗的壮烈情怀。

情再随景起，情引领风景，诗人在幻美，等待阳光朗照，晴天丽日之时，那洁白的雪原上艳阳天普照河山大地，万紫千红犹如一群群红装素裹的少女，绚丽妩媚，光彩射人，在此作为上阕收尾，意气是风发的，从茫茫大雪中脱颖而出，江山出现了红色的新姿，太阳也必将升起。精中之精蕴渐出，预示了一个崭新的中华将诞生于祖国大地。

下阕着重追古抒怀。"江山如此多娇，引无数英雄竞折腰"两句在章法上称为"过片"，起承上启下的作用。首句用深情的赞美承"分外妖娆"，第二句紧接首句意脉而又大开思路以启下，把上下两阕连缀得天衣无缝。自然过片一完，以一个"惜"为统领，连下七句臧否历史人物，共举五个著名中国皇帝作总体评价，给予了严肃深刻的评说，臧否人物，言辞含蓄委婉，分寸得宜。以"批判两千年封建主义的一个反动侧面。"（作者语）千秋功罪一笔带过，势如大江东去，浪花淘尽英雄。

最后，"俱往矣"一句总括过去千百年历史中的许多英雄人物，引出今朝。"数风流人物，还看今朝"，这是全词中最具伟力的诗语，作者雄视百代，超越千古，充分表达了无产阶级肩负历史使命的自豪与完成历史使命的自信。

沁园春·雪〈1936年〉

（沁园春·雪）

毛泽东诗词全集赏读

临江仙①

给丁玲同志②

一九三六年

壁上红旗飘落照③，
西风漫卷孤城④。
保安人物一时新。
洞中开宴会，
招待出牢人。

纤笔一枝谁与似?
三千毛瑟精兵⑤。
阵图开向陇山东⑥。
昨天文小姐，
今日武将军⑦。

临江仙·给丁玲同志〈1936年〉

【注释】

这首词最早发表于《新观察》1980年第7期；人民文学出版社1986年11月版《毛泽东诗词选》有题曰《给丁玲同志》。

①临江仙：唐教坊曲，双调小令。五十八字，上下片各三平韵。

②给丁玲同志：丁玲(1904—1986)，原名蒋冰之，湖南临澧人。1932年参加中国共产党。曾任中国左翼作家联盟党团书记。因从事革命文学运动，在上海遭国民党特务绑架。由于她的社会声望，加上鲁迅、宋庆龄及国内外进步人士的大力营救，国民党当局未敢对其下毒手，但秘密将她押赴

南京软禁达三年之久。1936 年 9 月 18 日,在党组织的救援下,丁玲逃离南京,潜回上海。10 月中旬,乔装秘密辗转于 11 月初赴陕北保安(当时中共中央驻地)。受到毛泽东、周恩来、张闻天、博古等党中央领导同志的热烈欢迎。毛泽东同志问她打算做什么,她答曰:"当红军"。22 日,苏区第一个文艺团体——中国文艺协会在保安成立,丁玲当选为主任。此后,根据她本人要求,党中央派她随红军总政治部北上,到前方去工作,行十余日,抵达陕西定边。12 月 12 日"西安事变"爆发,下旬,红军前敌总指挥率主力部队向西安方向运动,准备协同东北军、西北军和蒋军作战,丁玲亦随军南下。此期间,毛泽东作此词,用电报发往红一方面军,遥赠丁玲。电报于 12 月 30 日送达丁玲手中。1937 年初,丁玲到延安,毛泽东又手书此词相赠。

③壁上红旗飘落照:壁,当指城墙或壁垒、堡垒。《史记》:"诸将皆从壁上观"。毛泽东《西江月·井冈山》:"早已森严壁垒"。元好问《江月晃重山》有"塞上秋风鼓角,城头落日旌旗"之句,句意相近。

④孤城:范仲淹《渔家傲》:"长烟落日孤城闭。"在传统诗词中多指边城。

⑤三千毛瑟精兵:毛瑟,枪支名。指德国毛瑟工厂所制造的步枪和手枪。孙中山先生 1922 年 8 月 24 日《与报界的谈话》中说:"常言谓:一枝笔胜于三千毛瑟枪"。作者以此盛赞丁玲,显示了作者对革命文艺战斗作用的重视。

⑥阵图:古代军队作战的队列图。这里指部队。陇山:六盘山南段的别称。在陕西省陇县西北,延伸于陕、甘边境。当时红军主力的战略指向西安地区即在陇山之东。

⑦昨天二句:赞丁玲过去用笔战斗,现在亲赴战场。构思可参金周昂《北行》诗二首其二:"竞夸新战士,谁识旧书生?"

【赏读】

这首词是毛泽东写给丁玲的。丁玲,原名蒋伟,字冰之,1904 年生于湖南常德,自 1927 年起开始发表作品,是三十年代著名左翼作家,1932 年 3 月在上海加入中共。她到保安后只有几天,即发起组织中国文艺协会,并担任主席之职。毛泽东在成立大会上讲了话,称赞"这是近十年来苏维埃运动的创举"。黄土沟来了位大作家,也真是"人物一时新"了。

丁玲主动要求到前线去看看。1936年12月底，毛泽东通过军用电报把这首词拍给在前线的丁玲。来年2月，毛泽东亲自下令任命丁玲为中央警卫团政治处副主任，丁玲于1986年3月4日在北京逝世。

本诗上阕写欢迎的情景。旌旗、落日、秋风、孤城是古代边塞诗中常见的词语。如王昌龄《从军行》："孤城遥望玉门关"，范仲淹《渔家傲·塞下秋来》："千嶂里，长河落日孤城闭。""壁上红旗"两句写开欢迎会的时间、环境，创造了一种热烈的场面。"红旗"一词点明地点是在陕北抗日根据地。"落照"表明举行欢迎会的时间是傍晚。西风，这是深秋时节常吹的风。"孤城"，指保安这座当时独一无二的县城，当时的中共中央及其办事机构正留驻于此。"保安人物一时新"，这句词承上启下，是上阕的中心句，是说保安这座特殊的县城，吸引了全国许多革命青年纷纷仰慕而来，这些人物可以说是"一时新"。而且，在窑洞中开宴会所欢迎的人，对于根据地来说，也是一位新人。"洞中开宴会"两句，承"新"字写出，同时也起了点题的作用。

下阕从议论入笔，对投身革命根据地的丁玲予以鼓励。"纤笔一枝谁与似？三千毛瑟精兵"两句，一问一答，"纤笔一枝"与"三千毛瑟"对举，高度赞扬并肯定了丁玲的作品，说明了革命知识分子在革命队伍中的巨大作用。"阵图开向陇山东"，指丁玲即将到前线去工作。在宴会上，毛泽东问丁玲打算做什么，丁玲毫不犹豫地回答："当红军！"毛泽东赞赏地说："好呀！你跟着杨尚昆他们的前方政治部去前线吧。"不久，丁玲随红军去了陇东前线。

"昨天文小姐，今日武将军"两句，是全词的结语，同时也照应了题意。作者肯定了丁玲投身革命后所起的巨大变化。一文一武，判若两人；一小姐，一军人，更是起了质的变化。这是毛泽东鼓励的，也是丁玲所期望的。这首词在艺术上的一个突出特点是通俗化。

全词基本上是用口语写眼前景，身边事，语言明朗晓畅。"昨天文小姐，今日武将军"，通俗之极，但蕴意深远。出语亲切，情感真挚，也是这首赠词的特点。这两句，举出实例，说明了"保安人物一时新"，是全词的主题思想之所在。

临江仙·给丁玲同志〈1936年〉

四言诗

懦夫奋臂①

一九三六年

嘤其鸣矣，
求其友声②。
暴虎入门③，
懦夫奋臂。

【注释】

①四句诗见于《毛泽东书信选集》第 32 页《致高桂滋》。信中说："……附上敝党中央之政治决议及文告多种，借供参考。嘤其鸣矣，求其友声，暴虎入门，懦夫奋臂。谁谓秦无人而曰甘受亡国奴之辱乎?寇深情急，竭意进言，惟阁下熟思而审图之。"胡忆肖等将其收入《毛泽东诗词白话全译》，并加诗题。

②嘤其鸣矣，求其友声:句出《诗经·小雅·伐木》。嘤鸣:鸟鸣声，后人因以友朋间同气相求为"嘤鸣"。高桂滋时任国民党军八十四师师长，他接受中国共产党抗日主张，故云。

③暴虎:本指徒手搏虎。《诗经·郑风·大叔于田》:"檀裼暴虎，献于公所。"郝懿行《义疏》:"暴者，搏也。"此借用字面，意为凶残的老虎。暴虎入门，指日本帝国主义侵入我国。

【赏读】

这首诗作于 1936 年。借用古诗抒情达意。《诗经·小雅·伐木》的第一章有诗云:

伐木丁丁,鸟鸣嘤嘤。

出自幽谷,迁于乔木。
嘤其鸣矣,求其友声。
相彼鸟矣,犹求友声。
矧彼伊人,不求友生?
神之听之,终和且平。

　　诗意大致是,鸟类尚求伴侣,求和平,何况人类呢?毛泽东引用《伐木》中的两句诗,写在他作为中国抗日红军西北革命军事委员会主席与副主席周恩来、彭德怀共同写给高桂滋的信上。信中说,"居今日而言,抗日讨卖国贼,非有广大之联合战线不为功";"其在国际则联合一切与日本为敌之国家与民族"。这也是"求其友声"的现实政治内容。

　　毛泽东在引诗后续了两句"暴虎入门,懦夫奋臂",表明凶残的日寇已经踏入国门,连懦夫尚且振臂抗敌,何况"爱国有志之人"呢? 所以信中紧接诗后写道:"谁谓秦无人而曰甘受亡国奴之辱乎?"劝勉高桂滋为洗亡国之辱而共同抗日。毛泽东纯熟地运用古诗,表达中国共产党及其领导的军队坚决抗日的决心,以及联合高桂滋部共同对敌的坦诚。

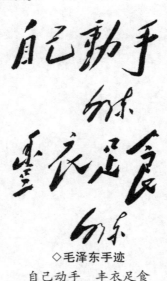

◇毛泽东手迹
自己动手　丰衣足食

159

诸言志

毛泽东

独立寒秋，湘江北去，

橘子洲头。看万山红遍，

层林尽染；漫江碧透，

百舸争流。鹰击长空，

1937 年 - 1945 年

在抗日战争时期的诗词
1937 年 – 1945 年

四言诗

祭黄帝陵①

一九三七年四月六日

中华民国二十六年4月5日，苏维埃政府主席毛泽东、人民抗日红军总司令朱德敬派代表林祖涵，以鲜花时果之仪致祭于我中华民族始祖轩辕黄帝之陵。

赫赫始祖②，　吾华肇造③；
胄衍祀绵④，　岳峨河浩⑤。
聪明睿智，　光披遐荒⑥；
建此伟业，　雄立东方。
世变沧桑⑦，　中更蹉跌⑧；
越数千年，　强邻蔑德。
琉台不守⑨，　三韩为墟⑩；
辽海燕翼，　汉奸何多。
以地事敌，　敌欲岂足；
人执笞绳，　我为奴辱。
懿维我祖⑪，　命世之英⑫；
涿鹿奋战⑬，　区宇以宁⑭。
岂其苗裔⑮，　不武如斯⑯；
泱泱大国⑰，　让其沦胥⑱。
东等不才⑲，　剑屦俱奋⑳；

163

万里崎岖,为国效命。

频年苦斗,备历险夷;

匈奴未灭,何以为家㉑。

各党各界,团结坚固;

不论军民,不分贫富。

民族阵线,救国良方;

四万万众,坚决抵抗。

民主共和,改革内政;

亿兆一心,战则必胜。

还我河山,卫我国权;

此物此志,永矢勿谖㉒。

经武整军,昭告列祖;

实鉴临之,皇天后土。

【注释】

此诗最早发表于1937年4月6日《新中华报》,原诗标题为《苏维埃代表林伯渠参加民族扫墓祀典》。1937年3月29日毛泽东《致范长江》的信中写道:"寄上谈话一份,祭黄陵文一纸,借供参考,可能时祈为发表。"(《毛泽东书信选集》第102页)"祭黄陵文"即指此诗;这首诗又见于《诗刊》1992年7月号、《毛泽东大观·毛泽东的诗词·附录》

①黄帝:《史记·五帝本纪》:"黄帝者,少典之子,姓公孙,名轩辕。"司马贞索隐引皇甫谧曰:"居轩辕之丘,因以为名,又以为号。"又称轩辕黄帝。是传说中的中原各族的共同祖先。黄帝陵:在陕西黄陵县城北的桥山上,距县城约1公里。有公路可通山顶。陵高3.6米,周围48米。黄帝陵墓在甘肃、河北、河南等地均有,但据《史记·五帝本纪》以及《黄帝本行纪》都说:"黄帝崩,葬桥山。"

②赫赫:显耀盛大貌。《诗·小雅·节南山》:"赫赫师尹,民具尔瞻。"始祖:指黄帝。

③华:中华民族。肇:创建;初始。

④胄:后裔。衍:满溢;盛多。《诗·小雅·伐木》:"酾酒有衍。"杜笃《论

都赋》:"国富人衍。"祀:祭祀。绵:连续不断;延续。

⑤岳:高大的山;山岳。峨:高峻,矗立。河:黄河。浩:水广大,引申为广大貌。

⑥光:同"广"。《书·尧典》:"广被四表。"披:同"被",覆盖;加、及。遐荒:边远广大的地方。《贞观政要·魏征〈十渐不克终疏〉》:"陛下贞观之初,无为无欲,清静之化,远被遐荒。"

⑦沧桑:"沧海桑田"的略语。《神仙传·麻姑》:"麻姑自说云,接侍以来,已见东海三为桑田。"后以"沧海桑田"比喻世事变迁很大。

⑧蹉跌:失足跌倒。比喻失误。《汉书·朱博传》:"功曹后常战栗,不敢蹉跌。"

⑨琉台:琉,琉球。古国名,即今琉球群岛。在我国台湾省东北,日本国南面海上。清光绪五年,日本侵占琉球,改为冲绳县。台,台湾省。在福建省东南,东海和南海之间,包括台湾岛、澎湖列岛等岛屿。隋以后,称琉球,流求。明称台湾。甲午战争后,为日本侵占。

⑩三韩:汉时,朝鲜南部分为马韩、辰韩、弁辰三国。至晋,亦称弁辰为弁韩。合称三韩。后即用为朝鲜的代称。

⑪懿:通"噫"。叹审。《诗·大雅·瞻卬》:"懿厥哲妇,为枭为鸱。"郑玄笺:"懿,有所痛伤之声也。"维:亦作"唯"、"惟"。作词语,用于句首或句中。

⑫命世:犹"名世"。谓闻名于世。《汉书·楚元王传赞》:"圣人不出,其间必有命世者焉。"

⑬涿鹿奋战:涿鹿,古山名。在今河北涿鹿县东南。《史记·五帝本纪》载黄帝与蚩尤战于涿鹿之野,得胜后被诸侯尊为天子。

⑭区宇:疆域;天下。《三国志·魏志·崔琰传》:"不如守境述职以宁区宇。"

⑮苗裔:后代子孙。《离骚》:"帝高阳之苗裔兮。"

⑯武:继承。

⑰泱泱:宏大貌。《韩非子·外储说右上》:"美哉,泱泱乎,堂堂乎!"

⑱沦胥:沦丧、没落。

⑲东等不才:谦辞。东等,指以毛泽东同志为代表的中国共产党人,爱国军民。

⑳剑屦俱奋:典出《左传·宣公十四年》。春秋时楚庄王使申舟去齐国聘问,申舟路过宋国,被宋人所杀。"楚子闻之,投袂而起,屦及于窒皇,剑及于寝门之外,车及于蒲胥之市。秋九月,楚子围宋。""屦及剑及"又作"剑及屦及。"用以形容行动坚决迅速。

㉑匈奴未灭,何以为家:语出《卫将军骠骑列传第五十一》:"……天子为治第,令骠骑视之,对曰:'匈奴未灭,无以家为也。'"

㉒永矢勿谖:语出《诗·卫冈·考槃》矢,诵"誓"。谖,欺诈。昭:明也。

【赏读】

1937年的清明节,对位于陕西省黄陵县桥山的黄帝陵来说,是一个很特殊的日子。经历十年内战后,中国共产党和中国国民党同时派代表共同祭奠祖先。中国共产党方面以中华苏维埃政府主席毛泽东、人民抗日红军总司令朱德名义致祭,祭文是毛泽东撰写的。代表是林伯渠,曾为国民党早期党员。中国国民党方面则以其中央执行委员会名义致祭,代表是张继、顾祝同,祭文不知何人所写。也有说是蒋介石写的,以至后人戏说:蒋介石为什么被毛泽东所打败? 除了政治立场、人格魅力等诸多因素外,其中"蒋武"不敌"毛文"是其失败的重要原因,有诗为证:

> 军事战线,共产党横扫千军如卷席;
> 文化阵地,毛泽东纵览一词可兴邦!

(注:纵览一词:指毛泽东气壮山河的诗词-《沁园春·雪》)。

这次国共共祭黄帝陵也堪称是国共及蒋毛在文化战线及个人魅力方面的一次较量:比较两党均为四言体的祭文,很有意思。国民党的祭文共32句,除祭文小序"焕发我民族之精神"一语尚有些现实感外,其他都显得很程式化,通篇限于追述黄帝功业,一句未提团结抗日之事。

国民党中央党部祭文云:

"维中华民国二十六年民族扫墓之期,中国国民党中央执行委员会追怀先民功烈,欲使来者知所绍述,以焕发我民族之精神,特派委员张继顾祝同,驰抵陵寝,代表致祭于我开国始祖轩辕黄帝之陵前曰:粤稽遐古,世属洪荒,天造草昧,民乏典章,维我黄帝,受命于天:开国建极,临治黎元,始作制度,规距百工,诸侯仰化,咸与宾从,置历纪时,造字纪事,宫室衣裳,文物大备,丑虏蚩尤,梗化作乱,爰诛不庭,华夷永判,仰维功业,广庇万方,佑

166

启后昆，恢廓发扬，追承绩猷，群情罔懈，保我族类，先灵攸赖，怀思春露，祀典告成，陈斯俎豆，来格来歆！尚飨！"

毛泽东写的祭文共 56 句，用 8 句概括黄帝的伟业，其余均写中华民族的现实遭遇和中国共产党对时局的看法。全篇昭告明志，一切以国家和民族的命运为念，"万里崎岖，为国效命"的情怀溢于言表。同时，呼吁各党各界，求同存异，同仇敌忾，共御外侮，使赫赫始祖之伟业，如凤凰之再生。此番告祭情怀，不独远超国民党的祭文，亦为历代祭文之拔萃者。

毛泽东很重视这篇祭文。他在 3 月下旬即已写好，并于 29 日寄给曾以《大公报》记者身份到过延安采访的范长江，希望他"可能时祈为发布"。但这篇祭文终未能在国统区的报刊上发表出来。查国统区当时有影响的报纸，《大公报》4 月 5 日发表了国民党中央的祭文，4 月 6 日的《大公报》、《申报》和天津《益世报》，均报道了张继等祭谒黄帝陵以及其他人祭扫明孝陵的消息，而对毛泽东、朱德派林伯渠致祭黄帝陵一事却只字未提。只有《益世报》很蹊跷地来了一句："陕甘边区新编军队，亦派代表 4 人参加，以示尊崇整个民族祖宗之意。"那时国共两党正在谈判，红军尚未纳入国民革命军序列，朱德用的还是"人民抗日红军总司令"的名义，何来"新编军队"一说。此番曲笔，尚待考证。

毛泽东的《祭黄帝陵文》，是在延安《新中华报》当年 4 月 6 日一篇题为《苏维埃代表林伯渠参加民族扫墓典礼》的报道中披露的。该报是苏维埃中央政府机关报，当时还是蜡版刻写，发行量很有限。在这篇祭文前，有几句话点明此次祭祀活动的意义："苏维埃政府代表苏区内全体公民，为对中华民族之始祖致敬，并表示誓死为抗日救亡之前驱，努力实现民族团结计，特于五日派遣代表前往参加。"

"誓死为抗日救亡之前驱"，正是毛泽东《祭黄帝陵文》的要旨所在。1937 年 8 月 22 日，红军改编为八路军一事公开见报。中共中央政治局同时在洛川举行扩大会议，讨论八路军开赴对日作战前线等事宜。洛川离桥山不远，8 月 25 日会议结束后，八路军总指挥朱德、副总指挥彭德怀、政治部主任任弼时一行拜谒了黄帝陵。据《任弼时年谱》记载，此时轩辕庙内的供案上，还陈列着毛泽东手书的《祭黄帝陵文》。他们一边阅读，一边交谈，任弼时说了一句名言："这是我们开赴前线的《出师表》哩！"视毛泽东《祭黄帝陵文》为中国共产党及其军队奔赴抗日前线的《出师表》，也是一个比较恰当的定位，它在当时发挥的鼓舞作用也由此可见一斑。

毛主席这篇祭文写得古朴厚实，语言庄重有力，中华历史功底深厚，仅开篇前八句就写出了轩辕始祖建立华夏民族的丰功伟绩，同时也写出了黄帝的子孙后代繁衍生息，延绵不绝的经过。

接下来的十句，诗人着眼于当今之变。描绘了我中华民族成长过程中的艰辛与磨难。上千年就这么过去了，强悍的日本帝国主义虎视我肥沃的中华大地，起兵侵台湾，又占韩国；最可恨的是华东、华北地区，亲日汉奸多多，如此这般以土地效劳侵略者。侵略者欲壑难填呀，而结局是沦为奴隶，任人宰割。诗人已清楚地洞察了这一点。

接着诗人又追忆了我先祖黄帝勇战蚩尤于涿鹿的故事，借古喻今，号召我们向英勇的祖先学习，要不愧为黄帝的后代，要继承他传下来的勇武精神与侵略者战斗到底，绝不能当亡国奴。

诗人紧接着又从光荣历史的回忆中进入今天的现实。诗人谦虚地自称自己及他的战友才干不够，但仍然要为处于危急中的祖国而战。接下来一气呵成，说明中国共产党及其领导的工农武装，经年历月，风风雨雨，行二万五千里长征，为的就是救国救民，虽有万般艰难险阻也当在所不辞，奋勇向前。

然后，诗人为抗战出谋划策，指出只要全民族及各党派团结一心，组成坚实的抗日民族统一战线，国内进行政治改革及实行民主共和制，那么就不可能打不败敌人。

最后，诗人回到祭文立誓明志的主旨，昭告列祖列先，全国人民整顿军备，收复失地，保卫主权，皇天浩荡，以此为鉴。

整篇祭文的层次结构极为分明，读来令人肃穆奋然。

四言诗

戏改江淹《别赋》①

一九三九年七月九日

春草碧色，春水绿波。
送君延安，快如之何。

【注释】

①江淹(444—505)：字文通，济阳考城(今河南兰考县)人。著名辞赋作家。《别赋》是江淹的代表作。作者用总分式的笔法，对不同的离别场面，对各类的哀愁情思，进行了详尽而动情的描绘。这首诗见于陈晋《毛泽东与文艺传统》第 378 页。著者说："除清丽婉约的诗歌以外，毛泽东对一些纯粹写景言情的辞赋散文也很感兴趣。这类作品，《昭明文选》收纳颇多。这部诗文选集是毛泽东青年时代熟读的作品之一，50 年代，60 年代，70 年代，又读过几次。批注的版本，现存的有三种。对其中的一些作品，记得很熟……"并注明资料来自 1939 年 7 月 9 日毛泽东在陕北公学所作《三个法宝》的讲演。

【赏读】

1939 年 7 月 9 日，毛主席在延安陕北公学作题为《三个法宝》的讲演并欢送告别延安奔赴各抗日战场或其它革命工作岗位的同志。即席演说中，毛主席的心情极好，饶有兴致地谈起了中国古典文学，他说道：南朝梁代的文学家江淹，做了很多好文章。有篇叫《别赋》，里面有很好的话，但是是伤感流泪的话。最为人们所熟记的有"春草碧色，春水绿波。送君南浦，伤如之何"，多么伤心流泪，文笔很好。我们今天不需要这样写，改一下，作为"春草碧色，春水绿波。送君延安，快如之何"。

诗人妙笔生花，稍作润色、加工，就将江淹《别赋》中的四句升华而出，使之别有一番新景致、新情趣。仅用"延安"替"南浦""快"字替"伤"字，诗人的革命豪情及欢喜之气已活脱脱地跃然于读者的目前。加上本来的大好春光碧蓝无垠，就更应了诗人心目中新时代的景象。

一九四六年，延安军民向毛泽东献金匾。

毛泽东诗词全集赏读

四言诗

题《中国妇女》之出版[1]

一九三九年

妇女解放，突起异军，
两万万众[2]，奋发为雄。
男女并驾，如日方东，
以此制敌，何敌不倾。
到之之法，艰苦斗争，
世无难事，有志竟成。
有妇人焉[3]，如旱望云，
此编之作，伫看风行[4]。

【注释】

①《中国妇女》:是延安时期中共中央及中央妇委为指导全国妇女运动而创办的刊物。1939年6月1日创刊,终刊于1941年3月。此诗是毛泽东同志为《中国妇女》创刊的题词。

②两万万众:指当时全国女性之总约数。当时全国人口约为“四万万众”,女性占一半。

③焉:作语助词,用于语末表停顿,同“也”。

④伫:立待;立等。风行:形容迅速威猛。《后汉书·臧官传》:“震扬威灵,风行电照。”

【赏读】

这首诗见之于1984年5月档案出版社出版的《毛泽东题词墨

迹选》一书，又见于春秋出版社 1989 年版的《中国妇女运动史》。1991 年 9 月 21 日《周末》载陈安吉《毛泽东的一首佚诗——题〈中国妇女〉之出版》，对此诗加以介绍，且曰："这首诗在毛泽东诗词作品中可谓别具一格。它用白话写成，明白晓畅，只要识字的人都能看得懂。诗的句式整齐，每句均为四言，押大致相同的韵，读之琅琅上口。这首佚诗，为我们研究毛泽东的新诗观，提供了新佐证。" "毛泽东的这首诗作于抗日战争时期。众所周知，毛泽东这个时期的诗词作品，目前见到的极少。从创作时期的意义上说，此诗也弥足珍贵。"

◇毛泽东手迹
准备反攻

五 律

悼戴安澜将军①

一九四二年秋

外侮需人御②，将军赋采薇③。
师称机械化④，勇夺虎罴威⑤。
浴血东瓜守⑥，驱倭棠吉归⑦。
沙场竟殒命⑧，壮志也无违。

【注释】

①戴安澜(1905—1942)：字衍功，号海鸥。安徽无为人。黄埔军校第三期毕业。曾参加北伐战争。1933年，任国民党第十七军二十五师关麟征部团长。参加长城抗战，在古北口奋勇杀敌，获三等勋章。抗日战争全面爆发后，升任第七十三旅旅长。先后参加保定漕河之役、彰德彰河争夺战和太行山游击战，予敌重创。1938年，鲁南会战中，火攻陶墩，计取朱庄，有力地支援了台儿庄战役。同年5月，升任第八十九师师长，参加武汉保卫战。1939年，在昆仑关战役中，率部正面出击，坚守已得高地，保证了战役的胜利。1942年3月，所部编入中国远征军入缅甸作战。转战于东瓜、棠吉、摩谷等地。在激战中负重伤。5月26日，殉国。后国民政府军事委员会追授他陆军中将军衔。1950年，中华人民共和国中央人民政府内务部追认他为革命烈士。此诗即戴安澜将军壮烈殉国后毛泽东同志写的悼诗，诗前有"海鸥将军千古"六字。这首诗最早见于黄济人《将军决战岂止在战场》(解放军文艺出版社1982年版)，又见于1983年12月26日《人民政协报》。后录载于《毛泽东轶事》、萧永毅《毛泽东诗词对联辑注》、《毛泽东大观》诸书。

②外侮：外来的欺凌或侵犯。《左传·僖公二十四年》："其怀柔天下也，

犹惧有外侮"。后指外国侵略。御:抵挡。

③采薇:《诗经·小雅》篇名。《诗序》说:"《采薇》遣戍役也。文王之时,西有昆夷之患,北有猃狁之难,以天子之命,命将率遣戍役以守卫中国。故歌《采薇》以遣之……""靡室靡家,猃狁之故。不遑启居,猃狁之故。"表现了将士们为了抗击异族侵略者,不顾个人、家庭的利益而服从于民族国家利益的崇高精神。

④师称机械化:戴所率二〇〇师为机械化部队。

⑤虎罴:借猛兽以喻凶恶的势力。《楚辞·招隐士》:"虎豹斗兮熊罴咆。"

⑥浴血东瓜守:东瓜,缅甸地名。1942 年 3 月 18 日,戴将军率部于东瓜阻击日军,使日军那铃本联队几乎全军覆灭。

⑦驱倭棠吉归:倭,古代称日本为倭。《汉书·地理志下》:"乐浪海中有倭人,分为百余国。"棠吉,缅甸地名。1942 年 4 月 23 日,棠吉失陷,我铁路运输线受到严重威胁。戴率部奉命向棠吉进军,经激战,收复了棠吉。

⑧沙场:指战场。祖咏《望蓟门》:"沙场烽火连胡月,海畔云山拥蓟城。"

【赏读】

这是一首挽诗,是毛主席从当时抗日民族统一阵线的立场出发,高度赞扬牺牲在抗日战场上的国民党将领戴安澜的辉煌战绩的一首诗。

戴安澜将军是国民党抗日部队——远征军二 OO 师师长。当时,太平洋战争已经爆发,日军向当时系英国殖民地的缅甸大举进攻。应英国政府的请求,国民党政府派遣了远征军约十万兵马赴缅参战。在这次远征作战中,远征军主力第五军第二 OO 师师长戴安澜将军所率部队勇猛杀敌,表现最为突出。后因撤退途中遭日军伏击,戴将军身负重伤,不幸遇难,年仅 38 岁。远在延安的毛主席闻此噩耗后特此写下了这首挽诗,纪念逝去的英灵。

首联交代作战背景,颂赞了戴安澜的爱国主义精神。起始二句,诗人直接道出事情的缘由,祖国处于危急之中,大厦将倾,急需栋梁,而抵御外侮何人当迎战。紧跟着诗人道来:"将军赋采薇。"诗人化用古典《诗·小雅》中的《采薇》篇,《诗小序》中对"采薇"的解释:"《采薇》,遣戍役也。文王之时,西有昆夷之患,北有猃狁之难,

毛泽东诗词全集赏读

以天子之命,命将率,遣戍役,以守卫中国……"这样一来,戴将军远征赴国难的意思就没有以大白话的形式写下来,而以"赋采薇"这样雍容大度、古风盎然的传统文化中的将军形象出现。同时也使对日作战产生了深厚沉重的历史责任感。诗人化用的这个古典的确堪称神妙渊雅。

颔联写戴安澜所率之师装备精良,士卒英勇这一事实,笔意很周详但也含另意,即在战争中,起决定因素的是人而非物。这是言外之意,在此不必深究。接着第四句"勇夺虎罴威"就已明明白白告诉了我们戴将军率领的众将士精神英勇,杀敌顽强,大有三军可夺帅,匹夫不可夺志的气概,一举横扫了凶残如兽的敌人的威风。这同时也是诗人自己"独有英雄驱虎豹,更无豪杰怕熊罴"的光辉写照。

颈联记述了戴安澜的战斗伟绩,诗人用了两个缅甸地名,写出了戴将军具体作战的经过,一是"东瓜",戴将军在此浴血奋战,坚守阵地,英勇无畏。二是"棠吉",写转战迎敌与战略后撤。在诗中巧用地名,而且使地名在诗中活起来并富有意义是毛诗的一个特点。

尾联表达了对戴安澜为国牺牲的哀悼和对英灵的慰抚,直书戴将军战死沙场,其间也流露出诗人的无比痛惜。诗人之情就藏在一个"竟"字上,既为戴安澜正当英年不幸牺牲所震惊与惋惜,也因国家失去一位抗战将领叹悲。戴安澜献身沙场时年仅三十八岁,这固然可惜,但是他已重创日军,夙愿已偿,所以作者接着说:"壮志也无违",也就是通常所说的壮志已酬,戴安澜是死得其所的。

全诗寓褒奖于事迹叙述中,追悼的是国殇,歌颂的是国魂,是一首很有特色的挽诗。

诗言志 毛泽东

独立寒秋，湘江北去，橘子洲头。看万山红遍，层林尽染；漫江碧透，百舸争流。鹰击长空

七 律
忆重庆谈判①

一九四五年

有田有地吾为主，

无法无天是为民。

重庆有官皆墨吏②，

延安无屎不黄金。

炸桥挖路为团结，

夺地争城是斗争。

遍地哀鸿满城血③，

无非一念救苍生④。

【注释】

这首诗见于《文教资料简报》1983年第12期盛巽昌先生的文章《毛泽东诗词二首》；山东出版社1991年12月版马连礼主编《毛泽东诗词史诗论》在《附录·毛泽东诗词辑逸》部分也收载此诗。诗题为《七律·有田有地吾为主》。

①抗日战争胜利后，蒋介石在美帝国主义支持下，抢夺抗战胜利果实，积极准备反人民内战，但由于中国共产党的坚决斗争，中国人民和世界民主舆论的反对以及内战准备尚未就绪，蒋介石伪装和平，要求与共产党谈判。为了争取和平、揭露美蒋假和谈、真备战的真面目，以利团结、教育广大人民，中共中央决定派毛泽东、周恩来、王若飞去重庆进行谈判。谈判期间，毛泽东同志以诗会友，以卓越文学才能，倾倒山城。其《沁园春·雪》，脍炙人口，引起轰动，尽人皆知，这首《七律·忆重庆谈判》当时亦传抄

甚广。

②墨吏：贪官污吏。《左传·昭公十四年》："贪以败官为墨。"

③哀鸿：《诗·小雅·鸿雁》："鸿雁于飞，哀鸣。"后用"哀鸿"比喻流离失所的灾民。龚自珍《己亥杂诗》："三更忽轸哀鸿思，九月无襦淮水湄。"

④苍生：百姓。《晋书·王衍传》："然误天下苍生者，未必非此人也。"

【赏读】

1945 年 8 月 28 日，毛泽东以举世为之钦佩的英勇大无畏精神同周恩来、王若飞一起飞抵山城重庆，与蒋介石国民党进行和平谈判，世称为"重庆谈判"。这次谈判的时间很长、涉及问题尖锐、过程艰巨、曲折、复杂、争辩激烈，唇剑舌枪，针锋相对，在基本立场上各不相让。毛泽东于 10 月 11 日飞回了延安，后来写了这首七律，回忆了这场谈判斗争的情景。

这首诗的语言明朗通达，看似平淡无奇，但每一句都有相互针对的双层意思，内容很丰富。它反映了 1945 年抗日战争胜利之后、解放战争的炮火大规模轰鸣之前的国内局势，以及中国共产党根据国内局势所采取的基本方针。

抗日战争胜利之后，中国又处于战争与和平的十字路口。蒋介石国民党政府一方面加紧抢夺胜利果实，一方面派出八十多万军队疯狂进攻各解放区。神州大地又乌云密布。这时，"在中国人民面前摆着两条路，光明的路和黑暗的路。有两种中国之命运，光明的中国之命运和黑暗的中国之命运。……或者是一个独立、自由、民主、统一、富强的中国，就是说，光明的中国，中国人民得到解放的新中国；或者是另一个小国，半殖民地半封建的、分裂的、贫弱的中国，就是说，一个老中国"（《毛泽东选集》第二版）。在两条道路、两种命运决战的时刻，中共中央提出了成立联合政府的主张，而蒋介石却提出"不得于现政府法统之外来谈改组政府的问题"，坚持独裁。针对这种历史现实，毛泽东在《关于重庆谈判》的报告中明确地说：国民党的"主意老早定了，就是要消灭人民的力量，消灭我们"；"我们的方针也是老早定了的，就是针锋相对，寸土必争"。这首广泛流传的七律，就是"针锋相对、寸土必争"战略思想的充分体现。

诗的首句，庄严指出：中国的广袤大地与锦绣山河，全由中国人民做主。一切反动派在这个主权大事上指手画脚的时代即将过去。"无法无天是为民",反话正说。1945 年 3 月 1 日,蒋介石说过:"共产党交出军队,才有合法地位。……我们没有交出军队,所以没有合法地位,我们是'无法无天'"。针对这种"无法无天"的指责,该诗义正词严地表明:蒋介石统治下的平民百姓,就是"无法无天"。既不要蒋介石政府的"法统",更否定蒋介石那个"一统"的天下!

颔联将重庆与延安进行对比,勾勒出一个中国两重天的图景。"有官皆墨吏",是人所共知的国民党政府的腐败现实;"无屎不黄金",则形象地讴歌了解放区人民自力更生、奋发图强的精神。

颈联交错地写敌我双方。蒋介石为了包围和消灭共产党领导的八路军等,切断解放区与外地区的联系,"炸桥挖路",还美其名曰"为团结"。而中国共产党则代表人民的利益要"夺地争城",要"针锋相对,寸土必争"! 此联对仗工谨,词语铿锵。

末联表明中国共产党人"针锋相对"的目的是要建立人民当家做主的新中国。"三座大山"使得全中国"遍地哀鸿",留给中国人民的只有血和泪;而革命则在于唤醒民众,让民众求得解放。"一念救苍生",表达了中国共产党人崇高的精神境界,是最概括又最具体的表述。

再从艺术手法上看,本诗具有以下明显特色:

一、运用对比手法,简洁明了地表明中国共产党不会任蒋介石政府的所谓"法统"摆布,所以要"无法无天",但我们不是为私,"是为民"。两相对比,一为私,一为公,黑白鲜明,铿锵有力。"重庆有官皆墨吏,延安无屎不黄金",写出国统区到处都是贪官污吏,而解放区,则没有粪土不使之变成黄金为民所用的。一黑暗,一光明;一灾难,一幸福,正义属谁,不言而喻。

二、运用成语、俗语、常用话等,言简意赅。"有田有地"、"无法无天"、"无屎不黄金"、"炸桥挖路"、"夺地争城"(又作"争城夺地"),"遍地哀鸿"、"苍生"等,在诗中无不显得概括简练,而又意义明确。

这首诗从内容上来说是政论,但由于诗人运用了强烈对比的艺术手法,读起来并不显得枯燥,反而富有诗意了,使人读后印象深刻,成为不可多得的好诗。

五 律

张冠道中^①

一九四七年

朝雾弥琼宇^②,征马嘶北风^③。
露湿尘难染^④,霜笼鸦不惊^⑤。
戎衣犹铁甲^⑥,须眉等银冰^⑦。
踟蹰张冠道^⑧,恍若塞上行^⑨。

【注释】

这首诗根据抄件刊印,首见于中共中央文献出版社 1996 年 9 月版《毛泽东诗词集》。

①1947 年 3 月中旬,胡宗南指挥国民党军 14 万余人,向中共中央所在地延安发动进攻。3 月 18 日晚,毛泽东率领中共中央机关撤离延安。随后,他在陕北延川、清间、子长、子洲、靖边等县转战。张冠道,是他当时转战中经过的一条道路。

②琼宇:即玉宇,指天空。

③征马:战马。嘶北风:在怒号的北风中长鸣。

④露湿尘难染:寒露打湿黄土地,尘土难以沾染衣物。

⑤霜笼鸦不惊:冷霜笼罩长空旷野,群鸦都静悄悄不躁不惊。

⑥戎衣犹铁甲:军服因雾沾露湿而结冰,像铁衣一样又重又硬。

⑦须眉等银冰:胡须眉毛都像树挂一样结成银冰。

⑧踟蹰:徘徊不进,形容行进迟缓。

⑨塞上:边远地区。这里指我国北方长城内外。

182

【赏读】

　　这首五言律诗叙写的是在张冠道上经过一夜跋涉，拂晓时所见到的行军情景。

　　首联写景状物，描绘了一幅英武而艰苦的塞上行军图。"朝雾弥琼宇，征马嘶北风"，写的应该是一个晴天的早晨，雾气弥漫，军容雄壮，战马嘶鸣，一支部队在凛凛北风中行进。

　　颔联写霜露。露湿霜重，景物中衬托出行军者在强敌面前的沉着心态，路上尘土不扬，山间鸦鹊不惊，大地清静安宁。"尘难染"、"鸦不惊"说明霜露之浓重。这些衬托出行军中在强敌面前的沉着心态。

　　颈联继续写自然环境，天气寒冷之极。"戎衣犹铁甲，须眉等银冰"，行军是十分艰苦的，战士的衣衫被汗水露气浸湿，因夜寒风冷，衣衫都冻上了，像铁甲那样硬梆冰凉，眉毛、胡髭都沾上了银色的严霜。这种状况酷似唐代诗人岑参描写的边塞情景，如："将军角弓不得控，都护铁衣冷难着"、"马毛带雪汗气蒸，五花连钱旋做冰，幕中草檄砚水凝"等。

　　末联写行军虽举步维艰，但战士们的精神是乐观的。"踟蹰"极言张冠道行军艰难，战士们转战艰苦。"恍若塞上行"，暗示作者由此联想到了古代那些写边塞军旅生活的豪迈悲壮的诗篇，极含蓄地抒写了战士们豪壮的情怀，也给读者留下了广阔的想象空间和余韵无尽的情致。

　　本诗的特点在于集中笔墨渲染转战张冠道中某一天早晨的气候特点及这种气候造成的种种情景，反映了转战中艰辛境况和作者的乐观精神。

五律·张冠道中〈1947年〉

五 律

喜闻捷报

1947年中秋步运河上,闻西北野战军收复蟠龙作①。

秋风度河上②,
大野入苍穹③。
佳令随人至④,
明月傍云生。
故里鸿音绝⑤,
妻儿信未通。
满宇频翘望,
凯歌奏边城⑥。

【注释】

这首诗根据抄件刊印,首见于中共中央文献出版社1996年9月版《毛泽东诗词集》。

①蟠龙,在延安城东北70多里,是一个古镇。

②度:通渡,过的意思。

③大野:一望无际的原野。入:溶进。苍穹:即苍天。

④佳令:美好的节令,这里指中秋节。

⑤鸿音绝:音信已断绝。"鸿"即大雁,《汉书·苏武传》载有大雁传书之事。

⑥凯歌奏边城:1947年8月,西北野战军在陕北取得沙家店战役胜利,9月中旬,又收复青化砭、蟠龙等城镇。

【赏读】

这首诗写中秋节之夜在运河边散步时"喜闻捷报"的快意心情。

首联写陕北广阔苍茫的原野景色。"秋风度河上，大野入苍穹"，出语遒劲，声势磅礴地描写了陕北地区广阔的原野与天相接的阔大境界。

颔联写佳节明月。"佳令随人至，明月傍云生"，切合中秋题意，描写月夜美景。作者采用拟人手法，写中秋节似乎特意伴随人心情而来，透露出作者喜悦的心情。

颈联写思亲。"故里鸿音绝"，写作者佳节想念江南故里的亲人；"妻儿信未通"，写作者想到了远在苏联而又音信渺茫的亲人贺子珍与李敏母女俩。正所谓"每逢佳节倍思亲"。但因战争的阻隔，不是"鸿音绝"，就是"信未通"。这一联的情调低沉婉约，感情凝重真挚。

尾联切入诗题。"满宇频翘望"，作者在翘望和期盼什么呢？"凯歌奏边城"，前线终于传来的捷报，距延安不远的蟠龙已经收复，"凯歌"，作者的喜悦之情跃然纸上，诗的激情由此进入高潮。本诗标题为《喜闻捷报》，诗前小序也说"中秋步运河上，闻西北野战军收复蟠龙作"，可是全诗除最后一句有"喜闻捷报"的意思外，其他都未写捷报之事，但读后仍觉切题，这就是作者采用了篇末点题的艺术手法。

五律·喜闻捷报〈1947年〉

人民解放军占领南京①

一九四九年四月

钟山风雨起苍黄②，
百万雄师过大江。
虎踞龙盘今胜昔③，
天翻地覆慨而慷④。
宜将剩勇追穷寇⑤，
不可沽名学霸王⑥。
天若有情天亦老⑦，
人间正道是沧桑⑧。

【注释】

这首诗最早发表于人民文学出版社 1963 年 12 月版《毛主席诗词》。

①人民解放军占领南京：解放战争后期，国民党反动派在接连惨败之余，一面玩弄"和谈"阴谋，一面收拾残部，编练新军，准备反扑。当时国内一些民族资产阶级右翼分子在帝国主义者的指使下，胡说什么"穷兵黩武总要不得"，吁请共产党接受国民党的假"和平"。国外一些好心的朋友也反对人民解放军打过长江去，担心导致帝国主义出兵干涉，引起新的世界大战。在这革命的紧要关头，毛泽东高瞻远瞩，于 1949 年元旦向全党、全军、全国人民发出号召：将革命进行到底！鉴于国民党政府最终拒绝按照我党提出的条件在和平协定上签字，4 月 21 日，毛泽东主席和朱德总司令发出《向全国进军的命令》，号令全军坚决、彻底、干净、全部地歼灭中国境内一切敢于抵抗的国民党反动派，解放全国。我人民解放军百万大军在西起江西九江，东至江苏江阴，长达五百公里的战线上，分三路强渡长

江,以雷霆万钧之势,彻底摧毁了敌人苦心经营达三个半月之久的千里江防,并乘胜向前推进。4月23日,人民解放军占领南京。毛泽东同志在接到捷报后,挥笔写下此诗,并由中央军委用电报发往前线,极大地鼓舞了全军指战员和全国人民。

②钟山:在南京东郊。东西长约7公里、南北宽约3公里。有三峰,主峰高约448米。山势险峻,蜿蜒如龙。因多紫页岩层,阳光映照,远望浮金耀紫,故亦名紫金山。风雨:指政治形势。苍黄:同"仓皇"。急速,急遽。《说文》:"仓,谷藏也。苍黄取而藏之,故谓之仓"。段注:"苍黄者,匆遽之意,刘获贵速也"。杜甫《新婚别》:"誓欲随君去,形势反苍黄"。宋蔡梦弼注:"谓行役之急也"。

③虎踞龙盘:形容地理形势优异。《太平御览》卷156《州郡部》二《叙京都》下引晋张勃《吴录》记汉末诸葛亮赞秣陵(今南京)山阜曰:"钟山龙盘,石城虎踞,此帝王之宅"。后人常用此形容南京山川形势。踞,蹲坐。盘,蜷伏。今胜昔:语出《南史·李膺传》:梁武帝问曰:"今李膺何如昔李膺(东汉)?"膺对曰:"今胜昔"。另北周庾信《哀江南赋》:"昔之虎踞龙盘,加以黄旗紫气,莫不随狐兔而窟穴,与风尘而殄瘁"。宋辛弃疾《念奴娇·登建康赏心亭呈史留守致道》:"虎踞龙蟠何处是?只有兴亡满目"。元萨都剌《满江红·金陵怀古》:"空怅望,山川形胜,已非畴昔"。皆谓南京今不如昔。本篇反其意,讴歌南京的新生、解放,今非昔比。

④天翻地覆:喻指政治形势的巨大变化。唐刘商《胡笳十八拍·第六拍》:"天翻地覆谁得知?"慨而慷:犹"慷慨"。感慨而激昂。曹操《短歌行》:"慨当以慷,忧思难忘"。韩愈《卢郎中云夫寄示送盘谷子诗两章歌以和之》:"闭门长安三尺雪,推书扑笔歌慨慷"。皆有忧患感慨意。与作者本诗抒发感情有别。

⑤宜将:应以。剩勇:余勇。《左传·成公二年》载,齐将高固独自闯入敌阵,举石掷人,擒获敌军武士,夺其战车乘之,又连根拔一桑树系于车后,回齐营炫耀道:"欲勇者贾余余勇!追穷寇:《孙子·军争》:"归师勿遏,围师必阙,穷寇勿迫,此用兵之法也。"《后汉书·皇甫嵩传》:"兵法(《司马兵法》):穷寇勿追,归众勿追。今我追国,是追归众、追穷寇也。困兽犹斗,蜂虿有毒,况大众乎!"本诗反其意而用之,抒发了作者要消灭国民党反动派,解放全中国,将革命进行到底的决心和信心。

⑥沽名:沽,买。指猎取虚名。霸王:即项羽(前232~前202年),出身于楚国贵族,秦朝末年,与刘邦同时起兵反秦。秦亡之初,项羽军事实力最强,完全可以消灭潜在的对手刘邦。但他却听信项伯之言,为了博取一个

"义"的名声,轻易放过了刘邦。后来反被刘邦所灭,落了个全军覆没、乌江自刎的可悲下场。详见《史记·项羽本纪》。在我人民解放军渡江战役前,国际国内都有人建议我党与国民党划江而治,某些别有用心的人甚至认为我党不如此便不够伟大,以上两句诗,亦针对这些议论而发。

⑦天若有情天亦老:语出唐李贺《金铜仙人辞汉歌》:"衰兰送客咸阳道,天若有情天亦老。"

⑧人间正道:指人类社会发展的客观规律。沧桑:沧海桑田的略语。晋代葛洪《神仙传》卷七《麻姑》载麻姑语:"接待以来,已见东海三为桑田。"后人用此典,易"东海"为"沧海"。唐储光羲《献八舅东归》:"沧海成桑田。"全句指人类社会发展的规律即在巨大的变革中前进。

【赏读】

此诗脍炙人口,既是一首史诗,又是一首喻理诗,更是一首诗化的革命进行曲。

首联以历史纪实铺展,"钟山风雨"和"百万雄师"都是博大的意象,描绘渡江战役解放南京的宏大场面,宛如新闻报道的续篇,尽显渡江雄师的凛凛威风,其进军气势如"倒海翻江",以夸张的手法盛赞解放军士气高昂,摧枯拉朽。

颔联的视域进入了一个今与昔、天与地的巨大时空,激情昂扬地赞颂了南京解放所取得的历史性胜利,抒发了革命者面对重大历史转折的激情。

颈联是全诗的主旨和灵魂。一个"宜"字令文势陡转,进入一个颇富哲理性思辨的艺术之境。作者一反古来用兵之道,看到敌巢虽捣,穷寇犹在,于是号召"宜将剩勇追穷寇",要乘胜对敌人实行无情的穷追猛打,将革命进行到底,彻底消灭江南的败寇残敌,直至解放全中国。作者以霸王项羽对政敌宽容仁慈而自取灭亡的历史典故,继续提醒全军将士"不可沽名学霸王",要汲取霸王失败的教训,不能为了获得一个"和平"的虚名,不能因为看到敌人惨败而对敌人"有情",反而给敌人"养好创伤"东山再起的机会。

尾联运用辩证唯物主义和历史唯物主义的观点,对全诗的思想做出哲理性的总结。作者借用李贺诗句"天若有情天亦老"而自出新意,说明纵然上天有悲悯之情,也同样衰老无力,不能挽救蒋介石腐朽政权灭亡的命运。只有人类社会的发展和前进才是像沧海变桑田一样不可改变的客观规律,所以说"人间正道是沧桑"。

纵观全诗,引史入诗,以诗喻理,融会贯通,气势宏伟,意境开阔哲思深邃,引人凝想。最末一句点出诗眼,切入主题,为贯注于全诗的浓郁诗情在深刻的哲理中给予美满的收合。如果说《七律·长征》是红军的赞歌,那么这首七律就是人民解放军的赞歌。

七律·人民解放军占领南京〈1949年〉

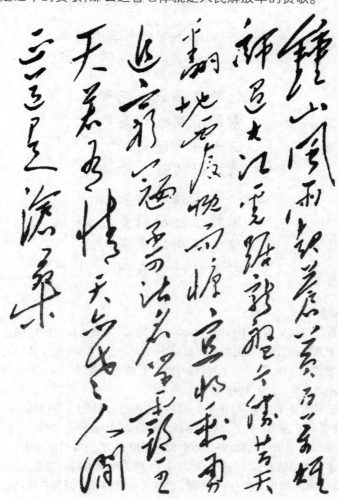

(七律·人民解放军占领南京)

189

七 律

和柳亚子先生①

一九四九年四月二十九日

饮茶粤海未能忘②，
索句渝州叶正黄③。
三十一年还旧国④，
落花时节读华章⑤。
牢骚太盛防肠断⑥，
风物长宜放眼量⑦。
莫道昆明池水浅⑧，
观鱼胜过富春江⑨。

【注释】

　　这首诗最早发表于《诗刊》1957 年 1 月号，诗题为《七律·赠柳亚子先生》，未署写作日期；人民文学出版社 1963 年 12 月版《毛主席诗词》，将诗题中"赠"改为"和"，并加上写作时间"一九四九年夏"。1964 年 9 月上海第三次印刷本，改为"1949 年 4 月 29 日"。

　　①和柳亚子先生：柳亚子(1887—1958)江苏吴江人。初名慰高，字安如，改字亚庐、弃疾、亚子。1906 年加入同盟会。1909 年办"南社"，任社长。1924 年加入中国国民党，曾任孙中山总统府秘书、上海通志馆馆长、中国国民党中央监察委员。"四一二"政变后，因受反动当局的搜捕，逃往日本一年。1928 年回国，进行反蒋活动。1941 年 5 月因谴责国民党反动派制造"皖南事变"，被国民党开除党籍。抗日战争胜利后，在香港继续从事民主革命活动，任中国国民党革命委员会中央常务委员兼监察委员会主席、三

民主义同志联合会中央党常务理事、中国民主同盟中央执行委员。1949
年出席中国人民政治协商会议第一届全体会议。建国后,曾任中央人民政
府委员、全国人大常委会委员。1958 年 6 月 21 日在北京病逝。1949 年 2
月,毛泽东电邀在香港的柳亚子先生北上,参加筹备中国人民政治协商会
议。3 月 18 日,柳偕夫人到达北京。25 日,毛泽东同志亦自石家庄飞抵。其
时,柳因对各民主党派和民主人士间的某些矛盾感到无能为力,又因急欲
至香山碧云寺孙中山灵堂一奠而苦无专车,颇有牢骚,遂于 28 日夜作诗
向毛泽东吐诉,且表示希望回家乡隐居。毛泽东同志阅后即指示有关方面
对柳的生活问题作了妥善安排,让其由东交民巷六国饭店迁入颐和园居
住。4 月 29 日,又作本诗对柳委婉劝说。

②饮茶粤海未能忘:粤海指广州。此句回忆作者 1926 年与柳亚子在
广州的交往。1926 年 5 月,柳亚子(时任国民党中央监察委员)赴广州出席
国民党二届二中全会,同作者初次会面。蒋介石向全会提出了"整理党务
案",旨在排斥共产党,夺取国民党党权。在这次会议上,毛泽东同志反对
陈独秀的右倾投降主义,坚持反蒋的革命立场,何香凝、柳亚子支持了这
一立场。关于此次交往,柳亚子 1941 年有《寄延安毛主席兼柬林伯渠、吴
玉章、徐特立、董必武、张曙时诸公》诗一首,中有"粤海难忘共品茶"之句。
关于这次交往为什么给二人如此深刻印象,陈迩冬先生 1987 年 5 月 28
日在《人民日报》发表《一代风骚》加以介绍,略谓:国共第一次合作时,国
民党召开第一次全国代表大会,毛泽东当选为国民党候补中央委员,代宣
传部长;柳亚子任中央监察委员会委员。亚子原与陈英士交好,知道英士
手下的那个蒋某的底细,其人善变,忽去忽来……今手握军权,实不可靠。
亚子便先与恽代英谈,献计以非常手段除掉此人。恽代英说,共产党相信
群众,不重视个人,搞群众运动,不搞阴谋,即不主张柳的做法……柳又与
毛泽东同上茶楼细谈。毛泽东也和恽代英一样说法,而且认为这样会损害
国共合作。柳云:"你们不听我的话,将来是要上当的。"因此大会尚未开
完,柳便拂袖回吴江了。所以毛诗"牢骚太盛防肠断",即指昨天,又指今
天,可谓一语双关。

陈迩冬在文末写道:"以上情况系亚子先生亲口对我所言。后之笺注
毛、柳诗者,可以参酌考证。"

③索句渝州叶正黄:索句:向人索要诗词。渝州:即重庆。隋文帝开皇元
年(581)改楚州置渝州,治所在巴县(今重庆)。叶正黄:谓时值秋季。唐杜甫
《和裴迪登新津寺寄王侍郎》:"吟诗秋叶黄"。毛泽东同志于 1945 年 8 月至
10 月曾到重庆,和国民党当局进行了 43 天的和平谈判。在此期间,柳亚子

先生请求毛泽东同志为《长征》写诗,毛泽东手书《沁园春·雪》一首于其纪念册上。这是二人广州分手之后再度相逢,柳诗《一九四五年八月三十日渝州曾家岩呈毛主席》有"阔别羊城十九秋,重逢握手喜渝州"之句。

④三十一年还旧国:旧国,即旧都。此指北京。自1918年毛泽东同志首次到北京,至1949年北京解放中共中央机关进入北京,已有三十一年。

⑤落花时节:指暮春。语出杜甫《江南逢李龟年》:"落花时节又逢君"。华章:精彩的辞章。此指柳亚子先生所呈之感事诗。

⑥牢骚太盛:指柳亚子先生感事诗中因事所发牢骚。

⑦风物:本指自然风光与景物。此兼指社会上一切事物。长宜:随时应该。放眼量:放开眼界去衡量,不应斤斤计较个人得失。

⑧莫道:不要说,不要以为。昆明池:即昆明湖。在颐和园内。湖面约220公顷。本为天然湖泊,经元郭守敬主持疏浚,成为元大都城内的水库。至明代,发展成为风景区。清乾隆十四年(1749)又大加开拓,形成现在的规模。乾隆皇帝取汉武帝在长安凿昆明池以习水战之故事,命名昆明湖。

⑨观鱼:用《庄子·秋水》中庄子和惠施"濠梁观鱼"的典故。富春江:在浙江省中部。是钱塘江从桐庐至萧山县闻堰段的别称。富春江上游有著名的"子陵滩",滩的左岸峡谷中有所谓"钓台",相传为东汉时隐士严光(字子陵)垂钓处。

附:柳亚子原诗

七　律

感事呈毛主席

开天辟地君真健,
说项依刘我大难。
夺席谈经非五鹿,
无车弹铗怨冯驩。
头颅早悔平生贱,
肝胆宁忘一寸丹。
安得南征驰捷报,
分湖便是子陵滩。

原注:分湖为吴越间巨浸,元季杨铁崖曾游其地,因以得名。余

家世居分湖之北,名大胜村。第宅为倭寇所毁,先德旧畴,思之凄绝!

【赏读】

毛主席写这首诗的时间是新中国即将要诞生的时刻,正是千头万绪,百事待理,忙得不可开交。就在 1949 年的 2 月,毛泽东电邀柳亚子这位著名民主人士、爱国诗人,从香港来北京,筹备新政协,共商建国大计。亚子先生于 2 月 28 日欣然北上,辗转于 3 月 18 日抵达北京。同月 25 日,毛泽东也从石家庄飞抵北京,柳亚子与其他一些民主人士同赴西苑机场迎接。当晚,毛主席在颐和园益寿堂宴请了他们。柳亚子因觉受到敬重,当晚异常高兴,即席赋诗三首。可没有几天,他又不高兴了,觉得对他安置不妥善,礼遇规格不太高,总之埋怨对他重视不够,而他作为老一代有影响的大文人并非浪得虚名,是有超群学识及才华的,而且为革命还出过力,或许他还懂一些谶纬学。他 1926 年在广州曾为恽代英献计,以非常手段除掉蒋介石以免后患,但当时正值国共第一次合作时期,恽代英不同意。于是他又与毛泽东上茶楼细谈。毛泽东的看法与恽代英是一致的,而且认为如此做会损害国共合作。柳亚子当场作出预言:你们不听我的话,将来是要上当的。由于上述情况,柳亚子怀以郁闷的心情写了《感事呈毛主席》一首七律诗以发心中牢骚,明确表示给他的政治地位及物质待遇与自己不相称,而且最后说要归隐家乡去作隐士。而那时毛主席刚到北京才 4 天,新中国马上又要成立,事情之繁重、头绪之万千简直令人难以想象。但毛主席仍抽出时间,在读完其诗后当即指示有关部门对柳亚子的生活问题作妥帖安排,让他马上从东交民巷六国饭店迁入颐和园内居住。

4 月 29 日,毛主席又作此和诗,委婉地对柳亚子进行了劝诫。5 月 1 日下午,毛主席又亲自去颐和园拜访柳亚子,并与他信步长廊,泛舟昆明湖,作恳切的长谈。5 月 5 日,即孙中山先生在广州就任非常大总统的纪念日,毛主席又偕柳亚子赴香山碧云寺拜谒孙中山的衣冠冢并合影留念,随后挽柳亚子夫妇去自己寓所共进午餐。在毛主席的关心下,柳亚子的思想有了转变,不闹情绪了,从此定居北京,愉快地工作。

这首诗深得酬答之体,它不仅是与柳亚子之间的私人唱和,也

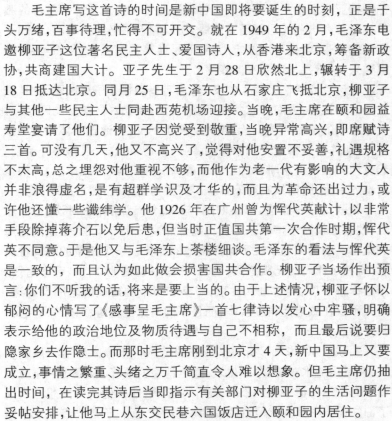

七律·和柳亚子先生〈1949年〉

极好地反映了毛主席对待知识分子的态度及策略。通过回忆与柳亚子先生交往的往事和对柳亚子先生的劝勉，表现了一代领袖以诚相待，对民主人士十分关心并委以重用的态度，同时还以诗之技艺向柳亚子阐释了更深的人生哲理。此诗不同于受革命事件的激发或对革命事业的回顾而发感慨，所以起首不必突兀着笔，中间不用翻腾挥毫，收处不用逸宕用墨，而是通篇平易近人，和煦可亲，娓娓道来，仿佛是与老朋友促膝谈心。

此诗首联回忆了两人的友谊。作者借用柳亚子重庆赠诗中"云天倘许同忧国，粤海难忘共品茶"的说法，唤起对方美好的回忆，激发起当年的革命热情。作者追述历史上的交往，通过具体细节的叙述，说明作者对柳亚子印象深刻，两人友谊"难忘"，显得格外亲切。起首两句虽不追求骈俪，但"饮茶粤海"，导冯延巳《抛球乐》："梅落新春入后庭，眼前风物可无情。"与"索句渝州"自然形成对偶。

颔联写今日重逢。"还旧国"与"读华章"用流水对法，自然流走，欣喜之情溢于言表。距上次离开北京三十一年了，这期间沧海变桑田，中国大地发生了翻天覆地的变化，一个简单的时间性概念，寄托了作者的无限感慨；这时，作者以领袖地位，以"赶考者"的谦虚谨慎态度，再次进入北京，与参加新中国建设的老朋友重逢，两人不仅在政治上再度合作，而且不同常人的是继续以诗词相交，其言甚欢。

颈联紧承"华章"，针对柳亚子的诗意，"牢骚太盛"与"风物长宜"又是用流水对法，自然生发，直达诗境的顶峰。柳亚子的牢骚发端于对生活待遇条件的不满，是个小牢骚，所以他的归隐想法表现了旧知识分子具有代表性的狭隘脆弱的一面，于是作者以一个伟大领袖的非凡气度，站在历史和时代的高度上，依托于共产主义人生观，劝诫柳亚子先生看待问题和处理问题要持正确的方法，而且要"放眼量"，不仅看到现在，也要看到未来；不仅看到自己，也要看到国家。此两句，表现了作者对老朋友深切的体恤和关注，但写来却是风华有致，意蕴深远，似平易婉转，而寓意深刻。

尾联引出"昆明池"与"富春江"，收势自然，委婉含蓄，同时结在实处，既符合眼前生活环境，又针对所和诗句原意，是含蓄深情地劝导亚子先生不要回去归隐田园当隐士。这个劝导是通过比喻而说出的。以"昆明湖"指代北京,以表作者想让柳亚子留在北京加入新政的工作之切切心意;又以"富春江"(东汉高士严子陵曾在此垂钓归隐,拒不接受光武帝刘秀所赐的高官)循循相劝:在富春江观鱼还是不如昆明湖好吧。不仅如此相劝,而且诗人还已将柳亚子先生安排住进了颐和园。

通观全诗,自然贴切、深厚、温煦;感情真挚,荡人肺腑,言浅意远,语短情长,达到了雅俗共赏,含义隽永的艺术高度。这首诗超越了一般只涉及个人生活范围的"酬答诗"。它在双方深厚的友情中,显示出博大的胸怀和恢宏的气度;在谆谆的规劝中,表达出高度的政治原则性。因为句句言于肺腑,诚于中而形于外,章法严谨,流转自如,跌宕百出,自然浑成,正所谓"好诗圆转如弹丸"。"牢骚太盛防肠断,风流长宜放眼量"作为全诗的诗眼,不仅是劝诚柳亚子先生,其他人读来,也觉意味深远。

七律·和柳亚子先生〈1949年〉

(七律·和柳亚子先生)

毛泽东诗词全集赏读

诗词

毛泽东

在新中国时期的诗词
1949 年 – 1976 年

五　绝①

赞"密使1号"②

一九五零年一月上旬

惊涛拍孤岛③，碧波映天晓。
虎穴藏忠魂④，曙光迎来早。

【注释】

本诗是根据《名人传记》1999年第四期等资料新近公开的一首毛主席五言绝句诗。随着海峡两岸逐渐解密的资料，尤其是中共"密使一号"吴石将军的资料公开，毛主席的这首五言绝句诗得已公开于世。这也是毛泽东惟一的一首赞扬我党我军情报战线英雄的诗。

①五绝：简称"五绝"。每句五字，每首四句，共二十字。要用律句，一般押平韵。与七绝相反，五绝以首句不用韵的为正体，首句用韵的为变体。

②"密使一号"：指我华东局情报部门插入在台湾国民党军队核心高层中的地下工作者——吴石将军。吴石（1894—1950），1949年8月15日，福州解放在即。蒋介石手谕电召吴石速赴台湾，吴石赴台前，中共地下组织给他的代号为"密使1号"。吴石抵台后，就任国民党国防部参谋次长。1950年6月10日，被叛徒出卖在台北从容就义。临刑前望着大陆方向说："台湾大陆都是一家人，这是血脉民心。几十年后，我会回到故里的。"为了表彰吴石将军为祖国统一大业作出的特殊贡献，1973年周恩来总理力排众议，在毛主席的支持下，由国务院追认吴石将军为革命烈士。

②惊涛：暗指地下工作者时时身处在一种惊涛骇浪般的险恶环境之中。孤岛：指台湾。

③虎穴藏忠魂：赞扬打入在敌人内部的吴石将军"身在曹营，心在汉"的一片赤胆忠心。

　　1950年1月上旬的某一天,军委作战部长李涛将几份绝密军事情报送到了毛主席手中。主席特别对那份《关于组织全国性游击武装的应变计划》边看边在上面用红蓝铅笔标上不同的记号。怪不得最近各地土匪活动猖獗,原来是这位蒋总裁在那里同我们捣鬼呢!主席一阵自言自语后,很感兴趣地问作战部长:"这样机密的情报,你们是怎么搞来的哟?"

　　"报告主席!"李涛即刻答道,"是华东局情报部专程派人送来的。他们最近派去一位秘密特派员,而且还是个女同志,与国民党军队的一位上层人士'密使1号'接上了头。这情报就是那位上层人士提供的。"

　　"哦,"毛泽东十分认真地听完,看样子很高兴。"这位秘密特派员,还有那位国民党军队中的'密使1号',都很能干哟!我建议,一定要给他们记上一功哟!"

　　"是,主席!我马上向总参传达您的指示。"

　　作战部长正要转身离去,又被毛泽东叫住:"慢走,我要亲自写几句话给你带去。"

　　只见主席沉吟片刻,便坐到办公桌前,挥笔在红竖格信纸上写下了几行苍劲的大字:惊涛拍孤岛,碧波映天晓。虎穴藏忠魂,曙光迎来早。

　　主席写好这几句话,交给作战部长:"你回去,别忘了给他们记功哟!⋯⋯"

　　吴石(1894–1950),字虞薰,号湛然,闽侯螺洲吴厝村(今福州仓山区螺洲镇)人,少时在"螺洲公学"旁听,后入福州师范附属小学读书,毕业后考入福州开智学校,又转学福州格致学校。1911年辛亥革命爆发,翌年参加学生北伐军。不久入武昌第二武备学校炮科学习,毕业考时各科成绩皆列第一,被保荐入保定军校炮科,1916年,以第一名的成绩毕业。1917年,吴石回闽入第十一混成旅,参加驱逐军阀李厚基活动,后到广东,入"征南军",为上尉参谋,第二年到张贞的"民军"为混成旅工兵大队兼副连长,不久升少校参谋。1924年为何遂的第十四师军械处处长,之后先后任南苑干部学校上校教官、第四师参谋长、北伐军总部作战科长等职。北

毛泽东诗词全集赏读

伐结束,方声洞回闽主政,委吴石为军事厅参谋长,不久被保送日本陆军大学学习,第二年改任参谋本部处长,专事日本情报研究,著有《日本作战判断》等书,为日本问题研究专家。1936年获少将军衔。抗战爆发后,吴石受命起草《对日第三次会战计划》和《昆仑关大战计划》,两战皆捷,日军为之胆寒。1942年,吴石升中将衔,回重庆入军政部任主任参谋兼部长办公室主任。

抗战胜利后改任中央军事机构改组委员会秘书组组长,1946年任国防部史料局局长。吴石在研究史料中,还认真地研读毛泽东的《论持久战》等著作,对中共颇有心仪,认为真正在抗日救国的是中国共产党。在国防部任职的同乡吴仲禧是中共地下党员,两人交往甚密。不久吴仲禧介绍吴石参加"民联",直接受中共地下党员何遂(解放后,何任华东军政委员会司法部长)领导,单线联系,以其中将的特殊身份为掩护,为解放战争的胜利做出了巨大的贡献。

1948年底,朱绍良主闽,调吴石为福州绥靖公署中将副主任。

1949年8月15日,福州解放在即。蒋介石手谕电召吴石速赴台湾,吴石赴台前,中共地下组织给他的代号为"密使1号"。吴石抵台后,就任国民党国防部参谋次长。

朱枫,女,1905年生,华东局情报部情报员。原名桂凤,改名湛之,浙江镇海城关朱家花园(今宁波市镇海区)人。出身富裕家庭。1914年入县立高级女子小学,1921年入宁波女子师范学校。1925年"五卅"惨案发生,带头参加反帝爱国活动。1937年"七·七"抗战开始,投入抗日救亡活动。1939年秋,与爱人朱晓光(解放后为上海市新华书店首任经理)赴皖南新四军军部,设随军书店。1940-1942年,在抗日战争最困难时期,先后坚持在新知书店和书店桂林办事处工作。1941年夏,化名周爱梅,三次进入上饶集中营,探望和设法营救皖南事变时被捕的朱晓光,晓光于次年春越狱成功归队。1944年初至沪,参加书店驻沪办事处筹组同丰商行。10月,同丰商行遭敌破坏,曾被捕押于日本宪兵队,经受酷刑,守口如瓶,后经组织营救出狱。1945年春加入中国共产党,调至中共华中局在沪贸易机构经理财务,兼管情报部门经费,巧妙周旋于国民党经、军、警上层人物之间,保护党的事业和同志安全。1948年秋,调香港。新中国成立后,奉命去台湾执行秘密任务。

1949 年 11 月 27 日，朱枫从香港抵台，到吴石将军的寓所，从他手中接过全是绝密军事情报的缩微胶卷。内有：《台湾战区战略防御图》；最新编绘的舟山群岛，大、小金门《海防前线阵地兵力、火器配备图》；台湾海峡、台湾海区的海流资料；台湾岛各个战略登陆点的地理资料分析；海军基地舰队部署、分布情况；空军机场并机群种类、飞机架数。另外，还有《关于大陆失陷后组织全国性游击武装的应变计划》等。几天后，这批情报迅速通过香港传递到华东局情报局。

由于叛徒出卖，1950 年 6 月 10 日，吴石将军，这位中国共产党的忠实朋友，甘为中国人民的解放、祖国的统一而赴汤蹈火，视死如归的勇士在台北从容就义。与他一起就义的还有朱枫以及吴石的亲密朋友"联勤总部第四兵站总监"陈宝仓中将，亲信随员聂曦上校。

为了表彰吴石将军为祖国统一大业作出的特殊贡献，1973 年周恩来总理力排众议，在毛主席的支持下，由国务院追认吴石将军为革命烈士。

吴石将军的夫人王碧奎一起被捕，后被判刑 9 年，关在台北监狱。吴石将军临终前，在遗书中表达了对夫人的无限思念："余与碧奎结婚，壮年气盛，家中事稍不当意，便辞色俱厉，然余心地温厚，待碧奎亦恪尽夫道，碧奎既能忍受余之愤怒无怨色，待余亦甚亲切，卅年夫妇，极见和睦，此次累及碧奎亦陷羁缧绁，余诚有负渠矣。……思之不禁泪涔下矣！"

1950 年 6 月 10 日，吴石在台北从容就义。临刑前望着大陆方向说："台湾大陆都是一家人。这是血脉民心。几十年后，我会回到故里的。"

吴石将军牺牲时夫人王碧奎身边有一个上中学的小女儿和才6 岁的小儿子，大儿子和大女儿都留在祖国大陆。王碧奎一直到1959 年秋天才从台北监狱出来，生活相当贫困。1970 年她的小儿子考到美国的大学半工半读，1980 年她辗转抵美与儿同住，1993年 2 月 9 日以 90 岁高龄在洛杉矶去世。王碧奎留在祖国大陆的大儿子退休前曾任河南省政协副主席，大女儿从北京中国中医研究院退休。

根据吴石和王碧奎的临终遗嘱,1994 年,在台北当老师的小女儿捧来了爸爸的骨灰,小儿子从美国带来了妈妈的骨灰,兄弟 4 人将父母合葬于北京香山,让他们的在天之灵相聚在祖国的首都。大儿子说:"父亲为新中国献出了自己的生命,母亲也坐了 9 年牢,新中国的首都是他们最向往的地方,只有在这里他们才能安息。"

【赏读】

本诗开句"惊涛拍孤岛":即从惊涛骇浪中的台湾岛联想到我地下工作者在极其险恶环境之中对敌斗争的艰辛。这里的"孤岛"既指台湾岛又指我深入虎穴的"孤胆英雄"。

第二句"碧波映天晓":用"碧波"喻我人民战争的汪洋大海即将战胜蒋介石反动集团的全国大好形势。"天晓"表达了在诗人的心中解放台湾已是势在必行之举。

第三句用"不入虎穴,焉得虎子"的典故,高度赞扬我地下工作者对党对人民的一片赤胆忠心以及对敌人的英勇无畏的精神。

末句,"曙光迎来早"紧扣上联"碧波映天晓"句,再次豪迈地预言"祖国统一"的"曙光"必将来临。

综观全诗,前后呼应,情景交融;爱憎分明,言简意赅;更兼豪气冲天,胜券在胸。实为伟人信手拈来之作(但用律上并没严格按照"平起仄韵偏格"要求)。

五绝·赞『密使 1 号』〈1950 年〉

浣溪沙①

和柳亚子先生②

一九五零年十月

1950年国庆观剧,柳亚子先生即席③赋浣溪沙,因步其韵奉和④。

长夜难明赤县天⑤,
百年魔怪舞翩跹⑥,
人民五亿不团圆。
一唱雄鸡天下白⑦,
万方乐奏有于阗⑧,
诗人兴会更无前⑨。

【注释】

这首词最早发表于《诗刊》1957年1月号。发表时以词牌为词题。收入1963年版《毛主席诗词》时,由作者增加了词题。

①浣溪沙:唐教坊曲。四十二字,上片三平韵,下片两平韵,过片二句多用对偶。别有《摊破浣溪沙》,又名《山花子》,上下片各增三字,韵全同。双调,同调。

②和柳亚子先生:1950年10月3日晚,来北京参加国庆盛典的各少数民族代表在中南海怀仁堂向中央人民政府和毛泽东暨党和国家、人民解放军的其他领导人献礼、献旗致敬。隆重的献礼仪式结束后,各少数民族文工团表演了精彩的文艺节目。观看演出时,柳亚子正好坐在毛泽东的前排,毛泽东同志高兴地说:"这样的盛况,亚子先生为什么不填词志盛?我来和。"柳即当场填《浣溪沙》一首。次日,毛泽东同志写了这首和词。

③即席：当场。

④步韵：严格遵照别人诗词原作的韵脚及次序来写和作。奉和：和人诗词时习用的敬辞说明语。

⑤赤县：指中国。语出《史记·孟子荀卿列传》引述齐人驺衍语："中国名曰赤县神州。"

⑥百年：指从1840年鸦片战争到1949年中华人民共和国成立的百多年间。魔怪：妖魔鬼怪。喻在中国横行的帝国主义者、封建官僚和官僚资本主义者。舞翩跹：苏轼《后赤壁赋》："梦一道士，舞衣翩跹。"翩跹，轻快、轻盈的舞姿。全句谓百年间中国大地上群魔乱舞，狂欢肆虐。

⑦一唱雄鸡天下白：语出李贺《致酒行》："雄鸡一声天下白。"唱：指鸡鸣。

⑧万方：指全国各民族、各地区。乐奏：音乐演奏。借指晚会歌舞，1958年12月21日，毛泽东同志在文物出版社大字本《毛主席诗词十九首》的书眉上批注："这里误置为'奏乐'，应改。"于阗：古西域国名。在今新疆和田。此处指代新疆各民族。

⑨诗人：兼指作者自己和柳亚子先生。兴会：兴致。无前：前所未有。

附：柳亚子原词

浣 溪 沙

　　十月三日之夕于怀仁堂观西南各民族文工团、新疆文工团、吉林省延边文工团、内蒙文工团联合演出歌舞晚会，毛主席命填是阕，用纪大团结之盛况云尔！

火树银花不夜天。
弟兄姊妹舞翩跹。
歌声唱彻月儿圆(原注)。
不是一人能领导，
那容百族共骈阗？
良宵盛会喜空前！

　　原注：新疆哈萨克族民间歌舞有《圆月》一歌云。

【赏读】

这是新中国建国一周年后的第一个国庆日。是年 10 月 3 日晚，全国各少数民族代表在中南海怀仁堂隆重欢聚向毛主席及其他党、政、军领导人献礼、献旗，以表各族人民对毛主席和新中国的热爱。献礼仪式结束后，各少数民族文工团联合演出了文艺节目。观看演出时，柳亚子先生正好坐在毛主席的前排。毛主席兴致勃勃地对他说："这样的盛况，亚子为什么不填词以志盛呢？我来和。"于是柳亚子即席赋《浣溪沙》一首，"用以纪大团结之盛况云尔！"（柳亚子这首《浣溪沙》一词的题序之末句）呈送后排的毛主席。第二天，毛主席果然用毛笔在宣纸上手书了这首和词，回赠柳亚子。

毛主席这首诗有很高的艺术浓缩性。仅用一首小令，通过新旧社会的强烈对比，愤怒地控诉了旧中国的黑暗统治，热情地歌颂了中国人民获得解放和全国各族人民的大团结。

上阕从远处入笔描写黑暗旧中国的情状。"长夜难明赤县天"，以象征的手法写黑暗的旧中国如处在漫漫长夜中。"难明"，极言人民期望摆脱黑暗统治的殷切心情。"百年魔怪舞翩跹"，比喻帝国主义者、封建统治阶级、官僚资产阶级及其帮凶在中国横行无忌与张狂一时。

自 1840 年鸦片战争起，中国逐渐陷入了半封建半殖民地社会，帝国主义者、封建统治阶级、官僚资产阶级及其帮凶在中国大地上如群魔乱舞，横行霸道，无恶不作，以致"人民五亿不团圆"。"人民五亿不团圆"有两种解释：一是五亿中国人民饱受苦难，流离失所，家破人亡，不能团聚。二是指旧中国的上层统治者和帝国主义者相勾结，搬弄是非，破坏各民族的团结，使五亿人民不能够团结。

下阕笔锋一转，诗人心情大变，景物豁然明朗。第一句化用李贺《致酒行》中"雄鸡一声天下白"，虽典出唐人之诗句，但心意更为壮阔高远，仅改一个"声"字为"唱"字，不仅意境更美，而且诗人将自己的情怀及感受以革命浪漫主义的形式植入其间。犹如郭沫若所说："这点石成金的飞跃性点化，表现着时代的飞跃、思想的飞跃、艺术的飞跃。"（见郭沫若《一唱雄鸡天下白》一文）

接着是"万方乐奏有于阗"，于阗古时指西域的国名，这里代指新疆各民族。毛主席用"于阗"二字不但押了一个很难押的韵脚，而且也表现出了丰富的中国古代历史、文化、地理等知识，运用起来轻松自如，自然流利。紧接着又引出最后一行大欢乐、大开怀的心情：台上是歌舞不断，台下是诗人唱和，一幅乐陶陶的欢欣鼓舞的画面不禁跃然目前。

全词采用上下两阕鲜明对比的艺术手法，在情感上给人以非常强烈的感受。上阕写旧中国、旧时代的状况，下阕写新中国、新时代的欢乐；上阕色彩十分暗淡，下阕色彩则非常明朗。这首诗还有一个艺术特色值得注意。即全诗字数不多，但使用的数词却有三处，"百年"、"五亿"、"万方"这些数词表现了毛诗一贯伟岸的特征，同时在诗中也起到了布局安排上的完整性、统一性及历史性。

浣溪沙·和柳亚子先生〈1950年〉

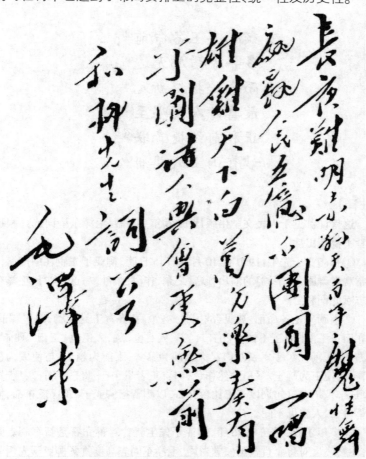

(浣溪沙·和柳亚子先生)

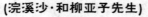

207

浣溪沙

和柳亚子先生①

一九五零年十一月

颜斶齐王各命前②，
多年矛盾廓无边③，
而今一扫纪新元④。
最喜诗人高唱至⑤，
正和前线捷音联⑥，
妙香山上战旗妍⑦。

【注释】

这首词首见于人民文学出版社 1986 年 9 月版《毛泽东诗词选》。根据作者手稿刊出。

①和柳亚子先生：1950 年 10 月 4 日、5 日晚，柳亚子先生在中南海怀仁堂观看舞剧《和平鸽》的演出，欣赏之余，作《浣溪沙》一首。次月，毛泽东同志赋此词和之。

②颜斶齐王各命前：典见《战国策·齐策》："齐宣王见颜斶，曰：'斶前！'斶亦曰：'王前！'宣王不悦。左右曰：'王，人君也。斶，人臣也。王曰"斶前"，斶亦曰"王前"，可乎？'斶对曰：'夫斶前为慕势，王前为趋士，与使斶为慕势，不如使王为趋士。'王忿然作色，曰：'王者贵乎？士贵乎？'对曰：'士贵耳！王者不贵！'"这句词以齐王比蒋介石，以颜斶指柳亚子。蒋氏反革命，柳氏革命，二人政见不同。

③多年矛盾：早在 1926 年，柳亚子先生就曾骂蒋介石是新军阀。此后，他始终反对蒋介石暨国民党当局。毛泽东同志高度赞扬柳亚子先生坚持正义，不畏强权的斗争精神。早在 1937 年 6 月 25 日毛泽东同志于致何

香凝书中即曰:"看了柳亚子先生题画,如见其人,便时乞为致意。像这样有骨气的旧文人,可惜太少,得一二个拿句老话叫做人中麟凤……"在1944年11月21日致柳亚子先生的信中又说:"十八年中,你的灾难也受得够了,但是没有把你压倒,还是屹然独立的,为你并为中国人民庆贺!"廓:广大。

④一扫:一扫而空。承上"多年矛盾"而言。纪新元,指中华人民共和国的诞生。古老中国的新生。

⑤高唱:高妙的词作。指柳亚子先生的原唱《浣溪沙》。

⑥前线捷音:前方的捷报。当指抗美援朝第二次战役胜利的消息。在此次战役中,我志愿军采取诱敌深入的方针,将敌诱至定州、香积山、新兴洞、妙香山等我预定作战地域,突然实施战役反击,收复了"三·八"线以北的大部分失地,扭转了朝鲜战局。本句谓柳亚子先生的高唱和朝鲜前线胜利的捷报互相呼应、联袂而至。

⑦妙香山:朝鲜西北部山脉名。东北—西南走向。海拔1000米。主峰妙香山,海拔1909米。妍:美丽。

附:柳亚子原词

浣 溪 沙

中央戏剧学院舞蹈团演出《和平鸽》,欧阳予倩编剧,戴爱莲女士导演兼饰主角,四夕至五夕,连续在怀仁堂奏技,再成短调,欣赏赞美之不尽矣!

白鸽连翩奋舞前。
工农大众力无边。
推翻原子更金圆。

战贩集团仇美帝,
和平堡垒拥苏联。
天安门上万红妍!

【赏读】

首句借用"颜斶齐王各命前"的历史典故,高度概括国共两党间长期存在的政治分歧，并且指出，这个矛盾已多年"廓无边"。"而今一扫纪新元"，这里的"一扫"，就是彻底扫除"多年矛盾"，彻底改变"颜阏齐王各命前"的状况，彻底推翻"三座大山"。上阕寥寥三句，对新民主主义革命中的主要矛盾以及革命的最终结局，作了形象性的概括。

下阕承"新纪元"，转入写填词时的国内形势。首句"最喜诗人高唱至"，点题上的"和"字。"最喜"二字，直贯下三句，把柳亚子的词与抗美援朝的捷报相联系，柳亚子"高唱""战贩集团仇美帝，和平堡垒拥苏联"，是一喜；与柳亚子的词联翩而来的，是朝鲜"前线捷音"频传，更是大喜。中国人民有能力创造新纪元，保卫和平，也有能力把战旗插到朝鲜的妙香山上。

"妙香山上战旗妍"与柳词"天安门上万红妍"相应和，表明这面红旗既是爱国主义之旗，也是国际主义之旗。全词从大处着墨，境界宏阔，意寓深远。纵横历史，从旧时代说到新纪元，说到妙香山，由国内到国外，概括力强在自然平易中流露出诗人博大的胸襟，具有极强的艺术感染力。

◇毛泽东手迹
向雷锋同志学习

*浪淘沙*①

北 戴 河②

一九五四年夏

大雨落幽燕③,
白浪滔天,
秦皇岛外打鱼船④。
一片汪洋都不见⑤,
知向谁边⑥?

往事越千年⑦,
魏武挥鞭⑧,
东临碣石有遗篇⑨。
萧瑟秋风今又是⑩,
换了人间⑪。

【注释】

这首词最早发表于《诗刊》1957年1月号。

①浪淘沙:又名《卖花声》。五十四字,上下片各四平韵,多作激越凄壮之音。《乐章集》名《浪淘沙令》,上下片首句各减一字。后来又演变为《浪淘沙慢》,共一百三十四字,分三段,第一、二段各四仄韵,第三段两仄韵,须用入声韵。

②北戴河:在河北秦皇岛市西南15公里。因戴河流经其境而得名。海滨南临渤海,背依联峰山,西起戴河口,东至鹰角石,长约10公里,宽约2

211

公里。境内岗岭相连,风景秀丽,松柏葱郁,凉爽宜人;海岸漫长曲折,滩面平缓,沙子细软,海水清澈。是天然的海滨浴场,避暑胜地。1954年夏,毛泽东同志在北戴河。一日,海滨狂风大作,急雨横飞,浪涛汹涌。毛泽东兴致勃勃要下海游泳,警卫人员以风浪太大,竭力劝阻。毛泽东豪迈地说:风浪越大越好,可以锻炼人的意志。他坚持下海在波浪翻涌的海滨畅游了一个多小时。上岸后,欣然命笔,蹴就此词。

　　1962年4月21日,毛泽东同志谈《浪淘沙·北戴河》一词写作缘由时说:"李煜写的《浪淘沙》都属于缠绵婉约一类,我就以这个词牌反其道行之,写了一首奔放豪迈的,也算是对古代诗坛靡弱之风的抨击吧。"(见林克《忆毛泽东学英语》)

　　③幽燕:《尔雅·释地》:"燕曰幽州"。幽,幽州,上古九州之一。古幽燕之地,约相当于今北京、河北北部及辽宁一带。

　　④秦皇岛:在河北东端,邻接辽宁。为突出海中之半岛,岸呈弓形,广阔可避风,系天然良港。世传秦始皇求仙出游、曾驻跸于此,故名。1949年设市,北戴河在其辖区。

　　⑤汪洋:水势浩渺无际。

　　⑥向:往。谁边:哪边,哪里,何处。

　　⑦往事:指公元207年曹操北征乌桓胜利凯旋,途经碣石,登山观海,赋诗言志的事。事情已经过去一千七百多年了。千年,举其概数。

　　⑧魏武:即曹操(155—220年)。三国时期著名政治家、军事家和文学家。东汉末,他在镇压黄巾农民起义军的战争中逐渐扩大军事实力,自建安元年(196年)起控制汉献帝,挟天子以令诸侯,先后削平黄河流域割据诸雄,统一了中国北方。封魏王。其子曹丕以魏代汉称帝后,追尊他为武帝。挥鞭:挥动马鞭。指率军出征。

　　⑨临:到。碣石:在河北昌黎县城北,东距渤海仅15公里,为燕山余脉。一说碣石山在北戴河外,北魏已沉入渤海。据史载,秦始皇、汉武帝、曹操都曾登临观海。遗篇:留传下来的诗篇,即《观沧海》。汉献帝建安十二年(207年)秋,曹操北征乌桓,南归时曾登临碣石,以观沧海,写出了组诗《步出夏门行》。其二《观沧海》有"东临碣石,以观沧海","秋风萧瑟,洪波涌起"诸句。

　　⑩萧瑟秋风:化用曹诗"秋风萧瑟"句。萧瑟:秋风吹拂草木之声。

　　⑪换了人间:指历史社会发生了翻天覆地的变化。

毛泽东诗词全集赏读

【赏读】

这首词是毛泽东在北戴河雨天观海之作，诗人在这旷邈的美景中既写出了目前的景致，也透发出英雄独立的慷慨及阵阵怀古之幽思，这就是本篇主旨。

词一开始就给人们展现出雄浑壮阔的自然景观。"大雨落幽燕"一句排空而来，给人以雨声如鼓箭的感觉；继之以"白浪滔天"，更增气势，写出浪声如雷如山的汹涌澎湃，"大雨"、"白浪"，一飞落，一腾起，相触相激，更兼风声如吼，翻云扫雨，推波助澜，真是声形并茂气象磅礴，这情景较之曹诗中"水何澹澹，山岛竦峙"，"秋风萧瑟，洪波涌起"的晴日所见更令人惊心动魄。

后三句则显示视线由近而远的渐次推移，极富层次感。"秦皇岛外打鱼船"回应开头一句的"幽燕"，点明地点，又与题目相吻合。"打鱼船"、"一片汪洋都不见，知向谁边"的意境或许取材于古人对大海惊涛骇浪的描写，但《浪淘沙》是小令，不直铺叙，用精炼的设问句式写出，化实为虚，以简驭繁，真乃神来之笔！与其说是写人写船，不如说是以小衬大，将较小的意象置于广阔巨大的空间之中，进一步烘托渲染"白浪滔天"的威猛旷悍，突出风雨中的海天莫辨、浩茫混沌、旷荡无崖的景象，从而扩大作品的空间容量，显示出一种寥廓深邃的宇宙感。

词的下片先发思古之幽情，以一句"往事越千年"倒转时空，展现历史的画面。"魏武挥鞭，东临碣石有遗篇"恰似一幅生动、传神的剪影，简括而鲜明地勾勒出曹孟德当年策马扬鞭、登山临海的雄姿。"挥鞭"是一个典型的蕴藉丰饶的动态意象，作为片段过程，它概括了人物驰骋沙场、南征北战的戎马生涯；作为瞬间动作，它显示了人物沉雄豪放、威猛英武的性格特征。"遗篇"指曹操的《观沧海》诗，"东临碣石"乃该诗首句，引入词中，化"我"为"他"。

"曹操是一个很有本事的人，至少是一个英雄"（鲁迅《魏晋风度及文章与药及酒之关系》）。他同时又是一位著名的文学家，其诗"气雄力坚，足以笼罩一切。"（清刘熙载《艺概·诗概》），表现了他的政治抱负、雄才大略和进取精神，同时也反应了汉末人民的苦难生活，开建安文学风气之先。

"萧瑟秋风今又是，换了人间"两句，由思古幽情回到现实中。

浪淘沙·北戴河〈1954年〉

"萧瑟秋风"承"遗篇"写出,因为"遗篇"中有"秋风萧瑟,洪波涌起"这样的句子。"今又是",是说秋风萧瑟今天依旧,似乎同魏武帝那时的萧瑟秋风一样。"换了人间"是说尽管萧瑟秋风相似,但人类社会却发生了翻天覆地的变化,这四个字融进了丰富的历史内容,也是对劳动人民当家作主的新时代的歌颂。

综观全诗:写景抒情,寓情于景,情景交融,是这首词的特色。上阕主要写景,但间有抒情,如"知向谁边?"就倾注了作者对渔民的关心之情。下阕先抒怀古之情,从"往事越千年"起,然后赞今。写往事是为了更好地抚今事,也就是用历史来衬托现实。可见时代不同人们的政治意向与思想境界也不同,古往今来的历史人物,较之无产阶级的人民大众,不过是沧海一粟而已。

(浪淘沙·北戴河)

214

七 律

和周世钊同志①

一九五五年秋

春江浩荡暂徘徊②，
又踏层峰望眼开③。
风起绿洲吹浪去④，
雨从青野上山来⑤。

尊前谈笑人依旧⑥，
域外鸡虫事可哀⑦。
莫叹韶华容易逝⑧，
卅年仍到赫曦台⑨。

【注释】

这首诗抄录于 1955 年 10 月 4 日致周世钊的信中，随信最早公开发表于人民出版社 1983 年 12 月版《毛泽东书信选集》；人民文学出版社 1986 年 11 月版《毛泽东诗词选》据以收录，题作《和周世钊同志》，乃编者代拟。

①和周世钊同志：周世钊(1877—1976)，字惇元，又名敦元、东因，湖南宁乡人，毛泽东同志早年在湖南省立第一师范学校读书时的同学、挚友，新民学会会员。长期从事教育工作。时任湖南省教育厅副厅长兼湖南省立第一师范学校校长。1955 年 6 月 20 日，毛泽东同志游罢湘江，同周世钊一起登上岳麓山。周世钊事后给毛泽东的信中，附诗若干首，其中有一首

《七律·从毛主席登岳麓山至云麓宫》。毛泽东同志接信后，于10月4日写了回信，信中说："读大作各首甚有兴趣，奉和一律，尚祈指教"。

②春江浩荡：据萧永义《毛泽东诗词对联辑注》："每年六、七月间，也就是农历五月端阳节前后，湘江中下游照例要涨一次到几次大水，湖南人叫做端阳水。1955年6月20日，毛泽东同志在湘江中游泳，正遇上这样的大水，故有'春江浩荡'之句"。暂徘徊：唐骆宾王《同辛簿简仰酬思玄上人林泉》诗四首之三："林泉恣探历，风景暂徘徊。"徘徊：留连往来。

③又踏层峰：指登岳麓山。望眼开：谓登高望远，视野为之开阔。岳飞《满江红》："怒发冲冠，凭栏处、潇潇雨歇。抬望眼，仰天长啸，壮怀激烈。"

④绿洲：指橘子洲。吹浪：唐包估《对酒赠故人》："风吹浪不回。"

⑤雨从青野上山来：即景纪实。据周世钊《难忘的一天》记载：当天下午二时，毛泽东、周世钊等在望湘亭午餐。饭后，下了一阵小雨。

⑥尊前：尊，同"樽"，酒杯。尊前，指筵席上。人依旧：指友情依旧。韦应物《淮上喜会梁川故人》："欢笑情如旧。"此似亦有赞友人历尽沧桑，报国为民初衷不改，"骏骨未凋"（作者1949年10月15日致周世钊信中语）之意。

⑦域外鸡虫事可哀：域外：指中国以外的世界。鸡虫：杜甫《缚鸡行》：小奴缚鸡向市卖，鸡被缚急相喧争。家中厌鸡食虫蚁，不知鸡卖还遭烹。虫鸡于人何厚薄？吾叱奴人解鸡缚。鸡虫得失无了时，注目寒江倚山阁。"明王嗣奭《杜臆》："鸡得则虫失，虫得则鸡失，世间类此有甚多，故云'无了时'。"清卢元昌《杜诗阐》："叱奴解缚，使虫鸡得失自还虫鸡，于虫不任怨，于鸡不任德。……天下皆可作虫鸡观，我心何必存虫鸡见也。"

全句谓世上某些事如鸡虫得失一样毫不足道，人们为这些事勾心斗角是可悲的。

⑧莫叹韶华容易逝：白居易《香山居士写真》："勿叹韶华子，俄成皤叟仙。"韶华：指美好的青春年华。

⑨卅年仍到赫曦台：毛泽东同志1925年秋自韶山赴广州，途经长沙，曾游岳麓山、橘子洲，作《沁园春·长沙》，至此次岳麓重登，恰好过了三十年。

附：周世钊先生原诗

七 律
从毛主席登岳麓山至云麓宫

一九五五年六月

滚滚江声走白沙，
飘飘旗影卷红霞。
直登云麓三千尺，
来看长沙百万家。
故国几年空兕虎，
东风遍地绿桑麻。
南巡喜见升平乐，
何用书生颂物华。

七律·和周世钊同志〈1955年〉

【赏读】

　　1955 年 6 月，诗人毛泽东来到长沙，6 月 20 日这一天，阴雨绵绵，湘江水涨，但已六十二岁的毛泽东依然豪兴不减，他在一群早年的旧友的陪伴下从河东猴子石下岸，在湘江中击水一个多小时，才在河西朱张渡上岸。游完泳后，又登上岳麓山。其中有一位是他早年的同学和好朋友，当时任湖南省教育厅副厅长兼省第一师范学校校长的周世钊。后来，周世钊将自己所作的《七律·随从毛主席登岳麓山》及其它几首诗词寄呈毛主席。毛主席于当年 10 月 4 日回信说："读大作各首甚有兴趣，奉和一律，尚祈指正。"

　　这首和诗情谊深长而又活泼隽永。作者心胸坦荡，思想开朗，对生活有信心，对前途充满信心，对朋友怀有深情。此诗在写景中抒情，借写景寄托寓意。其情调和风格犹如小河流水，清新明快而又屈曲宛转，读来似乎一览无余，品赏却又意味无穷。

　　诗人先从暮春初夏的长沙湘江畔风景写起。第一句"春江浩荡暂徘徊"，描写了诗人与友人一道畅游湘江的愉快心情。由于"风景这边独好"，诗人想在一江春水里再流连一会儿，好风景总是让人

217

难以离去，让人徘徊流连的。因此才有骆宾王的"林泉姿探历，风景暂徘徊"的诗句。

接着诗人"又踏层峰望眼开"，诗人一行人又登上了年轻时不知登临了多少遍的岳麓山，放眼望去，碧野绿水，风景青翠，视野开阔。然后三、四句细细描绘了远眺暮春风景的姿容。这是一种可见的但难以言表的美景，但在诗人笔下却写得轻松、自然、美不胜收。春风起于湘水中的橘子洲，和煦的春风吹着一圈圈波浪远去了，恰似唐诗中的"风吹浪不回"。"风起绿洲吹浪去"，那么什么又向诗人迎面扑来呢，依然是春风伴着细雨，从青青的碧野上吹送到岳麓山头诗人伫立眺望的地方，诗人不禁随口吟出："雨从青野上山来"。这二行中"起、吹、去、从、上、来"六个动词用得简直犹如神助，妙不可言而灵动俱在。

前四句写完风景后，再由景到情，抒发感慨。第五、六句，写诗人及友人在山间把酒临风，畅叙友谊的情状。诗人似乎回到了年轻时代，他曾在湘江畔、橘子洲、岳麓山立下的誓言——理想与宏愿如今都一一兑现。诗人不禁又感到"今日得宽余"的舒畅愉悦，与友人笑谈，信步山间或坐看风月。但就在诗人觉得幸福(享受友情的幸福)的同时，却不由得想到了他早年另一个挚友萧瑜。他曾与诗人多次在湖南境内"游学"，并共同发起新民学会，萧瑜还任过总干事。后来他同毛主席在如何改造中国和世界的观点上发生了重大分歧。他走上了另一条道路——一个自由主义者的道路。后来，他又投奔了国民党，当了国民党的官。最后他沦落到盗卖故宫博物院的文物并携款逃往国外。解放后一直侨居海外，后定居并客死于乌拉圭。一想到这位年轻时代也曾有过理想和抱负的朋友，如今却落得这个下场，诗人不觉吟道："域外鸡虫事可哀"，"鸡虫"出自杜甫《缚鸡行》一诗，后来鲁迅先生也写过"白眼看鸡虫"一句。毛主席在与周世钊等老友叙谈说到萧瑜时只好喟叹萧瑜那小人在境外的行事实在令人悲哀呀。

最后二行是典型的毛诗中结尾时爱流露的昂扬之声。诗人劝勉大家但更重要的是劝勉自己。不要感叹青春年华这么容易流逝，要想想我们曾经是"风华正茂"的同学少年啊，虽然时光飞逝，转眼我们都老了，但老人更应发奋而起，"老骥伏枥，志在千里，烈士暮年,壮心不已。"不是吗?30 年后的今天,我们又登临了岳麓山上的赫曦台。而这 30 年中,中国发生了多大的变化,"旧貌换新颜"。诗人在最后一行中将心情调整到了最佳处。早年的理想终得以实现,诗人以一派王者风范又登上了赫曦台并遥望"江山如此多娇",遥想今后更加轰轰烈烈的人生及斗争。全诗在此为读者留下了无穷的余韵。

　　该诗也可说是毛主席写得最好的感物咏怀诗之一。其文辞之美,意境之美,抒情的朴实与深厚,以及全篇形神俱在的唐音读来确令人流连忘返,不胜唏嘘。

七律·和周世钊同志〈1955 年〉

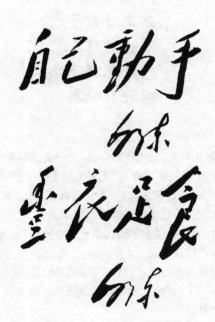

◇**毛泽东手迹**
自己动手　丰衣足食

五　律
看　山①
一九五五年②

三上北高峰③，
杭州一望空。
飞凤亭边树④，
桃花岭上风⑤。
热来寻扇子⑥，
冷去对佳人⑦。
一片飘飖下⑧，
欢迎有晚鹰。

【注释】

①这首诗首见于林克《忆毛泽东学英语》一文，题《登北高峰》；录入陈晋《毛泽东的文化性格》、胡忆肖等《毛泽东诗词白话全译》、王永盛等著《毛泽东的诗词艺术》。诗题或作《三上北高峰》。1993 年第 6 期《党的文献》首次据毛泽东同志手稿刊印。诗题据以录正。

②在《党的文献》据毛泽东手稿刊印此诗之前，诸家著述皆作"一九五九年十一月"。今据以录正。

③北高峰：在杭州灵隐寺后，与南高峰相对峙。海拔 314 米。自山下有石磴数百级，盘折三十六弯通山坝。在北高峰及其附近有飞凤亭、桃花岭、扇子岭、美人峰诸名胜。

④飞凤亭：见注③。

⑤桃花岭：见注③

⑥扇子：作者自注：扇子岭。

⑦佳人：作者自注：美人峰。

⑧飘飘：同"飘摇"，飘荡、飞扬貌。此指鹰翔之态。《党的文献》刊印此诗之前，录载之著述皆作"一片飘飘下"，今据以录正。

【赏读】

　　1954年底开始，诗人到浙江莫干山和杭州等处度假。他游兴很高，接连攀登了南高峰、北高峰、五星顶、莫干山等处。《看山》与《莫干山》、《五云山》等诗作，均出自此时。登高览胜的五律诗，极有层次地表达了作者登高赏景的愉悦心情。

　　关于毛泽东写作这首诗的情况，曾在主席身边任过国际秘书和英语教师的林克回忆："他是一位有伟大胸襟的人，也是具有极为洒脱的浪漫性格的人……毛泽东经常是在刚刚起床、在入睡前、在饭前饭后、在散步乃至踏青秋游晒太阳时学习。记得那还是1959年11月的事了(编者注：回忆时间可能有误见注释②)。当时京华已是枫叶如丹，气温变冷。但杭州还是三秋桂子，十里花，仍然十分妩媚。毛泽东到杭州后心情极佳，他接连攀登了北高峰、南高峰、玉皇顶、莫干山。一日，他登上北高峰，诵诗一首：'三上北高峰，杭州一望空，飞凤亭边树，桃花岭上风，热来寻扇子，冷去对美人，一片飘飘下，欢迎有晚莺。'吟罢，他安然翻开了英文课本。现在既不热也不冷，只有学习喽。真是人生潇洒莫如毛泽东！"

　　根据林克的这段回忆，我们可以看到当毛主席即兴口赋这首诗时的愉快心情，他已深深地沉浸在杭州美丽的风景之中了。这也是毛主席写得很好的一首诗，在古典之中透出某种现代诗的敏感，写得看似随便，却独有创意。

　　该诗首联写曾多次登上北高峰，眺望杭州城。"三上"，表明登北高峰已不止一次。北高峰林木葱郁，雾霭缭绕，恍若仙境。北高峰最高处海拔约三百一十四米，站在峰顶，眺望杭州，一览无余，所以作者说"杭州一望空"。

　　颔联写游览的具体景点。飞凤亭、桃花岭都是诗人曾驻足之处。飞凤亭并非有凤，桃花岭也并非无树，在这里作者运用了互文见义的手法。一树一凤，各有特色，也足以展示诗人的游览兴致。

　　颈联写作者的联想。这里的"热"和"冷"并非实指夏季和冬季。

是作者看见扇子岭、美人峰后的联想。作者运用拟人化的手法,把扇子岭和美人峰写得十分形象具体。

尾联写"看山"以后事。从眼前的山景写到空中的晚鹰,由相对的静景写到雄鹰飞翔的动景。"一片飘飖下",是说从地面望去,空中飞翔的雄鹰在晚空巨大的背景衬托下,给人以"一片"落叶的感觉。"下",从高空而下,是"飘飖"的方向。作者十分善于联想,把从高空而下归巢的晚鹰看作是来"欢迎"自己。表现了作者观察的细致,感受的细腻。

这首五律诗中间构联全用对仗,严整工稳,用韵宽泛。语言自然流畅,毫无雕凿之痕。首联总起写登高,二、三联写北高峰附近名胜;尾联交代游览时间,主旨明确,层次分明。颈联风趣,尾联飘逸,作者闲适愉悦的心境,跃然纸上。

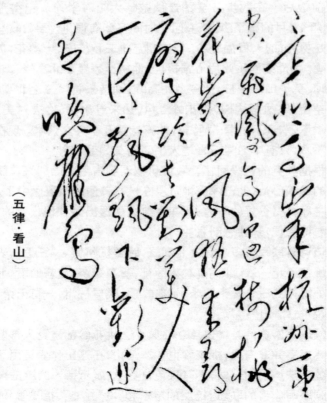

（五律·看山）

七 绝
莫 干 山①

一九五五年②

翻身复进七人房③，
回首峰峦入莽苍④。
四十八盘才走过⑤，
风驰又已到钱塘⑥。

【注释】

①莫干山：在浙江德清县城西北。相传春秋时，莫邪、干将夫妇为吴王阖闾所召，在此铸剑，剑就身亡，后人以其名名山。山周长50余公里，主峰高718.9米。盛夏凉爽如秋，为避暑胜地。此诗流传情况略同《五律·看山》。在1993年第6期《党的文献》据毛泽东同志手稿刊印前，诗题均作《看山》，今据以录正。

②在《党的文献》刊印此诗前，录载此诗的著述均将写作时间误为"一九五九年十一月"，今据以录正。

③七人房：指作者使用的卧车，可坐七人。

④莽苍：亦作"苍茫"。野色迷茫貌；亦指一碧无际的郊野。《庄子·逍遥游》："适莽苍者，三餐而返，腹犹果然"。成玄英注："莽苍，郊野之色，遥望之不甚分明也。"

⑤四十八盘：泛写曲折盘旋的山间公路。

⑥钱塘：旧县名，这里指杭州市。

【赏读】

这首诗所作的时间同写杭州风光《五律·看山》的时间差不多

223

七绝·莫干山〈1955年〉

是同时,都在 11 月内,是诗人离开莫干山时口赋描写杭州郊外德清县境内的山峦景色,流露了作者游览后的愉快心情。

我们在这里再来看看林克同志所回忆的毛主席写这首《七绝》的经过:"又一天,他攀上莫干山,归途中我们乘坐的汽车经过钱塘江大桥时他余兴未尽,口赋一绝:'翻身跃入七人房,回首峰峦入莽苍。四十八盘才走过,风驰又已到钱塘。'诵毕,又拿起那本英文教程,带着几分乡音开始了外文朗诵。此时,他的情怀与这山、这景融为一体,他的声音也与山中的啾啾鸟鸣汇成了别致的合唱。"

此诗第一行就写得饶有风趣,把上车的一个动作写成"翻身跃入"极具灵动、敏捷;而"七人房"却以诙谐的笔调来写可乘坐七人的小轿车,也生动有趣。

第二句写上了车后,回头再望莫干山苍茫空濛的风景的感受,而车已开始向前驶去,一路盘旋下山。

第三句是写莫干山的山势,曲折盘旋,用"四十八盘"来形容峰回路转,并非真的刚好就转了四十八盘。"才走过"是说轿车载着诗人及随行人员一路风尘下得山来。

最后一句,形容车速之快,仿佛一刹那间就风驰电掣般来到了杭州城。

综观全诗:这确是一首"快"诗,取用李白《早发白帝城》一诗的意境。刚上汽车,回首望去,莫干山已融入茫茫大地,才驶出山间公路,汽车就风驰电掣般的到了杭州。六十多公里的路程,转眼之间就走完了。此诗记录游览的行程,说明空间转换之快,颇有"千里江陵一日还"的意境。莫干山历来有"清凉世界"之称,山上有观瀑亭、塔山、竹林等许多景点,风景优美怡人。这首诗题为写山,但只着墨中间两句,而且写的是一片迷茫的远景,很显然,作者重点不是写山,而是写游山后的愉悦心情。这首诗也是伟人的一则生活剪影,记录了他在日理万机之外的潇洒旷达的情怀。

七 绝

五 云 山①

一九五五年

五云山上五云飞，
远接群峰近拂堤。
若问杭州何处好？
此中听得野莺啼。

【注释】

①五云山：杭州西湖群山之一，邻近钱塘江。据传因有五色彩云萦绕山顶经时不散而得名。这首诗首见于 1993 年第 6 期《党的文献》。

【赏读】

这首诗是作者攀登五云山后为赞美五云山而作。

首句从五云山的传说着笔，以山的名称起兴，写五云山上的五色彩云舒卷飘飞，五云山古有五色彩云常年缭绕的传说，诗借用传说，实写眼前所见景色。

次句写五色彩云飘飞的情状——远与五云群峰相接，近与西湖大堤相拂。五色彩云弥漫在整个西湖风景区的上空，西湖因之更加美了。

三、四两句意思更进一层。第三句轻松设问："杭州何处好"，笔锋跌宕摇曳，更便于拓展诗的意境。

结句"此中听得野莺啼"，使全诗的审美意境倍显升华。在缭绕的彩云中，娇莺婉转的啼鸣，有色有声，画意与诗意融汇，使五云山

225

更加令人神往。

　　整首诗语言自然畅达,清新恬静,充分表现出作者当时的心境是多么的轻松洒脱。

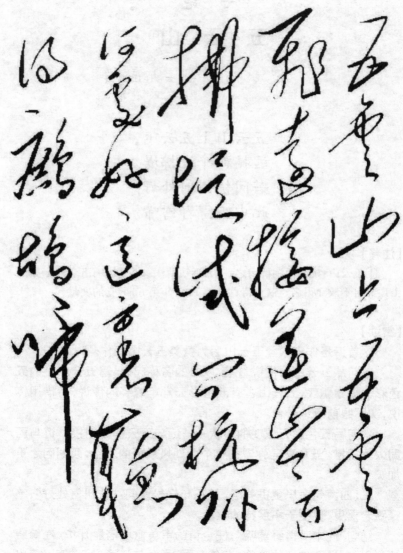

（七绝·五云山）

毛泽东诗词全集赏读

水调歌头①

游 泳②

一九五六年六月

才饮长沙水③,
又食武昌鱼④。
万里长江横渡,
极目楚天舒⑤。
不管风吹浪打,
胜似闲庭信步⑥,
今日得宽余⑦。
子在川上曰:
逝者如斯夫⑧!

风樯动⑨,
龟蛇静⑩,
起宏图。
一桥飞架南北⑪,
天堑变通途。
更立西江石壁⑫,
截断巫山云雨⑬,
高峡出平湖⑭。

神女应无恙⑮，
当惊世界殊⑯。

【注释】

这首词首次公开发表于《诗刊》1957年1月号。

①水调歌头：杨广凿汴河时作大曲《水调歌》，此为其"歌头"。九十五字，上下片各四平韵。

②游泳：1956年，毛泽东巡视祖国各地，5月底自长沙到达武汉。在武汉期间，他视察了长江大桥施工现场，并于6月1日、3日、4日三次畅游长江。此词为毛泽东同志畅游长江后所作。1956年12月，毛泽东将这首词书赠黄炎培、周世钊时，均题为《水调歌头·长江》。毛泽东同志墨迹，词末署"毛泽东1956年12月5日"字样，后改题为《水调歌头·游泳》。《毛泽东的读书生活》一书载林克《忆毛泽东学英语》一文，忆及1957年5月21日毛泽东学英语休息时说，《水调歌头·游泳》这首词是反映社会主义建设的。

③长沙水：作者自注。

民谣：常德德山山有德，长沙沙水水无沙。所谓长沙水，地在长沙城东，有一个有名的"白沙井"。

④武昌鱼：即湖北鄂城的团头鲂，以鲜美著称。《三国志·吴书·陆凯传》载，吴主孙皓自建业(今南京)迁都武昌(今鄂州)，陆凯上疏引童谣劝谏孙皓，童谣曰："宁饮建业水，不食武昌鱼。宁还建业死，不止武昌居。"毛泽东同志以上二句词化用此典，说明行程之速。

⑤极目楚天舒：极目：尽目力而望。楚天：武昌一带，为楚国故地，故称。柳永《雨霖铃》："念去去千里烟波，暮霭沉沉楚天阔。"舒：舒展。此指广阔。毛泽东同志在1957年2月11日致黄炎培先生书中说："游长江二小时漂三十多里才达彼岸，可见水流之急。都是仰游侧游，故用'极目楚天舒'为宜。"

⑥闲庭信步：在清静的庭院里悠然漫步。

⑦今日得宽余：谓暂时从紧张的工作中解脱出来，得以自由舒展，置身广阔的江天之中。

⑧子：指孔子(前551—前449)。名丘，字仲尼。古代著名思想家、政治家、教育家，儒家学说的创始人。子，乃尊称。川上：河边。逝者：去者。指光阴。如斯：如此。如流水。夫：文言感叹词。语见《论语·子罕》："子在川上，曰：'逝者如斯夫！不舍昼夜。'"借以抒发时不我待，自强不息，只争朝夕

的内在感情。

⑨风樯:樯,船桅。风樯,扬帆行驶的船只。周邦彦《西河·金陵怀古》:"怒涛寂寞打空城,风樯遥度天际。"

⑩龟蛇:龟山、蛇山。武汉长江大桥即建筑在这两座山之间。

⑪一桥飞架南北:指当时正在修建的武汉长江大桥。天堑:天然险阻。堑,壕沟。古人将长江视为"天堑"。《南史·孔范传》:隋师将济江,群官请为备防。范奏曰:"长江天堑,古来限隔,房军岂能飞渡?"李白《金陵三首》之一:"金陵空壮观,天堑净波澜"。这两句词的标点,初次发表时,如前所录。在收入《毛主席诗词十九首》和1963年版《毛主席诗词》时,这两句标点改为"一桥飞架,南北天堑变通途。"1966年4月,胡乔木向作者反映袁水拍的意见,提议将这两句的标点仍作"一桥飞架南北,天堑变通途。"

⑫西江石壁:指设想中的三峡水坝。

⑬巫山云雨:巫山,在四川巫山县东巫峡两岸。有十二峰,南北各六,夹岸屹立。最著者为北岸的神女峰。"巫山云雨"典出宋玉《高唐赋序》,序文说楚怀王尝梦与巫山神女交接,神女自称"旦为朝云,暮为行雨。朝朝暮暮,阳台之下。"后人多引为艳辞。毛泽东同志活用旧典,借指长江上游的洪水,盖洪水多为山雨所致。

⑭高峡:指长江三峡。西起四川奉节白帝城,东止湖北宜昌南津关,依次为瞿塘峡、巫峡、西陵峡,跨五县,长193公里。

以上三句,表达了词人治理长江、开发长江、修建三峡水利枢纽工程的远大理想。

⑮神女:巫山神女。相传为西王母之女,名瑶姬,称云华夫人;大禹治水时,曾助驱鬼神,斩石疏波。见宋范成大《吴船录》卷下转录巫山神女祠中石刻所引《镛城记》。无恙:无疾无灾。意即健在。

⑯殊:不同。以上二句为推想之辞。

【赏读】

毛泽东一生酷爱游泳,1925年所作《沁园春·长沙》中的"到中流击水,浪遏飞舟",便是诗人青年时代奋勇进取、劈波斩浪的艺术写照。毛泽东对长江也有着特殊的感情,繁忙的工作也难消除长江对他的魅力。他把浩瀚的长江比作天然的最好的游泳池,多次畅游长江。本词便是毛泽东1956年在武汉畅游长江时的感兴之作。

本诗起句"才饮长沙水,又食武昌鱼",翻旧时民谣,组成流水

水调歌头·游泳〈1956年〉

对,娓娓叙来。先记写巡视的行踪和心情。这里,"才""又"两个副词一气连贯,不仅是时间的连贯和空间的转换,也传达出一种风尘仆仆巡视各地的兴奋而又轻快的心情;"饮""食"两个生活细节相映成趣,显得兴致勃勃;"水""鱼"两种富有特色的湘湖风物,写来则亲切如见,情意拳拳。

1975年5月3日,毛泽东在一次政治局会议快结束时,顺口念了一首民谣:"无锡锡山山无锡,平湖湖水水平湖,常德德山山有德,长沙沙水水无沙。"然后解释《游泳》说:"我说'才饮长沙水',就是白沙井的水。武昌鱼不是今天的武昌,是古代的武昌,在现在的武昌到大冶之间,叫什么县,我忘了,那个地方出鳊鱼。所以说'才饮长沙水,又食武昌鱼'。孙权后来搬到南京,把武昌的木材下运南京,孙权是个能干的人。"三国时童谣言:"宁饮建业水,不食武昌鱼;宁还建业死,不止武昌居。"

这里诗人不露痕迹地运用上述两个古老歌谣,反映了两个城市风物的特色。饮水食鱼,本是生活琐事,但一经点化,便将质朴、亲切、愉快的情感传给了读者。毛泽东稍加改动,一反原意,读来亲切自然,意趣横生。十个字,不但生动地交代了诗人自己南巡从长沙来到武汉的行踪,而且透露了在日理万机之中的满怀豪情,抒发了对社会主义祖国无限深厚的感情。

接着,便以雄健的笔势,转入写游泳。"万里长江横渡,极目楚天舒",这既是对游泳的特定环境、空前壮举和豪迈意志的描写,更是一种心灵的呈现。两句词,万里江天,上下映衬,横渡纵目,情景交融。越是写出长江之大,就越是显示出词人藐视天堑的恢宏气度。

再三句,直抒游泳时的强烈感受:"不管风吹浪打,胜似闲庭信步,今日得宽余。"这里补写一笔大江景象,引出一个新奇的比喻,在动静两种环境的强烈对比中,用三层递进式的议论,酣畅地表达了在中流击浪前进的壮志豪情。前两句写游泳时的镇定和从容,后一句则写获得"自由"后的欣喜。这是解脱束缚的畅快,是长久渴望的满足,是俯仰自得的轻松,是驾驭风浪的喜悦。陈毅《冬夜杂咏·长江》曰:"有人雄古今,游泳渡长江,云此得宽余,宇宙莽苍苍。"正是为此词作了脚注。"今日得宽余"是上片的感情基调,是对着此游泳的总括。正是在这样的基础上，引出了上片的结句："子在川上曰：逝者如斯夫！"毛泽东有着深厚的古典文学根底，因此他能够非常熟练地掌握和运用古典诗词的多种表现手法进行写作。他不仅能将古人诗词或其他韵文成句入诗词，而且能以散文成句入词。上二句便是毛泽东游泳之际见长江逝水，联想而及孔子之语，乃一字不易地截取了《论语·子罕》篇中的成句，赋予崭新的意义，直接把中流搏击风浪同社会发展的普遍规律联系起来。这里既有对时光流逝的慨叹，又有对峥嵘岁月的怀念；既有对历史的追溯，又有对自然规律的探究；既有对生命的感悟，又有对世事人生的思索；既有感情的憧憬，又有只争朝夕、催人奋进的号角。总之，孔夫子这两句话的妙用，如此妥帖自然，不着斧凿痕迹，不仅加深了词的意境，而且意味更加隽永，这在古人诗词里也是十分罕见的。

词的下片又回到了眼前的实景，自然展开了长江建设的"宏图"。"风樯动，龟蛇静，起宏图。"换头三句，以"风"字起，紧接着前片意脉，瞩目两岸景色：江上是风吹千帆齐飞动，两岸是龟蛇二山静相望，进而转写中国人民在风浪滚滚的大江上，开始了实施全面改造长江的宏伟计划。一"动"一"静"，相映成趣。一"起"则耸然挺拔，发起新意，充分表现了今天中国人民建设祖国，改变山河的豪迈气概。以下又由眼前景象引起了对未来景象的展望："一桥飞架南北，天堑变通途。更立西江石壁，截断巫山云雨，高峡出平湖。"前两句，先就眼前最突出的大桥建设展开，写正在付诸实施的部分宏图。"飞"和"变"是写实，也是预期。寥寥两笔，不仅写出了大桥兴建的飞快速度，和即将见到的大桥凌空的雄伟形象，而且写出了一桥贯通大江南北的历史意义。"更立"三句，思绪遥远，神游三峡，一幅壮丽神奇的理想图景在词中展现出来。

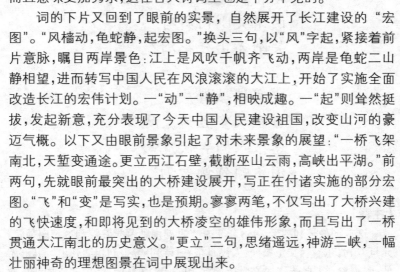

蝶恋花

答李淑一①

一九五七年五月十一日

我失骄杨君失柳②，
杨柳轻飏直上重霄九③。
问讯吴刚何所有④，
吴刚捧出桂花酒⑤。

寂寞嫦娥舒广袖⑥，
万里长空且为忠魂舞⑦。
忽报人间曾伏虎⑧，
泪飞顿作倾盆雨⑨。

【注释】

　　这首词最早刊载于 1958 年 1 月 1 日湖南师范学院院刊《湖南师院》元旦专刊。尔后，《文汇报》、《人民日报》、《诗刊》等报刊相继刊出。原题《游仙·赠李淑一》，收入人民文学出版社 1963 年 12 月版《毛主席诗词》时，改今题。

　　①答李淑一：李淑一，湖南人。是杨开慧 20 年代初在长沙私立福湘女子中学读书时的同学兼好友。1924 年，经杨开慧介绍，她与毛泽东的战友柳直荀结婚。解放后曾任长沙市第十中学语文教员。1950 年 1 月 17 日，李淑一给毛泽东同志写信，告知杨开慧烈士牺牲的情景及自己二十多年来在白区的痛苦生活。4 月 18 日，毛泽东复信曰："直荀牺牲，抚孤成立，艰苦备尝，极为佩慰。"1957 年 1 月，毛泽东诗词十八首公开发表。李淑一

想起毛泽东曾填过一首《虞美人》词赠杨开慧。但只记得头二句。于是写信向毛泽东索取词的全文,同时把她1933年写的怀念柳直荀同志的《菩萨蛮·惊梦》抄寄毛泽东。5月11日,毛泽东同志复信说:"大作读毕,感慨系之。开慧所述那一首不好,不要写了罢。有《游仙》一首为赠。这种游仙,作者自己不在内,别于古之游仙诗。但词里有之,如咏七夕之类。"所赠即此词。

②骄杨:杨开慧烈士(1901—1930),湖南长沙人。1921年加入中国共产党,在中共湘区委员会负责机要兼交通联络工作,后随毛泽东同志在上海、韶山、武汉等地开展工运、农运和妇运。第一次国内革命战争失败后,在长沙板仓一带坚持党的地下斗争。1930年10月,因叛徒告密而被国民党当局逮捕入狱,面对敌人严刑拷打,拒绝了敌人威逼利诱,充分表现了共产党人的坚贞气节。11月14日,在长沙识字岭英勇就义。毛泽东同志得知杨开慧遇难的消息,曾作祭文哀悼,在致杨开慧家人的信中,有"开慧之死,百身莫赎"之语。1963年3月,章士钊作《杨怀中别传》(杨怀中,杨开慧之父),有以下记述:"越二十余岁(指杨开慧烈士遇难二十余年后),毛公填词,有我失骄杨句。吾乃请益毛公,何谓骄?公曰:女子革命而丧其元,焉得不骄?"柳:李淑一的爱人柳直荀烈士(1898—1932),湖南长沙人。1923年加入中国共产党。1926年任湖南省政府委员、省农民协会秘书长。1927年参加八一南昌起义,后到上海、天津、北平从事党的地下工作。1928年12月任中共顺直省委秘书长。1929年任中共中央长江局秘书长及中央军委特派员。1930年后,任中国工农红军第二军团政治部主任兼红六军政委、红三军政委、中共鄂西分特委书记。1932年在洪湖根据地反对王明"左"倾冒险主义错误,被错打成"改组派",同年9月在湖北监利被错杀。1945年4月中共中央正式予以平反并追认为烈士。

③杨柳:双关语。既切二烈士的姓,又喻之为洁白的杨花柳絮。轻飏:轻盈飘扬。陶渊明《归去来兮辞》:"舟遥遥以轻飏,风飘飘而吹衣"。冯延巳《鹊踏枝》:"杨柳风轻,展尽黄金缕。"重霄九:即九重霄。

④问讯:探问。吴刚:神话传说中月宫斫桂树的仙人。唐段成式《酉阳杂俎》载:"旧言月中有桂。……月桂高五百丈,下有一人常斫之,树创随合。人姓吴名刚,西河人,学仙有过,谪令伐树。"何所有:古乐府《陇西行》:"天上何所有?"

⑤桂花酒:《楚辞》屈原《九歌·东皇太一》:"莫桂酒兮椒浆。"词中桂花酒盖由传说中月宫有桂树生发而出。

⑥寂寞嫦娥:嫦娥,相传为古英雄羿之妻。羿于西王母处求得不死之

药,嫦娥偷服之而奔月,成为月中女神。李商隐《嫦娥》诗:"嫦娥应悔偷灵药,碧海青天夜夜心。"舒广袖:谓舞蹈。

⑦且:聊且。忠魂:指二烈士英灵。

⑧伏虎:降伏猛虎。指推翻了国民党政权。

⑨倾盆雨:唐韩鄂《岁华纪丽》卷二《雨》"倾盆"注:"大雨"。本词下片"舞"、"虎"、"雨"与上片"柳"、"九"、"有"、"酒"、"袖"不同韵。作者1958年12月21日批注道:"上下两韵,不可改,只得仍之。"

附:李淑一原词

菩萨蛮·惊梦

一九三三年夏

兰闺寂寞翻身早,
夜来触动离愁了。
底事太难堪,
惊侬晓梦残。

征人何处觅?
六载无消息。
醒忆别伊时,
满衫清泪滋。

【赏读】

这首词运用浪漫主义手法,抒写杨、柳两位忠魂到九重天进入月宫的情状,抒发了对他们无限怀念之情,歌颂了他们的崇高品质与永垂不朽的精神。

一起句,诗人就连用两个"失"字,沉痛之情及至深的怀念油然而生。虽看上去平淡,但读来令人悲伤不已。取其姓杨柳,这偶合的姓氏,非常亲切自然地引出第二句。

第二句的"杨柳"堪称天造地设,奇妙异常,而且天然产生双关意思,杨柳的忠魂和杨花柳絮轻盈飘飞的样子。而"重霄九"有烈士浩气长存之感,也有诗人一贯的雄姿英发的特征。接着诗人为我们展示了一个神奇而幽凉的神话世界,仙人吴刚为二忠魂"捧"出了桂花酒。为回答李淑一词中的"征人何处觅?六载无消息"的问语,这种酒本是仙人自己所饮的佳酿,但由于忠魂飘来,即十分虔敬地以如此美酒款待。

下阕写嫦娥为两位烈士表演歌舞,他们听到革命胜利的消息后,激动得掉下泪来。起始二句,诗人从仙人把酒相迎,自然过渡到寂寞的嫦娥舒展起宽大的衣袖为英烈起舞,以表敬意。

最后两句,诗人大笔急转,嫦娥仙女正在为忠魂舞蹈之时,却忽然有人来报告人间已推翻了国民党反动派的大好消息,两个忠魂闻之"泪飞顿作倾盆雨",这一艺术夸张,形象而满怀激情地表现了英烈的激动之情,使英烈终于感到心灵得到了美好的告慰。同时这两句也传达出诗人自己内心对革命终于成功的不胜感慨的情怀。这是混合着无限悲伤与欢喜的热泪!是超凡脱俗的热泪!

这首诗在艺术上也非常独特、完美。想象力极为丰富、奇异、巧妙。从烈士的姓氏到飘飞的杨柳之花,再到月宫,受到吴刚的桂花酒及嫦娥舞蹈的欢迎,然后是热泪飞洒大地的宏大场面,真正做到了天上、地下任诗人翱翔的局面。浪漫的精神、优美的古代神话,再加上现实的"忠魂"为出发点,正应和了郭沫若为这首诗所作的评价:"不用说这里丝毫也没有旧式词人的那种靡靡之音,而使苏东坡、辛弃疾的豪气也望尘却步。这里使用着浪漫主义的极夸大的手法把现实主义的主题衬托得自然生动、深刻感人。真可谓古今绝唱。"

蝶恋花·答李淑一〈1957年〉

七 绝

观 潮①

一九五七年九月

千里波涛滚滚来，
雪花飞上钓鱼台②。
人山纷赞阵容阔③，
铁马从容杀敌回④。

【注释】

这首诗见于 1993 年第 6 期《党的文献》。

①观潮：即观赏钱塘江口的涌潮。钱塘潮乃一大奇观。钱塘江入海口呈喇叭形，江口大而江身小，起潮时，海水从宽达 100 公里的湾口涌入，受两旁渐狭的江岸约束，形成涌潮。涌潮又受江口拦门沙坎的阻拦，波涛后推前阻，涨成壁立江面的一道水岭。潮头最高时达 3~5 米，潮差可达 8~9 米。奔腾澎湃，势无匹敌。宋时临安(今杭州)江干潮势最盛。时人周密《武林旧事》云："浙江之潮，天下之伟观也。自既望以至十八日为最盛。方其远出海门，仅如银线，既而渐近，则玉城雪岭，际天而来，大声如雷霆，震撼激射，吞天沃日，势极雄豪。"后因地理变迁，海宁县盐官镇东南的一段海塘，成为近代观潮胜地。

②雪花：浪花。苏轼《念奴娇·赤壁怀古》："乱石穿空，惊涛拍岸，卷起千堆雪。"柳永《望海潮》："云树绕堤沙，怒涛卷霜雪，天堑无涯。"钓鱼台：即钓台。在浙江桐庐县城西 15 公里之富春山。相传为东汉严光(子陵)隐居垂钓处。

③阵容阔：极赞江潮汹涌、喧腾气势。唐赵嘏《钱塘》诗云："一千里色中秋月，十万军声半夜潮。"

④铁马：配有铁甲的战马，借喻雄师劲旅。陆游《十一月四日风雨大作》："夜阑卧听风吹雨，铁马冰河入梦来。"

【赏读】

毛泽东于 1957 年 9 月 11 日(农历八月十八)曾乘车去杭州海宁七星庙观潮，本诗即是作者观潮后所吟。关于钱塘潮的描写，历代颇有诗文佳作。清代著名诗人黄景仁在其《观潮行》中云："才见银山动地来，已将赤岸浮天外。"描写生动，历来脍炙人口。

毛泽东写的这首《七绝·观潮》也可谓别具风采，它从头至尾，气势如虹，不仅写出了钱塘潮的气势，也写出了诗人自己内心的一贯的气势。

开篇两句："千里波涛滚滚来，雪花飞向钓鱼台"，是从正面描写钱塘涌潮，气势恢弘，也写出了观者目迎涌潮而来，目送涌潮而去的神情，切入诗题"观潮"。诗中的"千里"极言来路之远，"滚滚"谓涌潮声势猛烈。

次句写江潮汹涌澎湃，不可遏止的磅礴气势。"雪花"是江潮的喻体。"飞向钓鱼台"，就是飞向严滩。严滩在浙江桐庐县南，富春江边。从钱塘江口涌进的江潮，还要越过富阳县，可见江涛奔腾极远。"飞向"，言浪潮之大，来势凶猛。"人山纷赞阵容阔，铁马从容杀敌回"两句，写观潮人头攒动的盛况，通过观潮人群心潮澎湃的赞语，侧面写出江潮雄伟壮阔的气势。用比喻的方式写出人群的赞语，唤起读者对江潮气势的想象：它既像千军万马排列成的雄壮阵容，又像凯旋而回的雄师劲旅。这种比喻方式与作者身经百战，久历沙场，有极为丰富的军旅生活不无关系。

综观全诗景象壮阔，气势宏伟，比喻贴切，新颖生动。

七律二首

送瘟神①

一九五八年七月一日

读六月三十日人民日报,余江县消灭了血吸虫②。浮想联翩③,夜不能寐④。微风拂煦⑤,旭日临窗⑥。遥望南天,欣然命笔⑦。

其一

绿水青山枉自多⑧,
华佗无奈小虫何⑨!
千村薜荔人遗矢⑩,
万户萧疏鬼唱歌⑪。
坐地日行八万里,
巡天遥看一千河⑫。
牛郎欲问瘟神事⑬,
一样悲欢逐逝波⑭。

其二

春风杨柳万千条⑮,
六亿神州尽舜尧⑯。
红雨随心翻作浪,
青山着意化为桥⑰。

天连五岭银锄落，
地动三河铁臂摇⑱。
借问瘟君欲何往⑲，
纸船明烛照天烧⑳。

【注释】

这两首诗最早发表于《诗刊》1958年10月号和1958年10月3日《人民日报》第一版，同日第八版发表毛泽东这两首诗手稿。发表时，题为《送瘟神二首》。收入1963年版《毛主席诗词》时，改作《七律二首·送瘟神》。

①送：遣送、驱逐。瘟神：古人迷信，谓人间瘟疫之散播有鬼神主宰。元无名氏《三教搜神大全》卷四载隋文帝时有五力士现于空中，身披五色袍，各执一物，一人执杓、罐，一人执皮袋并剑，一人执扇，一人执锤，一人执火壶。帝问太史张居仁：此何神？主何灾福？居仁曰：此是五方力士，在天为五鬼，在地为五瘟。春瘟张元伯，夏瘟刘元达，秋瘟赵公明，冬瘟钟仕贵，总管中瘟史文业。东汉时即有年终逐疫之俗，张衡《东京赋》："尔乃卒岁大傩，殴除群厉。……煌火驰而星流，逐赤疫于四裔。"晋司马彪《续汉书》志五《礼仪》中："先腊一日大傩，谓之逐疫。……持炬火，送疫出端门。……五营骑士传火弃洛水中。"可知送瘟神之事，由来已久，浸成习俗。梁朝宗懔《荆楚岁时记》所载"送穷鬼"与之相类，反映到文学创作上，古有《送穷诗》(姚合)、《送穷文》(韩愈)。解放前，血吸虫病流行于我国南方诸省区的三百五十个县，患病者达一千万人，受感染威胁的劳动人民在一亿以上。历来反动统治者对此不惟不恤，且苛捐杂税有增无减。天灾复加人祸，民众挣扎在死亡线上，苦难深重，不可胜言。新中国成立后，党和人民政府十分关心人民健康。1955年，毛泽东同志视察了灾区，发出"一定要消灭血吸虫病"的号召。并指示："卫生部要把消灭血吸虫病作为当前的政治任务。"1956年2月27日，他在最高国务会议上又强调要"全党动员，全民动员，消灭血吸虫病。"根据毛泽东同志的提议，党中央专门成立了防治血吸虫病领导小组；有关部门派出医务人员赴疫区对广大患者实行免费治疗；与此同时，各级党和政府也领导疫区群众掀起了消灭血吸虫及血吸虫病的人民战争的热潮。经过两年多的奋战，此项工作已初见成效。1958年6月30日，《人民日报》头版头条刊登了该报记者与《江西日报》记者联合采写的通讯《第一面红旗——记江西余江县根本消灭血吸虫病的经过》。毛泽东同志读后十分高兴，夜不成眠，乃于次日清晨写下这两首联章体诗篇。

1958年7月1日，毛泽东同志致胡乔木书中说："睡不着觉，写了两首宣传诗，为灭血吸虫而作。……灭血吸虫是一场恶战。诗中坐地、巡天、红雨、三河之类，可能有些人看不懂，可以不要理他。过一会，或须作点解释。"

②余江县：在江西省东北部。

血吸虫：此指生存于我国南方的日本血吸虫。雌雄异体，线状。寄生于人畜门静脉系统的小血管内。雌虫在人畜体内产卵。卵随粪便排出，在水中孵化成毛蚴，进入中间宿主钉螺体内，增殖为尾蚴后逸出螺体，遇人畜下水，侵入其身体，发育为成虫。能引起血吸虫病。人患此病，急性期则发烧、咳嗽、肝肿大、肝区疼痛；慢性期则腹泻、肝脾肿大；晚期则肝硬化。脑型血吸虫病可导致症状性癫痫。儿童患病，可严重影响生长发育，形成侏儒症。解放前，此病死亡率甚高。

③浮想联翩：浮想：想象、联想。联翩：接连不断。张衡《思玄赋》："缤联翩兮纷暗暖"。陆机《文赋》："浮藻联翩，若翰鸟缨缴，而坠层云之峻。"

④夜不能寐：《古诗十九首》其十九(明月何皎皎)："忧愁不能寐。"本篇反其意，谓因欢喜、激动难以成眠。

⑤拂：吹拂。煦：和煦、温暖。

⑥旭日：初升的太阳。

⑦命笔：谓动笔赋诗。

⑧枉自多：空有许多。杜甫《征夫》："十室几人在，千山空自多。路衢唯见哭，城市不闻歌。"

⑨华佗无奈小虫何：华佗(?——208)字元化，汉末沛国谯(今安徽亳州)人。行医各地，精通内、外、妇、儿各科，外科尤为擅长。创用麻沸散，使患者麻醉后施行腹部手术。又创为五禽戏，教人锻炼身体以增强体质。后因不从曹操征召，遂遭杀害。事见《三国志·魏书·方技传》。

把无奈何拆开嵌入句中是古典诗词习惯用法。杜甫《奉寄高常侍》："汶上相逢年颇多，飞腾无那(奈)故人何"；辛弃疾《定风波》："听我尊前醉后歌，人生无奈别离何"等。全句意谓，由于种种历史原因，名医们对血吸虫病也束手无策。

⑩千村薜荔人遗矢：谓血吸虫病为害，大片田园荒凉破败。五代谭用之《秋宿湘江遇雨》："暮雨千家薜荔村。"初版时"薜荔"为"薜苈"。1966年4月5日，胡乔木写信向毛泽东请教有关诗词注释问题，信中说："《七律·送瘟神》中的'千村薜苈人遗矢'，据读者来信建议和查阅有关典籍的结果，拟作'千村薜荔人遗矢'(苈只用于葶苈，系十字花科植物，即焊菜；苈字不与薜连用，亦不单用)。"毛泽东同志接受了这个建议。遗矢：典出《史

记·廉颇蔺相如列传》:"顷之三遗矢矣。"唐司马贞《索隐》:"谓数起便矣。矢,一作'屎'。"腹泻为血吸虫病症状之一。

⑪万户萧疏鬼唱歌:萧疏:稀疏萧条,人烟稀少。鬼唱歌:《宋书·乐志》:"晋孝武太元中,琅琊王轲之家有鬼歌《子夜》。"

李贺《秋来》:"秋坟鬼唱鲍家诗。"全句谓由于血吸虫病肆虐,疫区人烟稀少,荒坟垒垒。

⑫"坐地"、"巡天"二句:臧克家《珍贵的"孤纸"》一文记述作者的注解为"地下看天"。作者在1958年10月25日给周世钊的信中说,坐地日行八万里,"是有数据的。地球直径约一万二千五百公里,以圆周率三点一四一六乘之,得约四万公里,即八万华里。这是地球的自转(即一天时间)里程。坐火车、轮船、汽车,要付代价,叫做旅行。坐地球,不付代价(即不买车票)日行八万华里。""巡天,即谓我们这个太阳系(地球在内)每日每时都在银河系里穿来穿去。银河一河也,河则无限,'一千'言其多而已。我们人类只是'巡'在一条河中,'看'则可以无数。"

⑬牛郎欲问瘟神事:牛郎:神话传说人物。明冯应京《月令广义》引《小说》,谓天河之东有织女,为天帝之女,年年劳役,织云锦天衣,帝怜其独处,许嫁河西牵牛郎。嫁后遂废织絍。帝怒,责令归河东,但使一年一度相会。关于此句,毛泽东同志在给周世钊的信中说:"牛郎晋人……牛郎自然关心他的乡人,要问瘟神情况如何了。"

⑭逐逝波:五代欧阳炯《江城子》:"六代繁华,暗逐逝波声。"谓追逐流光逝水,一去而不复返。

⑮春风杨柳万千条:白居易《杨柳枝》:"一树春风千万枝。"此诗作于7月1日,已是夏日,全句以春日大自然蓬勃生机象喻新中国的繁荣兴旺。

⑯六亿神州尽舜尧:六亿:当时中国人口的约数。神州:指中国。尽舜尧:语出《孟子·告子下》:"人皆可以为尧舜。"尧舜均为传说中上古时代的圣人贤君。

⑰"红雨"二句:红雨:落花缤纷的景象。据臧克家《珍贵的"孤纸"》一文,作者谓,"红雨"指"桃花落"。李贺《将进酒》:"桃花乱落红如雨。"刘禹锡《百舌吟》:"摇动繁英坠红雨。"此联,原作"红雨无心翻作浪,青山有意化为桥。"

⑱"天连"二句:五岭、三河:古代典籍称引,各不相同。此泛指祖国的山川河流。

⑲借问:犹"试问"。设问之辞。瘟君:对瘟神的谑称。

⑳纸船明烛:民间习俗,送神送鬼时往往点燃蜡烛、炬火,烧化纸船、

241

纸马、纸车、纸钱等。

【赏读】

　　这两首诗是作者五十年代末诗歌创作的代表之作，它集中体现了作者革命的现实主义与革命的浪漫主义的高度融合的文学创作理论。同时，这首诗不仅是作者所倡导的民歌与古典相结合的具体实践，而且是这一结合的经典之作。从传统的格律看，其音韵、对偶均属正体。在内容上，诗人将华佗治病的历史故事，牛郎的神话传说，后人对尧、舜的赞美，以及自然科学(天文学)方面的地球自转、银河等老百姓再熟悉不过的事情，与消灭血吸虫、人民战天斗地改造山河的现实紧密联系在一起，使其形象生动、贴切、易于理解，尤其是诗中所透露出的喜怒哀乐反映了人民大众的共同感受。

　　第一首写旧中国血吸虫病肆虐的景况。

　　首联诗人回顾过去，描述了瘟神给中国带来的无穷灾难。"绿水青山枉自多，华佗无奈小虫何"，抒发了诗人的悲愤心情。祖国的南方，向来以鱼米之乡著称，这里青山绿水、风景秀丽。可是，一个小小的血吸虫竟使大好河山肃杀黯淡，就连华佗这样的名医奈之不何。"绿水青山"与"枉自多"对举，"华佗"与"无奈"相连，强烈的反差、对比，寄寓了诗人多么深厚的感情，又饱含了人民大众多少苦楚！

　　颔联"千村薜荔人遗矢，万户萧疏鬼唱歌。"原来在旧中国，血吸虫病肆意横行，造成广大农村家毁人亡，田园荒芜的凄凉惨状。这样的惨境要"绿水青山"有什么用呢？

　　颈联"坐地日行八万里，巡天遥看一千河。"使时间的流逝量被明显地放大了，看得更清楚了。这样经过了很长时间，天边的仙人"牛郎欲问瘟神事，一样悲欢逐逝波。"

　　尾联引出了神话传说中银河边的牛郎："牛郎欲问瘟神事，一样悲欢逐逝波"。牛郎是劳动人民的化身神，他当然关心着人民的疾苦，要问"瘟神"肆虐之"事"。如何回答呢？诗人的答词是：一切悲欢离合都随着时光的流逝而成为过去了。这样写，人间天上浑然一体，极大地开拓了诗词包容的时空领域和思想蕴含，写出了旧中国带给人民的灾祸，那是天怒人怨，世所难容，不仅有力地结束了这

毛泽东诗词全集赏读

一首，而且巧妙地把读者的思路加以引导，同时开始为第二首进行新旧对比埋下了伏笔。

第二首写新中国成立后消灭血吸虫病的喜人业绩。情绪热烈、语调高亢，与第一首感情抑郁、语义哽咽形成了鲜明的对比

首联一扫第一首阴霾的氛围，"春风杨柳万千条"二句即是一幅意气飞扬的画面，展现出一派喜气洋洋的新时代社会风貌。

"六亿神州尽舜尧"这句，表达了毛泽东对人民群众的期待与歌颂，也表达了毛泽东真正民主的人本思想。诗人用一颗热爱人民、服务人民的心，唱出了热情澎湃的心声，一扫封建君主蔑视人民群众、封建文人轻视百姓的历史唯心主义陈腐见解，表达了无产阶级革命领袖对人民的关怀、推崇。

颔联继续写变化，"红雨随心翻作浪，青山着意化为桥"景物完全化为了情思，自然景物变得通人心、随人意，人与美丽的景色交融一体。

颈联"天连五岭银锄落，地动三河铁臂摇"，歌颂了人民群众改天换地的伟力。作者用一个巨大的劳动画面，夸张地塑造出人民群众改天换地、气壮山河的英雄气概，让人联想起"高山也要低头，河水也要让路"的豪言壮语。同时回应第一首牛郎无奈的原因，回答了办成前人办不到的事的根本原因。这里诗人以高妙的艺术手腕，只用两句话就概括了当时社会主义建设的雄伟场面，令人叹服。同时，诗句中还渗透了诗人"力拔山兮"的伟岸精神和自力更生的进取意识。诗人"人定胜天"的思想，化成美妙的诗句，闪射出了动人心魄的魅力。

尾联"借问瘟君欲何往，纸船明烛照天烧。"作者以幽默的口吻略带讽刺地向瘟君提出问题，名为"送"，实际上是下了通牒：在惊天动地的大跃进形势下，瘟神还能照旧待得下去吗？但作者并不直面回答，而是描绘了一幅最通俗的民俗画来点化瘟神的去向——远离人间，同时表现了人民因战胜血吸虫病而欢欣鼓舞的喜庆场面。

纵观这两首诗，在艺术上前后相连，今昔对比，化用神话传说和民间习俗，以浪漫主义手法歌颂了新中国各行业所取得的伟大成就。这两首诗是连章体，在内容上相对比，处处照应，将暴露与歌颂融于送瘟神之事件中。全诗名为"送瘟神"，但第二首的前六句却

七律二首·送瘟神（1958年）

243

不见瘟神的影子,只在尾联点出"借问瘟君欲何往,纸船明烛照天烧。",这是为什么呢? 实际上,在前六句中,诗人对此已作了暗示。正是由于消灭了瘟神,人民才可以这么扬眉吐气,河山才这样妖娆动人。可以想象,六亿人民皆成舜尧,意气风发,改天换地,完成了许多前人所不敢想象的事业,对付小小的血吸虫当然不在话下,瘟神必然逃脱不了灭亡的下场。诗人称瘟神为"瘟君",实乃一种讽刺戏谑的口吻,充分显示了人民的信心和力量,辛辣嘲笑瘟神(一切反动派)的无能和无奈。"照天烧"三字,是全诗的结穴,象征中国人民不仅能消灭血吸虫病,同时也能改变"东亚病夫"和贫穷落后的形象,也能扫除一切大大小小的瘟神和一切害人虫,自立于世界民族之林。

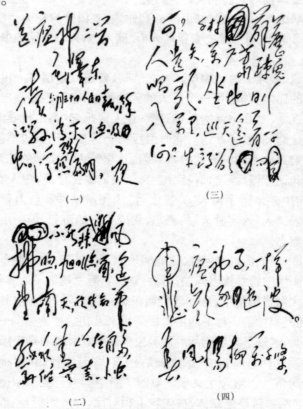

(一)

(三)

(二)

(四)

(七律二首·送瘟神)

七 绝

仿陆游《示儿》①

一九五八年十二月二十日

人类而今上太空②，
但悲不见五洲同③。
愚公尽扫饕蚊日④，
公祭无忘告马翁⑤。

【注释】

　　毛泽东这首七绝首见于 1958 年 9 月作者在文物出版社刻印的大字本《毛主席诗词十九首》上的批注。曾广泛流传。

　　①陆游(1125—1210)：宋越州山阴(今浙江绍兴)人。字务观，号放翁。著名爱国主义诗人。《示儿》乃其临终绝笔。

　　②"上太空"句：指随着航天技术的发达，1957 年 10 月 1 日、1958 年 2 月 1 日，苏美两国卫星相继遨游太空。

　　③五洲：指亚洲、非洲、美洲、欧洲、大洋洲。借指全世界。

　　④愚公：寓言故事《愚公移山》中的主人公。故事最早见于《列子·汤问》。因其立志移山，为子孙后代造福，不计眼前成功与否，以世俗之论，其行甚"愚"，故名愚公。此处用以喻指世界无产阶级、劳动人民。饕：贪甚曰饕。饕蚊：贪食人血的大蚊子。此处喻指剥削者。

　　⑤祭：祭奠追怀。马翁：马克思。翁，对年长者的敬称。

示 儿

死去原知万事空，
但悲不见九州同。
王师北定中原日，
家祭无忘告乃翁。

【赏读】

毛泽东借用宋代陆游《示儿》诗的韵脚、句法和某些词语，略加改动，赋予新意。陆游悲叹的是"不见九州同"即国家的统一；他悲叹的是"不见五洲同"，既悲叹其他国家没有同样的高科技，更悲叹这些拥有高科技的国家利用高科技作为推行霸权主义的筹码，使五洲不能"同"。（这里也暗示了毛泽东后来一定要我们自己的卫星上天；一定要有我们自己的原子弹的坚定决心。）陆游志愿于扫荡侵略者，"北定中原"；毛泽东志愿于全世界各民族团结起来，用愚公移山的办法，实现"环球同此凉热"的大同理想。这个理想境界，正是马克思为全人类所指出、所追求的。所以，陆游仅要求"家祭无忘告乃翁"，毛泽东则要求"公祭无忘告马翁"。

毛泽东在广州曾写下这样一段话："大陆上的蚊子灭得差不多了，当然，革命尚未成功，同志仍须努力。港台一带，饕蚊尚多；西方世界，饕蚊成阵。""把蚊阵一扫而空，岂不伟哉！"当时，毛泽东正在全国发动"大跃进"运动。从这段话和这首诗，人们可以窥见毛泽东当时发动"大跃进"和人民公社化运动的思维脉络。

这是一首政论诗，既通俗易懂，又饶有韵味。其艺术上的特点是：

前后烘托，诗意突出。前两句，写出人类社会自然科学迅速发展，人类的活动已由地球发展到了太空这方面的面貌变化，令人高兴；但相比之下，社会制度的变化慢，地球上还存在剥削劳动人民的资本主义制度，这就令人悲痛。一喜一悲，表达了诗人的革命情怀，很富有感染力。这是一层。下两句，写出了全世界无产阶级打倒帝国主义,消灭资产阶级之日举行各种活动。在颂扬胜利时,千万不要忘记告诉马克思的在天之灵。这预示着对将来的伟大胜利而无比期待和无比高兴的心情!这胜利,这高兴,与第二句的"悲",又是一层对照,烘托。这样,诗人目前的着急、痛心与将来的欢欣联在一起,革命的情怀与坚定信念就充分地表达出来了。

善用比喻。愚公是我国古代寓言故事中跟自然作斗争的佼佼者,用它来比喻无产阶级和全世界的劳动人民;用饕蚊来比喻资产阶级。前者形象高大,后者卑微低下,既表达了诗人的爱憎分明,也显示出前者必然战胜后者的坚强信念。

另外,此诗属模仿之作,独具特色:诗体、韵律相同,经作者改动,立意不同,主题深化,面目一新,读者喜爱!

一九四八年,毛泽东在河北平山县西柏坡村。

七绝·仿陆游《示儿》〈1958年〉

247

七　绝

刘　蒉①

一九五八年

千载长天起大云，
中唐俊伟有刘蒉。
孤鸿铩羽悲鸣镝②，
万马齐喑叫一声③。

【注释】

这首诗首见于中共中央文献出版社 1996 年 9 月版《毛泽东诗词集》。

①刘蒉(?—842)：字去华，幽州昌平(今北京市昌平)人。中唐文宗大和二年(828 年)举贤良方正，刘蒉对策，极言宦官之祸，其略曰："陛下宜先忧者，宫闱将变，社稷将危，天下将倾，海内将乱。""忠贤无腹心之寄，阉寺持废立之权"，"四凶在朝，虽强必诛。"痛论宦官专权，危害国家，劝皇帝诛灭他们。考官左散骑常侍冯宿等见刘蒉策，皆叹服，而畏宦官，不敢取。令狐楚、牛僧孺等征召他为幕府从事，后授秘书郎。终因宦官诬陷，贬为柳州司户参军，客死他乡。毛泽东在读《旧唐书·刘蒉传》时，对刘蒉的策论很赞赏，旁批："起特奇。"因有是作。

②孤鸿：孤单失群的大雁，喻指刘蒉，谓其孤身奋战，冒死陈言，稀世忠贞也。铩(shǎ)羽：羽毛摧落，比喻受挫、失意。鸣镝：也叫响箭。悲鸣镝：比喻受宦官的中伤和打击。

③万马齐喑叫一声：喑(yìn)，哑。苏轼《三马图赞引》："振鬣长鸣，万马皆喑。"谓骏马抖动颈上的鬃毛嘶叫时，其它的马都鸦雀无声。后用来比喻一种沉闷的局面。"叫一声"喻指刘蒉冒死大胆攻击宦官，名动一时。

【赏读】

毛泽东喜读经史，一九五八年读《旧唐书·刘蕡传》时，对刘蕡的策论很欣赏，旁批"起特奇"，并写了这首咏刘蕡的七绝。抒写了对其胸有经纬，满腹韬略的赞赏之情。

首句"千载长天起大云"，是起兴，同时也是渲染、烘托次句"中唐俊伟有刘蕡"。"千载长天"，暗比千年前的历史。"大云"，比喻刘蕡。"俊伟"，是对刘蕡的赞赏性的评价，作者是相当赏识这位历史人物的。前两句是说在千年前的历史长天中，中唐时期的俊伟刘蕡有如"大云"。

第三句"孤鸿铩羽悲鸣镝"，用对比的艺术手法写刘蕡的不幸遭遇。"孤鸿"比喻刘蕡。作者说，在那么多对策者当中，惟他有观点鲜明的策论，显得孤掌难鸣。此句隐含了作者对他的深深同情。

第四句是对刘蕡在策试贤良时所写的策论的高度赞誉。"万马齐喑叫一声"，是说其所写的策论犹如冲破中唐时"万马齐喑"沉闷局面的一声长鸣或者吼叫。"万马齐喑"与"叫一声"之间有着一种衬托关系。在当时"万马齐喑"的政治形势下，刘蕡的"叫一声"是十分可贵的。正因如此，使他青史留名，给后人留下了关心国家大事，不计个人得失，不畏权贵，虽屡遭险衅仍直言进谏的宝贵精神。

比兴与衬托相结合的艺术方式是这首诗的一个艺术特色。

七绝·刘蕡〈1958年〉

249

七　绝

改梅白《夜登重庆枇杷山》①

一九五八年

我来高处欲乘风，
暮色苍茫一望中。
百万银灯摇倒影，
嘉陵江似水晶宫。

【注释】

①梅白：指梅白先生，曾被毛泽东誉为"我的半字之师！"的著名诗人。黄梅县刘佐乡人。早年投身抗日战争，参加新四军江北游击大队，后在李先念领导的新四军第五师政治部任宣传科长。解放后首任黄冈地区文教科长兼赫赫声名的黄冈中学校长，后以共青团黄冈地委书记身份调任湖北省委办公厅副主任、湖北省委副秘书长。再后来以省委候补委员、武汉大学教授身份下派荆门任县委第一书记，实则是走下坡路的开始。

梅白先生的才气胆识在人生路上有三大亮点。其一是在黄梅孔垅区检查工作时为《湖北日报》开天窗写社论（即报纸排好其它版面，留出重要版面待稿）《湖北日报》头天约稿，梅白答应第二天交稿。当天晚上听完县委汇报即埋头大睡，随行记者大感不解。第二天上午继续听孔垅区委汇报，中午吃饭时，《湖北日报》社电催社论稿，而梅白说："现在正吃饭，肚子不饱哪有精神写社论？"半小时后，报社又来电急催，梅白几乎不耐烦地对记者说："慌什么？你告诉他们，一点钟动笔，两点钟准时报稿。"大有泰山崩于前而色不变的大将风度。上世纪五、六十年代的区委机关都是老房子，炎炎盛夏连最起码的散热电扇也没有，区委在空堂屋里挂起拴上绳子的被单安上"土风扇"，区干部轮流拉动"风扇"降温。室内一桌一凳，梅白先生独坐桌前

250

专心致志不假思索地奋笔疾书,堂屋之外则围着许多县、区干部"监考"般地望着本乡这位大才子挥笔。大约不到一小时,梅白停笔,一目十行地浏览一遍后大声喊着报社记者:"老张,我写完了,该你发稿了!"此时屋外鸦雀无声地围观干部和群众向梅白报以热烈的掌声和笑声。

按常人笔力,一小时边思索边著文只能写六、七百字,成竹在胸、腹稿烂熟一小时最多也只能写千把字。而梅白先生一小时之内能写出向亿万人公开发行的社论稿,代表湖北省委对全省一段工作作出布置和号召,非子建之才、子安之笔,亘古至今,谁人能够做到?而梅白先生后来向友人透露,为《湖北日报》开天窗写社论不是一次,而是多次,足见梅公笔力非常人可及也!

梅白先生才气胆识另一大亮点是和十亿人口的领袖论诗改诗。毛泽东对中国文学、史学的研究可说是倾其毕生精力。因此毛泽东职业是杰出的政治家、军事家,业余又是举世公认的大诗人、大书法家。诗界都知道毛主席和陈毅元帅、郭沫若同志论诗改诗轶事,而和梅白先生论诗改诗之事则鲜为人知。

一九五八年梅白先生随四川、湖北两省主要负责同志陪同毛主席视察三峡时,曾将自己在重庆写的一首七绝呈送毛泽东案前求教。毛泽东主席对这首七绝提出许多精辟论点:诗贵含蓄和留有余地。诗贵意境高尚,尤其意境的动态即变化。诗要改,不但要请人改,而主要靠自己改。放一个时候看了、想了再改就可能改得好一些,这就是所谓的"推敲"……。

由此可见毛泽东对诗歌的热爱和对诗学的高深造诣。

一九五九年六月,毛泽东在回到阔别三十二年的故乡韶山后,文情并茂地写了《到韶山》七律,未发表前将诗稿交梅白先生:"请你给我看一看。"梅白认真拜读诗稿后不畏"天威"地对主席说:"我觉得第一句'别梦依稀哭逝川'的'哭'字不好,孔夫子站在奔流的大川面前也只是发出'逝者如斯夫,不舍昼夜'的感叹,主席是一代伟人,对万事万物都会有宽大的胸怀和看法,我冒昧建议将'哭'字换半个字,改'哭'为'咒',似乎好些。"毛泽东听了,略一沉吟,当即欣然接受,说:"好,这半个字改得好,你算是我的半字之师!对其它的句子还有什么意见没有?"梅白非但没有受宠若惊,反而"得寸进尺"答道:"最后一句'始信人民万万年'似有口号之嫌。"一代伟人又点头叫好,后自己斟酌改为"遍地英雄下夕烟"而脱离口号之嫌,诗味也更绵厚了。

在大跃进的震天口号之中,在"一句顶一万句"的神化热潮之中,只有梅白凭自己的才气、个性,敢向十亿人口的伟大领袖提出自己认为正确的意见,从而让人们在另一角度看出人民领袖的虚怀若谷和学而不厌。

至于梅白以教授身份向武汉大学万名师生作四小时《农村工作的哲学》长篇报告,不用讲稿、临场发挥、口若悬河、滔滔不绝令武大高知层心悦诚服,顺利完成王任重书记交给"不能让武大高知认为我们省委是土八路,只能用枪杆子夺政权而不会用笔杆子管理政权"的任务则是小菜一碟了。

梅白先生一生以身许国,从烽火连天的抗日战场,到天翻地覆的解放战争,再到建国后各个时期如火如荼的政治运动和生产建设,梅白先生一路走来,一路光彩,人生最大最光辉的亮点则是凸显在荆门县委书记任上。

上世纪中叶三年自然灾害之后,我们的才子梅白,一个有望调到党中央主席身边工作的高级干部因为在下派县委书记职位之上,信奉"邑有流亡愧俸钱"的古训,公开对抗中央农业部工作组,想中国亿万农民之所想,说中国千万干部之不敢说而直接打报告给省委和中央,要求把荆门县做为全国分田试点县。报告中痛陈荆门春荒饿殍遍野,人民流离失所,不返销粮食则村无炊烟,不分田到户则春耕无着。在人民公社好的欢呼声中和三面红旗照耀之下,此报告如石破天惊,湖北省委如临地震,迅速作出开除梅白党籍、公职,送浠水县十月公社全国劳模饶兴礼处当一名普通社员的决定。时任中南局第二书记、湖北省委第一书记王任重此前曾向梅白透露"毛泽东主席很看重梅的才干,问过他的许多情况,可能有意把梅调到老人家身边工作"的重要讯息。此后,这位后来任中共书记处书记、国务院副总理、人大副委员长的党和国家领导人还不无忧虑地批评梅大才子"一身是刺,出口伤人"。简直是哀其不幸、怒其不争了。

> 生死茫茫两不闻,黄州一晤慰平生。
> 廿年地北天涯远,千里江东父老心。
> 寂寞未曾伤浩劫,离骚新赋发生吟。
> 愿君紧握生花笔,写了前人写后人。

上面这首七律即是梅白先生的同乡同学华白先生于一九八一年三月赴黄州看望从秦城监狱归来且离休的前湖北省委副秘书长、江北才子梅白先生所写的两首七律诗的第一首,这也是对梅白先生正直一生的真实写照。

1984年,时任党中央总书记的胡耀邦同志曾特别关注梅白,要湖北某部长代表胡专程到黄州看望梅白说:中央对梅白的落实政策问题是关心的,我们正在做工作,要坚信党的干部政策一定会落实。荆门县委亦向湖北省委写了专门报告,建议为梅白先生落实政策。认为梅白担任荆门县委第一书记时一再向省委请调拨几百万斤返销粮,使数十万荆门人民免灾受难、安度春荒。主张分田到户按当时政策是犯错误,但现在责任到人三十年不变则证明梅白不但无错还有功德于荆门。此报告虽未促成有重重顾虑的湖北省委为梅白落实政策,却让"有泪不轻弹"的铁血男儿梅白老泪纵横,直觉人民为他说了公道话,大丈夫死而无憾了。

梅白先生的精神实在感人,毛泽东曾当面问梅白:你的名字是"梅花因我白"么?梅答:是。啊,国花梅花,你是有着五千年文明古国的国魂!三九冰雪之时,万花纷谢,唯你傲对风霜,梅枝凛凛,梅骨铮铮,梅香缕缕,梅花灼灼。梅白,梅白,你的才气逼人,你的胆识惊人,你的正义憾人!你号称梅白,当之无愧!你的梅花精魂不死,梅花风格长存,梅花精神永存!

梅白先生为教育奉献一生,退休后为《匡庐》诗词又默默无偿地奉献了二十年。晚年还在木椅上绑块棉絮长期艰辛地伏案阅稿写作。八十多岁时老人以千元月俸颐养天年,七尺男儿生不带来,死不带去,顶天立地,何憾之有!只为反哺桑梓父老殷殷之望,怀着对故人——同学、同乡、诗友、挚友的无尚崇敬,凭着一腔正气、两眼热泪,写出一个个、一行行滚烫的文字,许多内容为首次向外披露,梅白先生倘不作此殊死文字拼搏,将会有许多珍贵资料永远沉没史海,如此则可视为共和国的重大憾事。

【赏读】

一九五八年梅白先生随四川、湖北两省主要负责同志陪同毛主席视察三峡时,曾将自己在重庆写的一首七绝呈送毛泽东案前求教,梅白的原诗是:

> 我来高处欲乘风,
> 夜色辉煌一望中。
> 几万银灯流倒影,
> 嘉陵江比水晶宫。

毛泽东看了这首诗后,曾对梅白说:"如果把'辉煌'二字改为'苍茫',则更能显出夜色之动态,为'水晶宫'作伏笔,写得'辉煌'而不那么露。诗贵有含蓄和留有余地。'几万'应改为'百万',以显示山城新貌,这里应鲜明,而不含糊。'流倒影'不如'摇倒影',也是为了显示夜景之动态。也采取对比手法,写出嘉陵江并不是那么平

七绝·改梅白《夜登重庆枇杷山》〈1958年〉

铺直叙的，而是风翻浪卷，以显示嘉陵江之性格。因之，应改'比'为'似'，这句又是虚笔写实。诗贵意境高尚，尤贵意境之动态，有变化，才能见诗之波澜。这正是唐诗以来格律诗之优越性。"（参见《毛泽东与梅白谈诗》，一九八七年三月二十六日《文摘周报》）

一九三八年，毛泽东在保安。

七　律
到　韶　山①

一九五九年六月

一九五九年六月二十五日到韶山。离别这个地方已有三十二周年了。

别梦依稀咒逝川②，
故园三十二年前。
红旗卷起农奴戟③，
黑手高悬霸主鞭④。
为有牺牲多壮志⑤，
敢教日月换新天⑥。
喜看稻菽千重浪，
遍地英雄下夕烟⑦。

【注释】

这首诗首次发表于人民文学出版社 1963 年 12 月版《毛主席诗词》。

①到韶山:韶山,在湖南湘潭县城西 40 公里,湘乡、宁乡、湘潭三县交界处。四周峰峦耸峙,林木葱茏。西南有韶峰,为南岳衡山七十二峰之一。相传虞舜南巡经过此峰,演奏韶乐,因而得名。《长沙府志》载,有韶氏三女,居山学道,有凤凰衔天书至,女皆仙去。山上有凤音亭,其南有东台、桃花洞仙迹可觅。山麓有毛泽东故居、1925 年创办的农民夜校旧址和 1927 年毛泽东考察湘潭农民运动的旧址等。1959 年 6 月 25 日至 27 日,毛泽东同志巡视全国各地后,从长沙回到阔别三十二年之久的故乡,小住数日并视察工作。26 日,毛泽东同志与故乡的干部、党员、老赤卫队员和农会

255

会员,烈军属等共进午餐,当夜抚今追昔,心潮澎湃,乃有此作。作者在1959年9月13日给胡乔木的信中说,此诗"通首写三十二年的历史"。

②别梦依稀:往事回首犹如梦幻一样依稀仿佛。张泌《寄人》:"别梦依依到谢家"。李商隐《春雨》:"残宵犹得梦依稀。"咒:诅咒。1959年庐山会议初期,当时在作者身边工作的梅白同志建议把原诗稿中的"哭逝川"改为"咒逝川"。作者欣然同意,并诙谐地说梅白同志是"半字之师"。逝川:参见《水调歌头·游泳》"逝者如斯夫"注。另,作者《七律二首·送瘟神》有"一样悲欢逐逝波"。可参看。

③农奴戟:谓工农武装。农奴,本指奴隶时代隶属于农奴主、没有人身自由的农业劳动者。此处借指旧中国受奴役的贫苦农民。戟:古代的一种长兵器。此代指农民武装使用的大刀、梭镖等武器。

④黑手高悬霸主鞭:黑手,指镇压中国革命的黑暗势力。霸主鞭:指反革命武装。鞭,古代的一种兵器。作者在1959年9月13日给胡乔木的信中说:"'霸主'指蒋介石。这一联写那个时期的阶级斗争"。

⑤为有:因为有。牺牲:作名词用。指为革命事业英勇献身的先烈。

⑥敢教:能令。日月换新天:谓无数革命志士前赴后继,不怕牺牲,英勇斗争,终于推翻了国民党反动派的腐朽统治,建立了人民当家作主的新中国。

⑦此句原稿为"人物峥嵘胜昔年",几经修改才成定稿。据梅白说,他看到的稿本末句为"始使人民百万年。"

【赏读】

1911年,毛泽东第一次走出故乡韶山到长沙求学。临行时他还改写了一首诗以表达自己的雄心壮志:"孩儿立志出乡关,学不成名誓不还。埋骨何须桑梓地,人生何处不青山。"这一年他只有十七岁。1959年,毛泽东回到久违的故乡,又写了一首诗抒发情怀,此时他已是六十六岁的老人了。久别回乡,且又是老大还家,人世沧桑怎能不引起诗人的无限感慨!自古以来以老大还家为题材的诗篇数不胜数,感旧伤时是这类作品的共同基调。而毛泽东作为一位伟大的无产阶级革命家,他的心里装着亿万中国人民,他所关心的首先是革命事业。这手七律诗就鲜明地体现着他那高远的思想境界。

该诗通过对韶山人民革命历史的回顾,以及对人民公社社员

毛泽东诗词全集赏读

通过热情劳动而喜获丰收的描绘，赞扬了革命人民坚苦卓绝的斗争精神，歌颂了中国人民战天斗地的新风貌。

首联写对故乡的思念。作者无数次地梦回故乡，由于间隔时间的长久，旧有的印象已经模糊不清了，而且越想越不分明，于是作者叹恨岁月的流失，"别梦依稀咒逝川，故园三十二年前"，表明诗人对故乡怀有一片深情，也交代自己离别故乡已经很久了。"逝川"指三十二年前的岁月。这三十二年，是中国历史发生巨变的三十二年，是作者踏过无数惊涛骇浪、冲过无数艰难险阻的三十二年，它使人的记忆一部分变得模糊，另一部分却变得越来越清晰。作为革命者，他对故乡人民的革命斗争形象永远记忆犹新。"咒"字是对时间流逝之快的感叹，这个动词炼得极好，十分新颖。仅一个"咒"字噙满了多少热爱，多少思念，多少沉痛的感慨。诗人为此（流逝的漫长光阴）而诅咒岁月的流逝，他在痛叹光阴不再，痛叹整整 32 年见不到故乡的面容，只有魂牵梦绕，几度在睡梦中来回飘浮。岁月为何要流逝，如同光明的白昼为何要消失，这本是客观的情况，诗人自然明白，但"须知这是写诗啊"（毛泽东语），诗人要强调他对故乡的强烈情感，对时光不再的愤怒。

但毛主席不愧是写诗的大作手，在前二行痛表了对故乡的眷念之后，笔锋一转，进入对过去革命斗争的高亢回忆。毛主席带领成千上万的农民兄弟奋起造反，造国民党反动派这些罪恶"黑手"之反；"黑手"有称王称霸的皮鞭，但我工农革命武装有红缨、长枪在手。但斗争是艰难的，残酷的，牺牲是不可避免的。

颔联紧接上文"三十二年前"，是对 1927 年大革命时的历史情景的回忆："红旗卷起农奴戟，黑手高悬霸主鞭"。"红旗"和"黑手"，在视觉色彩和感情色彩上都形成鲜明的对比，有力地突出了当时阶级斗争的尖锐激烈。1926 年至 1927 年，随着北伐战争的进展，农民运动也掀起了高潮。也就在 1927 年，蒋介石发动了"四·一二"反革命政变，在湖南也发生了"马日事变"。一时间反革命势力群魔乱舞，向共产党人和革命群众大开杀戒。但是无论敌人怎样嚣张，革命者都不会被吓倒。

颈联是全诗重点，同时也起到承接上下意义的过渡作用。这两句有石破惊天之慷慨，其中还有西风悲烈之声音，大义凛然之气

七律·到韶山〈1959 年〉

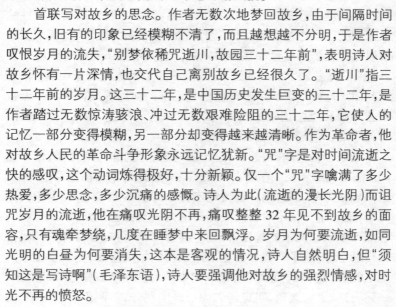

257

势,气贯长虹之雄心。诗人仿佛在告诉我们一个道理(抑或真理):
一个人壮志多多,也就牺牲多多,但这又何所惧,唯有大壮志者才
能改天换地、破旧立新。在这两句的后面,诗人也流露出对牺牲的
亲人、朋友、同志的无尽深情。因诗人一家就有六位烈士,新中国就
是以无数先烈用生命和热血换来的,它更增强了后继者的斗争意
志。他们踏着烈士们的血迹前进,换来了春满人间的新中国。作者
在此简练地概括了三十二年前白色恐怖的血雨腥风,书写了无数
艰苦斗争和流血牺牲的史实,赞美了革命者不屈不挠、不怕牺牲、
前赴后继、勇于斗争的英雄气概。

尾联:诗人异峰再起,又起一层意思,与前面形成对照,留下空
间。描写韶山新貌。春风吹来,田里稻浪滚滚,到处都是劳动英雄,
他们忘我劳动之后,满怀喜悦地走在收工的路上,沐浴在夕阳的余
晖里,描绘了一幅丰收、祥和、充满活力的新田园风光,展现了祖国
各地一派欣欣向荣的繁盛景象。"喜看"二字将丰收与暮归两幅景
象相融合,形成了一幅社会主义新农村的灿烂图景,充满了浓厚的
生活气息。这里的"喜"字与第一句中的"咒"字刚好构成鲜明对照,
一咒一喜,大起大落,可见诗人内心峰回路转,点两极而场景不乱,
心情错落有致,真非大手笔不能调度也。32 年的历史在这"咒"与
"喜"之间各就各位,画出丰富的长卷图。在此,诗之余韵缕缕不绝
于耳,令人从读此诗最初的激动幻化到静静的无边的遐思。

纵观此诗,气势恢弘,因典寓意,对比强烈,真情跌宕,自然浑
成。它以人民英雄为主角,肯定了人民创造历史的真理。在内容上
可谓博大精深,在艺术上也独具匠心。它融记叙、抒情和议论为一
体,同时运用了多种对比的艺术手法,如时间上的昔与今对比,色
彩上红与黑对比,感情上咒与喜对比等等,通过对比在总体格调上
形成了从灰暗凝重到明朗欢快的旋律,使诗的境界大为开阔。

七 律

登 庐 山①

一九五九年七月一日

一山飞峙大江边②，
跃上葱茏四百旋③。
冷眼向洋看世界④，
热风吹雨洒江天⑤。
云横九派浮黄鹤⑥，
浪下三吴起白烟⑦。
陶令不知何处去⑧，
桃花源里可耕田⑨。

【注释】

①登庐山：庐山，又名匡山，或匡庐。在江西九江市南。飞峙长江边，紧傍鄱阳湖。相传周朝有匡氏七兄弟上山修道，草庐为舍，故名。有"匡庐奇秀甲天下"之称。山形呈东北—西南走向。长约25公里，宽约10公里。最高峰双阳峰海拔1474米。庐山为地垒式断块山，多险绝胜景，四季风景如画。为著名游览胜地。1959年是我国国民经济持续三年发生严重困难的起始。产生困难的原因种种，但最主要的是两个方面。在国际上，中苏两党意识形态上的分歧，已进一步导致国家关系的恶化。在国内，由于人民公社化和大跃进中出现的"共产风"、浮夸风、高指标等错误倾向，业已产生严重后果。而庐山会议的目的，就是要纠正大跃进的某些偏差，要到会的高级干部放下包袱，畅所欲言。毛泽东同志对人民公社化和大跃进，始终有个基本估计。他认为，这些都是人民群众的主动性和创造精神的体现，

其中难免会有错误，但与成绩相比，不过是一个指头同九个指头的关系。他最欣赏的，一是人民群众热火朝天的革命干劲。一是人民公社体制。他曾设想，人民公社有可能成为建成社会主义并逐步向共产主义过渡的最好的组织形式。这些思想，在诗中有所体现。同时，细味此诗，对庐山会议何以会由纠左变为反右不无助益。这首诗原有小序，云："一九五九年六月二十九日登庐山，望鄱阳湖、扬子江，千峦竞秀、万壑争流，红日方升，成诗八句。"后接受周小舟同志的建议删去。1959年9月，作者《致诗刊编辑部》信中说："……全世界反动派从去年起，咒骂我们，狗血喷头。照我看，好得很。六亿五千万伟大人民的伟大事业而不被帝国主义及其在各国的走狗大骂而特骂，那就是不可理解的了。他们越骂得凶，我就越高兴。让他们骂上半个世纪吧！那时再看，究竟谁败谁胜？我这两首诗，也是回答那些王八蛋的。""我这两首诗"即《七律·到韶山》和本篇。

　　这首诗最早发表于人民文学出版社1963年12月版《毛主席诗词》。

　　②飞峙：谓庐山高峻，拔地而起，凌空欲飞。

　　③跃上葱茏四百旋：谓驱车登山。葱茏：郭璞《江赋》："潜荟葱茏。"李善注："葱茏，青盛貌。"此指郁郁葱葱的山峰。四百旋：1953年建成的庐山盘山公路，全长约35公里，转弯近四百处，故云。"跃上葱茏"原稿为"欲上逶迤"；"四百旋"原为"四百盘"。

　　④冷眼：冷峻的目光。有蔑视义。

　　⑤热风吹雨洒江天：唐王建《宫词》："春风吹雨洒旗竿。"热风：语义双关。一为写实，指夏季湿热之风。二为象喻，指大跃进的热潮。《毛泽东诗词论稿》的作者鲁歌认为，"冷眼""热风"一联，"反映了诗人高瞻远瞩，面对世界风云，镇定从容，无所畏惧的气概。"同时也"隐藏了本来反'左倾'到后来却变成反右倾作法的根苗。"此联"看世界"原为"观世界"；"热风"句原为"热肤挥汗洒南天"，改为"热风吹雨洒南天"，后定稿如上。

　　⑥云横九派浮黄鹤：九派，作者1959年12月29日给钟学坤同志信中说："九派，湘、鄂、赣三省的九条大河。究竟哪九条，其说不一，不必深究。"参《菩萨蛮·黄鹤楼》"茫茫九派流中国"注。"云横九派浮黄鹤"为诗人得意之笔。1959年9月7日作者在给胡乔木同志的信中写道："诗两首，请你送给郭沫若同志一阅，看有什么毛病没有？加以笔削，是为至要。主题虽好，诗意无多，只有几句较好一些的，例如'云横九派浮黄鹤'之类。诗难，不易写，经历者如鱼饮水，不足为外人道也。"

　　⑦浪下三吴起白烟：三吴：诸说不一。作者在1959年12月29日给钟学坤同志的信中说："三吴，古称苏州为东吴、常州为中吴、湖州为西吴。"

毛泽东诗词全集赏读

白烟:水汽。刘禹锡《途中早发》:"水流白烟起。"此联可参李白《庐山谣》:"登高壮观天地间,大江茫茫去不还。黄云万里动风色,白波九道流雪山。"杜甫《秋兴八首》:"珠帘绣柱围黄鹄,锦缆牙樯起白鸥。"

　　⑧陶令:即陶渊明(?—427),一名潜,字元亮,浔阳柴桑(今江西九江)人。生当东晋、南朝宋之际。仕晋曾为彭泽县令八十余日,故称陶令。因不满现实,去官归隐,躬耕乡里,以诗名家,被誉为隐逸诗人之宗。

　　⑨桃花源:指陶渊明《桃花源记》中所描写的没有压迫和剥削,人人劳动、自由平等的社会生活图景。全句以问句出之,表现了诗人对陶令"乌托邦"式的社会理想的否定,和对社会现实,由人民公社、大跃进实现共产主义的理想的肯定。据李锐回忆,当时周小舟曾将此诗原稿给他看,诗的尾联为:"陶令不受元嘉禄,只为当年不向前。"(参蔡清富、李捷《新诗改罢自长吟——谈毛泽东对自己诗词的修改》)

(七律·登庐山)

　　自古以来,庐山为文人荟萃之地,登临歌咏之诗层出不穷,其中佳作迭出,令后人望而却步,岂敢再发吟哦,一试身手。

　　但一代大诗家毛泽东就要以他的生活、经验、才识、豪气登临高歌一曲《登庐山》。而那时诗人刚写完《七律·韶山》不过几天,但心驰神荡,风物转换,诗情一路跟紧,又起一个高潮。

　　这首诗通过抒写登庐山的所见所感,歌颂当时轰轰烈烈的"大跃进"浪潮。首联写登上庐山,第一句写山景,第二句写景中之人。以"一山"引领全诗,突兀而出,开篇即直奔主题。"一"字的运用,表明庐山是一座独立的山,而不是连绵起伏的山脉,即写山势的独立和与众不同。紧接着一个"飞"字,用得简直俊逸壮阔、从容飘逸,"一山飞峙大江边"诗句凌空突拔宛若山势挺立,诗意与山意浑然莫辨,双美合而为一齐漾读者心间。诗人一起笔就与过往诗人不同,一来就以独有的大气魄烘托庐山凌空欲飞的英姿。仿佛万丈高峰域外飞来,落地生根,以动写静,自有非同凡响的神采。"跃上"再写登山的速度和身姿也与众不同,充满动感,令人联想到新中国人民在"大跃进"中意气风发的精神风貌和万众踊跃的劳动场面。"葱茏四百旋"写尽山色山势,特别是"四百旋",以写山高路长和艰险难登,再次加重笔力、色彩描画了山势的陡峻。因为登得越高望得越远,所以此联写山之高,实为后文望山之远做好了厚实的铺垫。

　　接着写进山登临的路线,那路线盘旋环绕,荡气回肠,一路上青翠迎接、相伴、引领朝上;清风送爽的夏日,苍茫幽深的佳景倍添登临之趣。

　　颔联:"冷眼向洋看世界",诗人直抒胸臆及现实处境,作者站在高山之巅极目千里,环视周遭,冷漠而不动声色地看着世界上的一切反动派所形成的反华包围圈,对于敌视新中国的西方反华世界流露出一种轻蔑之态势。

　　颈联:"云横九派浮黄鹤,浪下三吴起白烟。"这两句工仗、典丽,"横、浮、下、起"连环动感,虚实相间,形成立体画面。而且诗人也对这两句比较满意,他在 1959 年 9 月 7 日给胡乔木的信中谈到对这两句的看法,认为这两句较好一些。同时还谈到写诗之难,"经历者如鱼饮水,冷暖自知,不足为外人道也。"

而且这两句也是从诗人一贯谙熟的地理方位之手法布局，然后将诗情充沛其上下左右，任其奔腾流转。诗人在此西望武汉上空，江河之上，黄鹤浮空欲飞；接着又东眺江东（及古时三吴地区），但见长江顺势而下，一泻千里，在三吴上空，烟霞蒸腾、热情壮美。这两句同样是写祖国江山热火朝天的形势。

尾联写庐山脚下，使诗歌出现了深刻的寓意。诗人在这里妙用了陶渊明所著《桃花源记》这篇千古传颂的美文。通过几千年的历史文化沉淀，"桃花源"已附添了许多象征意义，但它最主要的象征意义是指乌托邦式的理想社会。这种子虚乌有的社会只有告慰心灵，而在人世间却永远无法见到。毛主席在这里表面虽是用陶渊明之典说出一句问句，桃花源里到底可不可以耕耘劳作？但实际上是为广大读者留下一个深思的空间，我们已知道社会主义建设当时正处于大高潮、大激情之中，那么自然可想而知，毛主席是不赞成躲入所谓怡然自得的桃花园躬耕劳作的。但诗人毛泽东并没有直接否定这一点，而是以一句设问句收了尾，留下诗之余响令读者沉思。读者自会明白诗人的本意。

纵观此诗，雄奇豪壮，气势恢宏，感情激越，境阔意远。

七 律

读报有感(之一)

一九五九年十月

西海如今出圣人①，
涂脂抹粉上豪门②。
一辆汽车几间屋③，
三头黄犊半盘银。
举世劳民同主子，
万年宇宙绝纷争④。
列宁火焰成灰烬，
人类从此入大同⑤。

【注释】

①西海：泛指西方。《礼记·祭义》："夫孝，置之而塞乎天地，溥之而横乎四海，施诸后世而无朝夕，推而放诸东海而准，推而放诸西海而准，推而放诸南海而准，推而放诸北海而准"。圣人：这里是褒义反说，讽刺赫鲁晓夫。

②豪门：指以美国为首的帝国主义世界。

③一辆汽车几间屋，三头黄犊半盘银：直接引用和浓缩赫鲁晓夫的话。一九五九年国庆期间，赫鲁晓夫访问中国。十月二日，毛泽东等在中南海颐年堂与赫鲁晓夫举行正式会谈。赫鲁晓夫通报了他的美国之行，大肆宣讲他在美国受到欢迎的盛况，说这位农场主送给他三头良种牛，那位资本家送给他一盘古银币。还说，现在美国差不多每个家庭都有汽车，都有好几间房子，住别墅，吃美馐。他认为，我们只能同美国在经济上搞和平竞

赛,不能用武力来"试试它的稳定性"。当时,毛泽东等在如何看待国际问题和美国问题上,与赫鲁晓夫分歧很大。

④宇宙绝纷争:赫鲁晓夫认为,实现"三和政策"和"三无世界"后,世界上便再无纷争了。

⑤大同:一种理想社会。这里是正话反说。

【赏读】

二十世纪五十年代末,国际上和共产主义内部接连发生许多重大事件。一九五九年六月二十日,苏共中央致信中共中央,单方面宣布废除双方签订的协议,中断向中国提供制造原子弹的技术资料,拒绝提供原子弹样品。八月二十六日,印度悍然挑起中印边界冲突,九月六日,中国将事件真相通告了苏联,但塔斯社却发表声明,偏袒印度,指责中国。九月十五日~二十七日,赫鲁晓夫访问美国,最后三天在戴维营与艾森豪威尔总统会谈。之后,赫鲁晓夫鼓吹这次会谈是"国际关系的新纪元",是"历史的转折点"。

国庆期间,赫鲁晓夫来华访问,通报他的美国之行的"成功",在一些国际问题上与中共中央分歧颇大。十月三十一日,赫鲁晓夫在最高苏维埃会议上讲演时,含沙射影地攻击中国共产党搞"冒险主义",是"不战不和的托洛茨基主义"。在此之前,一九五六年二月赫鲁晓夫在苏共第二十次代表大会作秘密报告,全盘否定斯大林,还提出所谓"议会道路"、和平过渡到社会主义的问题。在其他公开场合,赫鲁晓夫对中国的"百花齐放,百家争鸣"方针及"大跃进"、人民公社化运动,明确提出怀疑和指责。

与此同时,一九五八年~一九五九年期间,美国国务卿杜勒斯三次发表演讲,要对社会主义国家实行"和平演变"。杜勒斯的狼子野心与"苏联老大哥"的上述种种变化,使毛泽东忧心忡忡,时刻在思考国际大势。加上这年八月庐山会议期间,出现了所谓"右倾机会主义"的问题,并认为"右倾机会主义分子"是同国际机会主义遥相呼应的。鉴于此,毛泽东纵观时局,向全党和全国人民提出了一项重大的战略任务:反对修正主义,防止修正主义。毛泽东当时的举措之一,是于一九五九年十一月和十二月,在他多次住过的杭州刘庄别墅连续三次召开专门讨论国际局势的座谈会,以逐渐统一

七律·读报有感(一)〈1959年〉

全党的思想。在此期间,毛泽东为表达对国际局势和一些重大国际事件的看法,写了被称为《读报有感》的几首诗。

"西海如今出圣人,涂脂抹粉上豪门。""圣人",指赫鲁晓夫,用的是反语;"豪门",指美国,特指戴维营。两句点明赫鲁晓夫访美一事。"涂脂抹粉",无非是为了博人一欢。讽刺其丑态,入骨三分。

"一辆汽车几间屋,二头黄犊半盘银",是直接引用赫鲁晓夫介绍美国情况的话,间接鄙夷赫鲁晓夫对帝国主义毫无骨气的倾倒与羡慕。

"举世劳民同主子,万年宇宙绝纷争",描写赫鲁晓夫的理想世界——只要尊帝国主义"匪盗"为主子,宇宙在一万年之内便会消灭种种争斗,进入"三无"时代。这一幻想,在毛泽东看来,正是现代修正主义的实质所在。

因此,在末联中,诗人立即笔锋一转,指出:如果走赫鲁晓夫的路线,马克思列宁主义所点燃的革命火焰立即会被扑灭,只留下一堆灰烬。

在这首诗里,诗人没有正面言志说理,而是反面刻画,目的在充分暴露现代修正主义者的丑恶嘴脸,严正指出他们的行径将造成的恶劣影响。这类读报诗,都是政治讽刺诗,或者可称为以诗的形式写成的"杂文"。它们不同于抒情诗,也不同于一般的叙事诗。它们有特殊风格,画其丑态,揭其腐心,正话反说,讽刺尖刻,是这类诗的特色。毛泽东的这几首读报诗,未太注意格律。这不是诗人作诗不讲究格律,而是以诗的形式高度服从于政治内涵的迫切需要。

毛泽东诗词全集赏读

七　律

读报有感 (之二)

一九五九年十一月

反苏忆昔闹群蛙①，
今日欣看大反华。
恶煞腐心兴鼓吹，
凶神②张口吐烟霞③。
神州岂止千重恶，
赤县原藏万种邪。
遍找全球侵略者，
惟余此地一孤家④。

【注释】

《董必武诗选》(人民文学出版社 1977 年版)第 105—106 页载其《再为长句奉和毛主席诗韵》二首。诗前有小序，序曰：前在广州读毛主席读报"蛙"字韵诗已奉和二律，近读其继作，语重心长，感慨万端，兴婉而微，发人深省。

附董必武原诗1959 年 12 月 10 日《奉和毛主席读报有感七律一首》，诗序云"近读其继作"。诗云：

垂危阶级乱鸣蛙，既反列斯又反华。
覆辙欲寻希特勒，来车曾遇卡秋霞。
恶风纵使推千浪，正气终能慑百邪。
可鄙叛徒多助虐，图颜求宠作专家。

此外,董老尚有奉和毛泽东1960年6月13日读报有感韵二首,亦可证陈晋关于20世纪50年代末60年代初,毛泽东写过不少《读报诗》。仅1959年11月至12月,便写了四首,都是七律。内容都是批判修正主义的。

①闹群蛙:像一群青蛙在喧闹。陆游《宿沱江弥勒院》:"蛙吹喧孤枕,蚊雷动四廊。"

②恶煞、凶神:凶恶的鬼神。无名氏《桃花女》:"遭这般凶神恶煞,必然板僵身死了也。"腐心:极其痛恨。《史记·刺客列传》:"樊於期偏袒扼腕而进曰:'此臣之日夜切齿腐心也,乃今得闻教!"

③吐烟霞:犹吞云吐雾。沈约《郊居赋》:"始餐霞而吐雾,终凌虚而倒景,"原指道家修炼养气,不食人间烟火。在小说中常用以形容妖魔鬼怪作恶时的情状。

④孤家:孤立一人。吴趼人《二十年目睹之怪现状》等六十五回:"到了今日,云岫竟变成个孤家寡人了。"

【赏读】

自从1958年以来,世界范围内上演了一场又一场"反华大合唱",国际上以美帝国主义为首的各种反动势力攻击我国的社会主义革命和建设。1958年8月至10月我人民解放军朝金门岛炮击,1959年3月我人民解放军又平息了西藏的武装叛乱,1959年8月至10月我国在中印边界两次武装冲突中维护了我国的领土主权。这一系列事件都遭到帝国主义和各国反动派大肆谩骂,其中美帝国主义的调子最高。毛主席这首诗就写的这段时间之事,在读报中有感而发。

这首诗首联直叙国际政坛上"反苏"、"反华"的局势。

此诗劈头二句,就以嘲讽戏谑的口气,回忆了过去反动势力如群蛙般鼓噪反对苏联社会主义;如今又摇唇鼓舌,大肆攻击我社会主义的新中国。诗用"忆昔"二字表示这类围攻是过去的事。然后,用"今日"二字表明"反华大合唱"是目前的国际形势。"闹群蛙"的比喻,表达了诗人对各种敌对势力的鄙夷;"欣看"的幽默口吻,暗指中国之所以遭围攻,乃因为中国真理在握,且国力逐步强大。正如诗人当年写给《诗刊》编者的一封信中说:"全世界反动派从去年起,咒骂我们,狗血喷头。照我看,好得很。六亿五千万伟大人民的伟大事业而不被帝国主义及其在各国的走狗大骂而特骂，那就是不可理解的了。他们越骂得凶，我们就越高兴。"这就是为什么诗人要用"欣看"二字的意思，而且也表达了诗人就是要以一种观看闹剧的心情来好好看一番这些坏人可笑而拙劣的表演。它也是诗人自信自强的心态的流露。

颔联中的"恶煞"、"凶神"，均指中国的敌对势力。这年五月六日，毛泽东在接见苏联等十一国代表团和驻华使节时，明确地说："今天世界上鬼不少。西方世界有一大群鬼，就是帝国主义，在亚洲、非洲、拉丁美洲也有一大群鬼，就是帝国主义的走狗、反动派"。在《关于反华问题》中，毛泽东进一步具体地说："所谓大反华，究竟是一些什么人，有多少人呢？不过是一些西方国家的帝国主义分子，其他一些国家的反动派和半反动派，国际共产主义运动中的修正主义分子和半修正主义分子，以上三类人，估计总共只占全人类的百分之几，例如说百分之五吧，最多不过百分之十。"

两句诗刻画上述三类人如凶神恶煞，张牙舞爪地叫嚣不休，弄得国际舞台一片乌烟。"兴鼓吹"、"吐烟霞"，极写反华势力一时的嚣张气焰，然而他们必得"烟散"收场，灰溜溜地碰壁而回。

颈联，诗人再以幽默的口吻。模仿三类人的语调，剖析三类人的内心。在三类人看来，赤县神州岂止"千重恶"，还藏着"万种邪"。诗人借用反语，对三类人的丑恶内心作了淋漓尽致的揭露与讽刺。

末联的"侵略者"，是三类势力中对中国炮击金门、中印边界自卫反击等正义行动的诬蔑之词。诗人借用"遍找全球侵略者"这种诙谐的口气，逼出"惟余此地一孤家"的正意。诗人认为，中国人民在反华的浪潮中坚守壁垒，中国共产党在国际共产主义运动中始终高举马克思主义的大旗，即使是暂时的"孤家"，但前景是光明的，"胜利终是我们的"。诗人当时的坚定信念昭然可见。他在关于国际形势的一篇文章中写道："他们反华，对于我们说来，是好事，不是坏事，证明了我们是真正的马克思列宁主义者，证明了我们的工作做得还不错。"又在同年十二月一次讲话中说："全世界极为光明。乌云越厚，光明越多。"孤立者并不孤，毛泽东在这样的思想信念支持下潇洒地写了"惟余"二字。全诗在轻松、幽默的语调中流露出极大的愤慨和强烈的自信。

七 律
读报有感(之三)

一九五九年

托洛茨基到远东^①，

不和不战逞英雄^②。

列宁竟撇头颅后，

叶督该拘大鹫峰^③。

敢向邻居试螳臂^④，

只缘自己是狂蜂。

人人尽说西方好，

独惜神州出蠢虫。

【注释】

①托洛茨基:托洛茨基(1879~1940),乌克兰人。1897 年 18 岁时,组织南俄工人联盟。1917 年加入布尔什维克党,并任中央委员、政治局委员。10 月革命后,任外交人民委员、陆海军人民委员、革命军事委员会主席等职。1926 年,被指控参与"托洛茨基——委诺维也夫联盟"。1929 年被驱逐出境。1938 年在巴黎组成"世界社会主义革命党",又称"第四国际"。后被暗杀于墨西哥。

②不和不战:1857 年,在第二次鸦片战争中,英法联军进攻广州时,两广总督兼通商大臣叶名琛采取"不战不和不守,不死不降不走"的消极对策。结果,英法联军攻陷广州,俘叶名琛。毛泽东诗中借用"不和不战"四字,指赫鲁晓夫对待当时所说的帝国主义阵营的态度。

③大鹫峰:亦称灵鹫峰,以其山顶似鹫而得名。在印度加尔各答。

④螳臂:"螳臂当车"的缩用。螳螂以其前腿抵挡车子的前进,言其自

不量力。《庄子·人世间》,"汝不知夫螳螂乎?怒其臂以当车辙,不知其不胜任也。"狂蜂:蜂子常常成群地以毒刺蜇人,故称狂蜂。

【赏读】

此诗开篇起笔突兀,有一定历史背景。1959 年 10 月,赫鲁晓夫谈论中国对帝国主义阵营的政策时,特别提到了十月革命初期列宁与托洛茨基的分歧,意在类比今天他与中国在对待西方问题上的不同态度。故毛泽东诗的首句反唇相讥,说:"托洛茨基到远东"。"不和不战"四字,含沙射影,概括地批评赫鲁晓夫既搞"和平共处"又搞军备竞赛。赫鲁晓夫曾提出社会主义国家与资本主义国家"和平共处"、"和平竞赛"以及资本主义"和平过渡"到社会主义的"三和路线"。毛泽东对此极为反感,认为这是赫鲁晓夫"已经修了"的标志。但赫鲁晓夫并不真正致力于世界持久和平,而是不断扩大核力量,增加军费预算。赫鲁晓夫的这些方针政策,是国际共产主义运动未曾如此系统地出现过的"新"事物,因而毛泽东在诗中讽刺他"逞英雄",别有企图。

第二联进一步指出,赫鲁晓夫"不和不战"政策是与列宁主义背道而驰的,是把列宁"竟撇头颅后"的结果。"不战不和不守,不死不降不走",是两广总督兼通商大臣叶名琛在英法联军发动第二次鸦片战争时的极愚蠢言行。"叶督该拘大鹫峰",一个"该"字,预示赫鲁晓夫必将步叶名琛的后尘,会获得同叶名琛一样的可悲下场。

第三联"敢向邻居试螳臂,只缘自己是狂蜂"中,"邻居"指中国。是说赫鲁晓夫辈敢于以螳臂当车,不过证明他们是一群狂嗡乱蜇的蜂虫。表达了对他们所作所为的不屑一顾,嗤之以鼻。

末联借赫鲁晓夫辈的口吻和语言,斥责他们崇拜西方,鄙视中华。语态轻松却意蕴深刻。

毛泽东这首《读报有感》,寓理于诗,比喻恰切,用语精当,可以说是一位政治家在写政治诗。诗这时在他手里,已成为一种形式、一种工具。他要直抒胸臆,袒露政治观点,已难以太多地顾及形象和意境了。毛泽东的诗写成后,分送的人很有限,但他一有新作,在中央领导人之间肯定是传诵的。故董必武"读其继作"之后,于 1 月 13 日又有和诗。

七律·读报有感(三)〈1959 年〉

《再为长句奉毛主席诗韵》

董必武

一

阵营思想判鸿沟,
一入迷途未肯休。
越陷越深难拔足,
胡天胡帝怎回头。
缓和局势宜争取,
迁就西方大可忧。
革命红旗要擎紧,
责无旁贷是神州。

二

倒绷儿臂事非鲜,
吞却糖衣锭欲仙。
投鼠必须思忌器,
得鱼切莫喜忘筌。
自居右首嫌人左,
身立中间蔽已偏。
如此逆流须抗拒,
坚持原则党能肩。

毛泽东诗词全集赏读

七　律

读报有感(四)①

一九六零年六月十三日

托洛茨基返故居②，

不战不和欲何如。

青云飘下能言鸟③，

黑海翻起愤怒鱼④。

爱丽舍宫唇发黑⑤，

戴维营里面施朱⑥。

新闻岁岁寻常出，

独有今年出得殊⑦。

【注释】

①此诗见于罗炽主编《毛泽东诗词鉴赏辞典》，又见于胡忆肖等编著《毛泽东诗词白话全译》。检《董必武诗选》(人民文学出版社 1977 年版)，董老 1960 年 6 月 14 日夜有《奉和毛主席 1960 年 6 月 13 日读报有感韵》，诗云：

> 岁月徒令叹不居，徘徊歧路愿难如。
> 总思铸戟为农器，无怪临渊羡庶鱼。
> 幻术使青能变白，色盲看碧亦成朱。
> 列宁遗教谁违背？阿 Q 精神又岂殊。

董老于同年八月又有《8 月 2 日夜大风雨仍次居韵》，诗云：

风狂雨骤逼爱居,黑夜涛声汹汹如。
吠影反华惊百犬,投机似柏喜双鱼。
天下是非将大白,面前醒醉现微朱。
谁持马列维真理?群众心中判别殊。

诗人自注,柏即柏恩斯坦。可见董老所和即此诗。

②托洛茨基(1879—1940),俄国十月革命胜利后曾任革命军事委员会主席等职。1927 年 11 月被清除出党。1940 年托洛茨基死于墨西哥。此以托洛茨基拟比赫鲁晓夫,故有"返故居"之说。

③能言鸟:即鹦鹉。《汉书·武帝纪》:"南越献驯象、能言鸟。"赫鲁晓夫喜夸夸其谈,故以"能言鸟"讽之。

④黑海:海名。欧洲内海。沿岸有前苏联、罗马尼亚、保加里亚等国港口。全句喻指黑海沿岸各国人民的愤怒情绪。

⑤爱丽舍宫:法国总统府。赫氏喜欢到处发表长篇演说,故嘲讽其"唇发黑"。

⑥戴维营:美国总统的度假村。赫鲁晓夫曾在此与美国总统艾森豪威尔会谈。此暗讽赫氏向美屈服。

⑦殊:特殊,不同。《水调歌头·游泳》:"神女应无恙,当惊世界殊。"

【赏读】

此诗作于 1960 年,那一年世界上风云变幻接连发生了几件爆炸性新闻。按时间顺序,第一件是,一架美国侦察飞机于 5 月 1 日从土耳其阿达拉美军基地起飞,侵入苏境纵深达二千一百公里,被苏空军击落,驾驶员被俘并对其侦探活动供认不讳。美国的飞机从 1956 年起多次入侵苏联领空。事实揭穿了"艾森豪威尔是和平爷爷"的胡言乱语。

第二件是,飞机入侵后,苏联各界纷纷举行抗议集会,其中拥有舰艇五百四十多艘、飞机三百八十多架的黑海舰队官兵也愤慨填膺、严正抗议。

第三件是,5 月 16 日美、英、法、苏在巴黎举行四国首脑会议,法国总统戴高乐宣布正式开会前,赫鲁晓夫掏出事先准备的稿子,强烈要求发言,指责美国飞机入侵苏联,要求严惩这一事件的直接罪犯,并承诺今后不再发生类似事件。但艾森豪威尔听而不闻,拒绝了他的合理要求。于是赫鲁晓夫气急败坏地退出会场。四国首脑会议因而宣告流产。

第四件重大新闻发生在 1959 年 9 月 25 日~27 日。艾森豪威尔和赫鲁晓夫在距美国首都一百余公里的总统别墅戴维营举行会议，就东西德和柏林墙问题、裁军问题、禁止核武器试验问题、美苏关系问题等交换意见，没有达成任何实质性的协议。但对阻挠中国解放台湾和发展自己的核武器却达成默契。会谈后，赫鲁晓夫到处宣扬所谓"戴维营精神"，还鼓吹说 1960 年要成为世界上"没有武器、没有军队、没有战争"的一年。

毛泽东读到这些新闻后，在同年 6 月 13 日写了这首《读报有感》。

此诗首联直言赫鲁晓夫乃托洛茨基一类人，借历史上的托洛茨基为现实中的赫鲁晓夫定性。"返故居"，言修正主义的阴魂又回到了苏联老家。"不和不战欲何如"，以反问的句式对赫鲁晓夫的外交方针作一概括性的否定。

第二联首句，以"能言鸟"比喻飞机，以"飘下"这样颇有气势的词语，讽刺鼓吹"戴维营精神"的赫鲁晓夫的美梦如肥皂泡般破灭。次句，既正面写苏联人民的正义抗议，又暗示赫鲁晓夫依然在炫兵耀武，暴露其夺霸权的狼子野心。"青云"与"黑海"，"能言鸟"与"愤怒鱼"，自然成对，如妙手偶得。

第三联正面描绘赫鲁晓夫的外交舞台的表演：他在法国的爱丽舍宫里气愤得双唇发紫；在美国的戴维营中，扮演着面施粉黛的跳梁小丑。这是赫鲁晓夫在言行上的矛盾，也正是"不和不战"方针的矛盾反映。

末尾以"寻常"反衬一"殊"字，加重了诗人对这些国际新闻的讽刺，更表明了对"不和不战"方针的批判态度。这首诗融合了四条新闻，且多次将"托洛茨基"、"黑海"、"爱丽舍宫"、"戴维营"等翻译名词入诗，对于旧体诗来说，可说是继梁启超、黄遵宪之后的又一次大胆创新。

董必武读到此篇后，诗兴勃发，第二天夜里，便有《奉和毛主席 1960 年 6 月 13 日读报有感韵》以及《8 月 2 日夜大风雨仍次居韵》（见注释）

七律·读报有感（四）〈1960 年〉

当时党中央"五老"的谢觉哉,以《叠韵诗》命题从 6 月 28 日～12 月 9 日,也用毛泽东的"居"韵连写十二首七律。现录二首以飨读者:

一

改编史传意何居,王莽当年愧不如。
换日偷天今作古,断章取义鲁为鱼。
祖龙掌运色从黑,和尚称尊姓同朱。
谁当政该准作史,马恩到赫太悬殊。

二

海市蜃楼不可居,纷纷响应意何如。
深山藏有惊弓鸟,隔海欣呼落网鱼。
捉月清波悲李白,亡羊歧路泣杨朱。
东风吹醒华胥梦,事理昭昭匪特殊。

"五老"之一的林伯渠,虽不是步"居"韵,却也在 1960 年 1 月写了一首反修七律,题为《年末》:

年末大气颇惺松,寒热时流舞太空。
欲锁蛟龙不反掌,只看鸣鹄想弯弓。
薰莸同器势难舍,寰宇映辉总是红。
寻委究源到尽处,梦回午枕一笑松。

七　绝

为女民兵题照①

一九六一年二月

飒爽英姿五尺枪②，
曙光初照演兵场③。
中华儿女多奇志④，
不爱红装爱武装⑤。

【注释】

这首诗首次公开发表于人民文学出版社 1963 年 12 月版《毛主席诗词》。

①为女民兵题照：题照：为照片题诗。据题意与诗意，参照相关回忆文章，此诗所题之照应是一帧以女民兵清晨进行军事训练为题材的摄影艺术作品。在长期的革命战争中，我党形成了一套完整的人民战争思想，我党领导的民兵武装在历次革命战争中都发挥了巨大作用。全国解放后，毛泽东同志仍十分关注民兵组织的建设。1958 年，针对美蒋反动派在台湾海峡的军事挑衅，毛泽东同志在 9 月 29 日对新华社记者的谈话中说：

"帝国主义如此欺负我们，这是需要认真对付的。我们不但要有强大的正规军，我们还要大办民兵师。这样，在帝国主义侵略我国的时候，就会使他们寸步难行。"在毛泽东同志的倡导下，全国很快掀起了大办民兵师的高潮。1961 年，国际风云变幻，反华势力猖獗，我全民皆兵运动再现高潮。这时，毛泽东同志在照片上题写了这首诗，抒发了中华儿女尚武的壮志和中华民族决不屈服于外来压力的精神。

②飒爽英姿：语见杜甫《丹青引赠曹将军霸》："褒公鄂公毛发动，英姿飒爽来酣战。"形容精神抖擞，英武矫健的姿态。

③演兵场:练兵场。泛指进行军事训练的场所。

④儿女:此为偏义复词,指女子。

⑤红装:犹"红妆。"参《沁园春·雪》"红装素裹"注。武装:战斗的装束。

【赏读】

这是作者看了女民兵训练的照片以后而题写的诗。通过对女民兵的赞美,展示了新中国青年妇女的新思想、新面貌、新精神状态,讴歌了她们崇高的内心世界以及意气风发,斗志昂扬的新时代精神。

民兵这一不脱离生产的群众性革命武装组织是在毛泽东的人民战争思想的指引下诞生并发展壮大起来的;也是根据毛主席"全民皆兵"的思想,进一步普及到全国各行各业的。

毛主席这首诗所题对象,就是当年在他身边工作的一位姓李的机要员。一天早晨,她到毛主席的菊香书屋去送文件,即将离开时,毛主席问她有没有参加民兵组织,她回答说参加了,还从随身带着的笔记本里拿出一张自己在民兵训练时扶枪而立的照片给毛主席看,毛主席看了很高兴,沉思了一会儿,他随手拿起一本自己读过了的介绍地质常识的小册子,翻到在半页空白之处,用铅笔龙飞凤舞地写下了这首诗,送给了女机要员,并亲切地对她说:你们年轻人就是要有志气,不要学林黛玉,要学花木兰、穆桂英噢!

该诗第一句描绘女民兵身背钢枪的"飒爽英姿","飒爽",形容英姿、神采飞扬的样子。"飒爽英姿"是由"五尺枪"决定的,是背着五尺钢枪的飒爽英姿。

第二句"曙光初照演兵场"是"充满青春活力的英姿五尺枪"的背景。原来女民兵背枪的英姿照片是在清晨阳光照耀下的练兵场上拍摄的。把女民兵置于朝阳映照之中,更增添一层富于生气的艳丽色彩,使女民兵的形象更显得充满青春活力,更加光彩照人。

后两句,作者将诗思由个别提升到了一般,推及到全国的民兵,赞扬所有的中华儿女。"多奇志"是对中华儿女的评赞,是说他们有不平凡的志向。"不爱红装爱武装"一句,内涵十分丰富,一是对照片中飒爽英姿的女民兵高度赞扬;二是毛泽东一向强调"兵民是胜利之本",其中女民兵又是一支重要的力量;三是当时苏联在我国北方边境结集重兵,帝国主义又大肆反华,这句诗还意味着号召全体中华儿女参加民兵,保家卫国。

此诗虽是小诗,但义旨却很深刻,反映了毛主席对年轻一代的希望,从侧面提倡了一种无产阶级的尚武精神。因国际上反华势力当时亡我之心不死。面对严峻的形势,中国人民必须自强不息,全民武装,随时准备打击侵略者。

在艺术上,这首诗也很有特点,前两句写照片上具体的女民兵形象及背景。首先是一个特写镜头,一个英姿飒爽的女民兵手扶步枪迎面站立,而背景是黎明的晨光洒在军事训练场地上。时间、地点、人物,在短短两句诗中已一一俱在了,显得妥帖、稳当而又突出。接着诗人立即上升了这一画面,笔锋一转,点出思想。中华儿女多有非凡的志向,他们不爱涂脂抹粉而只爱武装。其间,以一、二句过渡到三、四句,跳跃很大,但极其老练、自然,诗的容量及意蕴也为之扩大了。中华儿女的新面貌、新气象、新思想一下就跃然于纸上。

总之,全诗用词精确、饱满,评赞突出博爱,充满了热情洋溢的时代感情。

(七绝·为女民兵题照)

七　律

答　友　人 ①

一九六一年

九嶷山上白云飞②，
帝子乘风下翠微③。
斑竹一枝千滴泪④，
红霞万朵百重衣⑤。
洞庭波涌连天雪⑥，
长岛人歌动地诗⑦。
我欲因之梦寥廓⑧，
芙蓉国里尽朝晖⑨。

【注释】

这首诗最早发表于人民文学出版社 1963 年 12 月版《毛主席诗词》。

①答友人：友人指周世钊、李达和乐天宇。据有关资料，乐天宇曾在郭沫若处见到毛泽东同志的诗稿，题为《七律·答周世钊、李达、乐天宇》。后改今题。周世钊，见《七律·和周世钊同志》注。李达(1890—1966)，号鹤鸣，湖南零陵人。中国共产党一大代表，著名哲学家。1922 年任湖南自修大学校长。1923 年因与陈独秀在国共合作问题上发生争执而脱党。大革命失败后，长期从事教学工作，并坚持宣传马克思主义。1949 年 12 月由刘少奇介绍重新加入中国共产党。1950 年后，历任湖南大学、武汉大学校长，中国科学院哲学社会科学学部委员，第一届中国哲学学会会长等职。十年浩劫之初，被诬反毛泽东思想，在武汉含冤去世。乐天宇(1900—1984)，湖南宁远人。1924 年加入中国共产党。大革命时期从事农民运动。20 世纪

毛泽东诗词全集赏读

40 年代在延安担任自然科学院农科主任。因其家乡有九嶷山,毛泽东称其为九嶷山人。全国解放后,曾任北京农业大学校务委员会主任、中华全国自然科学专门学会联合会常务委员、全国政协委员等职。晚年在家乡筹办九嶷山学院,积劳成疾,以身殉职。20 世纪 60 年代初,乐天宇带科研小组到湖南九嶷山区进行科学考察后,和当时的湖南省副省长周世钊、武汉大学校长李达会合,三人商定送几件九嶷山的纪念品给毛泽东,并附上有关诗词作品。乐天宇送了一枝家乡的墨竹,还送一条幅,上有蔡邕《九嶷山铭》的复制品。条幅的上额写有他自己作的《九嶷山颂》,署名九嶷山人。李达送了一枝斑竹毛笔,写了一首咏九嶷山的诗作。周世钊送了一幅内有东汉文学家蔡邕文章的墨刻。毛泽东同志接到这些纪念品后,感物生情,写下了这首友谊之歌,怀乡之曲。

②九嶷山上白云飞:九嶷山即苍梧山。"嶷"一作"疑"。在湖南省宁远县南。相传舜南巡,死葬此山南麓。山有九峰,形状相似,故名。白云飞:汉武帝刘彻《秋风辞》:"秋风起兮白云飞。"《新唐书·狄仁杰传》:"仁杰赴任于并州,登太行,南望白云孤飞,谓左右曰:'吾亲所居,近此之下!'悲泣,伫立久之,候云移乃行。"后世诗文常以白云为思念家乡亲友之喻。

③帝子:舜的两个妃子娥皇、女英,为古圣君唐尧之二女,故称。舜南巡死葬于苍梧,二妃追至湘江,投水而死,成为湘水女神。《太平御览》引《郡国志》谓九疑九峰,四曰娥皇峰,六曰女英峰。屈原《九歌·湘夫人》:"帝子降兮北渚。"

④斑竹:江南湘江一带特产一种斑竹,上有天然的褐色斑点。又称湘妃竹。晋张华《博物志》卷八《史补》:"舜崩,二妃啼,以涕挥竹,竹尽斑。"《述异记》亦载:"舜南巡,葬于苍梧之野,尧之二女娥皇女英,追之不及,相与恸哭,泪下沾竹,竹悉为之斑斑然。"

⑤红霞万朵百重衣:以云霞为衣。屈原《九歌》:"青云衣兮白霓裳。"谢朓《七夕赋》:"霏丹霞而为裳。"关于此句的诠释,多谓斑竹泪、红霞衣同属二妃。作者写祖国社会主义建设日新月异,人间的美好,引得九嶷山上的仙女也乘风云,降临人间。另一说,谓杨开慧烈士小名霞姑,诗意寄托着对亲人的忆念。作者本人晚年也说,他的《七律·答友人》'斑竹一枝千滴泪,红霞万朵百重衣',就是怀念杨开慧的,杨开慧就是霞姑嘛!可是现在有的解释却不是这样,不符合我的思想。"(1978 年 12 月 29 日《光明日报》载杨建业采访录《在毛主席身边读书——访北大讲师芦荻》)

⑥洞庭波涌连天雪:洞庭,即洞庭湖。在湖南省北部,为我国第二大淡水湖。连天雪:形容白浪滔天。杜甫《岁晏行》:"岁云暮矣多北风,潇湘洞庭

白雪中。"雪:形容白浪。苏轼《念奴娇·赤壁怀古》:"乱石穿空,惊涛拍岸,卷起千堆雪。"

　　⑦长岛人歌动地诗:长岛,既橘子洲。此指代长沙。人:即友人。动地诗:指友人所赠诗作。

　　⑧我欲因之梦寥廓:因之:因此,凭借。寥廓:广阔无边。李白《梦游天姥吟留别》:"我欲因之梦吴越。"

　　⑨芙蓉国:湖南为水乡,处处有芙蓉(荷花),故名。五代谭用之《秋宿湘江遇雨》:"秋风万里芙蓉国,暮雨千家薜荔村。"作者在 1961 年 12 月 26 日致周世钊书中说:"'秋风万里芙蓉国,暮雨朝云薜荔村'。'西南云气来衡岳,日夜江声下洞庭。'同志,你处在这样的环境中,岂不妙哉?"

附:乐天宇赠诗

七　古

九嶷山颂

赠呈毛泽东主席案右

三分石耸楚天极,大气磅礴驱尧龙。
南接三千罗浮秀,北压七二衡山雄。
东播都庞越城雨,西嘘大庾骑田虹。
我来瞻仰钦虞德,五风十雨惠无穷。
为谋山河添锦绣,访松问柏谒古枞。
瑶汉同胞殷古谊,长林共护紫霞红。
于今风雨更调顺,大好景光盛世同。

【赏读】

　　毛泽东这首诗在诗人所有诗作中堪称最为绚丽飘逸的诗作之一,诗写的十分讲究。前四句妙用古典神话传说,想象力瑰丽斑斓,情景交融,从神仙世界写到后四句的现实世界,可谓举重若轻、自然婉转。那么这首诗到底要写什么? 而且写了什么?

　　这是一首革命现实主义与革命浪漫主义高度结合的典范之作。

作者以激情的笔调,借用熟悉的湘妃泪洒斑竹的凄美传说,深切地表达了对故乡"友人"的思念和怀恋,赞叹了新湖南、新中国的壮丽辉煌。

　　首先让我们来看一看作者自己对本诗的解答:"人对自己的童年,自己的故乡,过去的伴侣,感情总是很深的,很难忘的,到老年就更容易回忆、怀念这些。而'斑竹一枝千滴泪,红霞万朵百重衣'就是怀念杨开慧的。杨开慧就是霞姑嘛!可是现在有的解释却不是这样,不符合我的思想"(引自《在毛东身边读书》一文,此文载于1978年12月2日《光明日报》)

　　从毛泽东自己这段话中,我们明白了作者作这首诗的主旨。而且此诗的题目就是"答友人",毛泽东在这儿所答的友人是他年轻时代在长沙求学时的三个湖南老朋友。这首诗的主题是写友谊与爱情,以及对故乡的无尽眷念。

　　首联写仙女下凡落脚湖南。"九嶷山上白云飞,帝子乘风下翠微。"山与云是自然景观的代表,山有一种凝重、崇高之魄;而云则有流动、飘逸之姿,正为仙女开道而"飞"。作者写湘水女神下凡,以"乘风"状仙人行态,将读者不觉之间带入到神话传说的世界之中。神话传说中舜帝的两名妃子娥皇与女英正依傍了清风在飘飘降临。而九嶷山正是葬舜之处。这二行诗也自然让人想到《楚辞》里屈原的《九嶷山·湘夫人》中的二行诗句:"帝子降兮北渚,目眇眇兮愁予"。今天二位仙子又从青山白云之间乘风而下了,她们为何而来?为情而来,为美丽的霞姑(杨开慧)而来。

　　颔联表面以浓彩重墨描写湘妃的情态丰姿,实际是怀念亡妻、战友杨开慧。"斑竹一枝千滴泪","一"与"千"的对比,表达了思念之情切。情深之处,飞驰神思,浮想联翩,仿佛看到"红霞万朵百重衣",杨开慧像女神一样披着万朵红霞般的彩衣俏立云头。

　　另外,再补充一点:"斑竹一枝千滴泪"整个化用清代洪升《黄式序出其祖母顾太君诗集见示》诗中二句中其一:"斑竹一枝千滴泪,湘江烟雨不知春。"但诗人妙化恰切,在上下文的语境中有自然天成之功。作者巧借湘妃竹的神话传说,寄托了自己对亡妻满腔的哀思和笃深的感情。这是一种多么深沉的永恒的相思啊!诗人对年轻时的爱侣刻骨铭心的相思,正形象地通过斑竹露珠般的泪花渐渐浸透出来。但英烈的牺牲是美好的,是绚丽的,她已幻化为万千红霞飘荡在祖国万里河山之上。

颈联走出历史,宕开一笔,描写波澜壮阔的现实景观:"洞庭波涌连天雪,长岛人歌动地诗。"用比喻与象征手法,歌颂湘江人民高昂的精神境界。湖南的水在助兴,湖南的劳动者更是精神饱满,他们唱着自豪的歌,正以空前的创造性干着惊天动地的伟业。

尾联进一步发挥想象力,"我欲因之梦寥廓,芙蓉国里尽朝晖。"其中"我欲因之梦寥廓"化用李白《梦游天姥吟留别》中"我欲因之梦吴越"句,以"寥廓"代"吴越"境界更为广大,随着这寥廓苍茫的晨景,诗人似乎真的梦回到他芙蓉盛开,朝霞满天的家乡。作者也"乘风"飞扬思绪,仿佛看到木芙蓉盛开的湖南乃至全国的锦绣大地,都沐浴在灿烂的旭日光辉之中,呈现出一派勃勃生机。这是诗人对湖南美好未来的展望,对故乡人民幸福生活的真诚祝愿。

纵观全诗,构思奇丽,画面绚烂,活用比喻、象征、夸张等艺术手法,虚实结合将神话传说与现实巧妙融汇,创造出瑰丽而深沉的意境,这首七律是作者20世纪60年代的代表作品之一。

毛泽东诗词全集赏读

七　绝

为李进同志题所摄庐山仙人洞照①

一九六一年九月九日

暮色苍茫看劲松，
乱云飞渡仍从容②。
天生一个仙人洞，
无限风光在险峰③。

【注释】

　　这首诗最早发表于人民文学出版社 1963 年 12 月版《毛主席诗词》。

　　①李进：即江青。山东诸城人。1933 年 2 月，加入中国共产党。20 世纪 30 年代在上海以蓝苹艺名，演出电影、话剧。抗日战争时期到延安，与毛泽东同志结婚。"文化大革命"十年间，她打着毛泽东同志的旗号，结成"四人帮"，与林彪反党集团狼狈为奸，煽动极"左"思潮，挑起全面内战，疯狂迫害中央和地方一大批党、政、军领导同志，阴谋篡夺党和国家的最高领导权。1976 年 10 月被逮捕，1977 年 7 月，中共第十届三中全会决定将她永远开除党籍。1981 年 1 月，经最高人民法院特别法庭公审，被判处死刑，缓期二年执行，剥夺政治权利终身。1983 年 1 月，改判无期徒刑。1991 年 5 月，自杀身亡。

　　庐山仙人洞：在庐山佛手岩下，海拔 1049 米，深约 10 米，相传为唐吕洞宾修仙之地。洞之圆门上刻有"仙人洞"三字。圆门三尺之外即悬崖，崖旁一块横石悬空，向北伸展，叫"蟾蜍石"。石背裂缝处长一古松，即石松。石上刻有"纵览云飞"四字。照片所摄，实为自仙人洞远望西北方锦秀峰的景观。1961 年 8 月下旬至 9 月中旬，中共中央在庐山举行工作会议，讨论工业、粮食、财贸、教育等问题。诗即作于此期间。

②乱云飞渡仍从容：1974年10月，袁水拍在一封信中谈及对"暮色苍茫看劲松，乱云飞渡仍从容"诗句的理解，说不知是"松"从容，还是"云"从容。毛泽东同志在答复中说："是云从容，我喜欢乱云。"(见陈晋《毛泽东之魂》)仙人洞蟾蜍石刻有"纵览云飞"，乃观云的绝好处所。毛泽东为什么喜欢乱云？解放军出版社1989年7月版彭程、王芳著《庐山·1959》载："……郭沫若请教毛泽东：'乱云'所指为何？毛泽东答曰："大跃进和人民公社运动。"但更为大多数人接受的看法是：就诗的上下句看，当指劲松俯视乱云仍从容自若。句意与"梅花欢喜漫天雪"近似。

③无限风光在险峰：此句从字面上看是写在仙人洞前的险峰可以凭高放眼，饱览无限风光。其内蕴极为丰富，具有深邃的哲理意味。是一种奋斗精神、乐观主义精神、在困境中无所畏惧的精神境界的写照。《孟子·尽心上》："登东山而小鲁，登泰山而小天下。"杜甫《望岳》："会当凌绝顶，一览众山小。"王安石《登飞来峰》："不畏浮云遮望眼，只缘身在最高层。"此句诗可能受前人启发，但又超越了前人。

【赏读】

毛主席在写这首诗的前后一段时间里，正是心情不好，处境维艰之时。当时由于"大跃进"和"反右倾"的错误，加上自然灾害和苏联政府背信弃义撕毁合同，国家和人民遭受到巨大损失。当时的国际国内形势对毛主席及他所领导的党和政府都极为不利。但诗人毛泽东并没有把这些郁闷之情带入诗歌，仍以他一贯的"到中流击水，浪遏飞舟"的壮志豪情"独有英雄驱虎豹"，他此时的气魄真可以说是一夫当关，万夫莫敌。诗人通过写这首庐山仙人洞雄奇风景的诗歌，用象征性的艺术手法表现了诗人在国内外一片强大的压力面前绝不低头屈服的傲岸之气。

这首诗是为李进(即江青)所摄的一张诗人坐在藤椅上遥望暮色中的仙人洞的照片而题写的。在庐山1961年9月9日的暮色苍茫时分，劲松挺拔屹立于清风之中，而缭乱的云阵在劲松周遭翻卷，但劲松显得依然大度从容。

毛泽东写这首诗，并不是要对江青的摄影作品进行评价，而是触景生情，借景抒怀，属于一篇托物言志之作。

首两句诗写仙人洞所在的险峰的背景。它是由苍茫的暮色、挺拔的劲松、飞渡的白云等构成。作者为读者描绘的环境具有一种阔大的朦胧美。从这二句中，我们不觉透过这雄奇的景致感到某种风景中激烈的搏斗，"乱云"与"劲松"的搏斗，而且还有渐浓的茫茫夜色宛如"黑云压城城欲摧"之势，黑云也在低压着劲松，而劲松威武不屈更为刚劲傲岸，而且是"冷眼向洋看世界"，根本不动声色。就在这搏斗的风景中，我们当然还感觉到了更多的东西或形象。"劲松"在这里就是诗人自己身影的化身；"乱云"则是那些国际上反华大合唱的小丑，抑或还有国内的一些严峻形势。但这一切在诗人眼里就如同漫漫长征中脚下的一个小小泥丸，根本就没有把它们放在眼里。他像"劲松"一样从容不迫，沉着迎战，区区险关只不过是一一打过而已，何足道哉。

第三句写仙人洞是天然生成的景观，在万仞绝壁之上有一个天生的仙人洞（仙人洞为庐山名胜之一，在牯岭西头），又增添了几分神秘色彩，并成为全诗点题之笔。

最后一句为作者登高所感，是近看劲松，远观乱云的题照总结之语，是寄意题外的议论之笔。仙人洞所在的山峰，山势峭拔，所以作者说"无限风光在险峰"。大凡名山大川，最险峻处，常常是风光至美的奇绝处。这正是大自然崇高美的最具魅力之点。这一句，还蕴涵着极深刻的人生哲理，具有鼓励人们去战胜困难艰险实现崇高目标的巨大力量。

总之，这首诗运用了衬托和拟人相结合的手法。全诗的精粹是写仙人洞及其周边的无限风光，但作者却从其所在的环境着笔加以衬托。借景寓情，寓情于景是这首诗的另一大特色。暮色苍茫，乱云飞渡中的劲松，从容镇定，傲然屹立的姿态，给人以启示与鼓舞，它那正义凛然的姿态和风格，使人油然而生敬意。诗篇以劲松的风格象征真正的马克思主义者和共产主义者，并通过对劲松的赞美，歌颂坚定的马克思主义者具有正义凛然的革命精神。

七绝·为李进同志题所摄庐山仙人洞照〈1961年〉

七　绝

屈　原①

一九六一年秋

屈子当年赋楚骚，
手中握有杀人刀②。
艾萧太盛椒兰少③，
一跃冲向万里涛④。

【注释】

这首诗根据作者审定的抄件刊印。首见于中共中央文献出版社 1996
年 9 月版《毛泽东诗词集》。

①屈原(公元前 340—前 278)，名平，字原，战国楚人，是我国最早的大
诗人。曾辅佐楚怀王，官至左徒、三闾大夫，遭谗去职。楚顷襄王时被放逐。
因无力挽救楚国的危亡，深感自己的政治理想无法实现，遂投汨罗江而死。

②手中握有杀人刀：喻指屈原作《离骚》所发挥的战斗作用。

③艾萧：即艾蒿、臭草。这里比喻奸佞小人。椒兰：申椒和兰草，皆为芳
香植物，这里比喻贤德之士，《离骚》："何昔日之芳草兮，今直为此萧艾也！
岂其有他故兮?莫好惰之害也。""固时俗之流从兮，又孰能无变化。览椒兰
其若兹兮，又况揭车与江离!"

④一跃冲向万里涛：指屈原在悲愤和绝望中投汨罗江而死。《九章·
惜征日》："宁溘死而流亡兮，恐祸殃之有再。不毕辞而赴渊兮，惜雍君之
不识!"

【赏读】

屈原是毛泽东最为崇敬的一位诗人，以屈原作品为代表的《楚

辞》，是毛泽东终生喜爱阅读的书籍之一。1958年1月12日，他在一封信中说："我今晚又读了一遍《离骚》，有所领悟，心中喜悦。"1959年和1961年，他又两次读《楚辞》。这首《七绝·屈原》写于作者1961年读《楚辞》之时。

"屈子当年赋楚骚"，起笔突兀直陈其事。《离骚》是屈原的代表作，毛泽东特别爱读，所以起句就咏屈子赋骚。"手中握有杀人刀"一句，说明屈子能赋骚是因为他手中有一支战斗力极强的笔。"杀人刀"，比喻具有杀伤作用的笔。这里的"人"指以谗谄之言蒙蔽君王，危害国事的奸佞小人。屈原用他那威力无比的"杀人刀"般的诤言，书写和捍卫自己的爱国思想、强国抱负、忧民感情，尖刻锐利地声讨腐朽势力，"疾王听之不聪，谗谄之蔽明，邪曲之害公，方正之不容。

"艾萧太盛椒兰少"句，用两个相对立的比喻写屈原的遭遇：谗害屈原的奸佞之徒小人太多，而理解支持屈原的忠臣谏士太少。一方"太盛"，一方"少"，正义斗不过邪恶，"杀人刀"也无法刈除太盛的"艾萧"，那么，最后的结果就是"赋楚骚"者"一跃冲向万里涛"。前人称此壮举为"不忍以清白久居浊世，遂赴汨渊自沈而死"。"一跃冲向"，表明屈原坚守正道，不屈服于恶势力，义无反顾、以死抗争的无畏形象。诗句中既包含了对屈原的赞誉，又包含了对屈原的凭吊之情。用浅白朴真的诗句和形象化的比喻来表达丰富深刻的内容，是这首诗的主要特色。

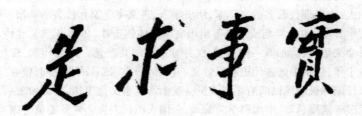

◇毛泽东手迹
实事求是

七 律

和郭沫若同志①

一九六一年十一月十七日

一从大地起风雷②，
便有精生白骨堆③。
僧是愚氓犹可训④，
妖为鬼蜮必成灾⑤。
金猴奋起千钧棒⑥，
玉宇澄清万里埃⑦。
今日欢呼孙大圣⑧，
只缘妖雾又重来⑨。

【注释】

这首诗最早发表于人民文学出版社 1963 年 12 月版《毛主席诗词》。

①和郭沫若同志：郭沫若(1892—1978)，原名郭开贞，号尚武，四川乐山人。中国现代著名的文学家、历史学家、古文字学家和社会活动家。早年留学日本。1921 年与成仿吾等组织文学团体创造社。1926 年参加北伐。大革命失败后，参加八一南昌起义，并参加中国共产党。1928 年起，旅居日本十年，从事中国古代史和甲骨文、金文的研究。抗日战争期间，曾在周恩来任副部长的国民政府军事委员会政治部从事文化工作。全国解放后，历任政务院副总理、中国科学院院长、全国人民代表大会常务委员会副委员长等职。1978 年 6 月 12 日在北京病逝。关于此诗的创作，郭沫若先生有如下记述："《孙悟空三打白骨精》这出戏，首先是浙江省绍兴剧团演出的。我在 1961 年 10 月 18 日在北京民族文化宫第一次看到演出"，"10 月 25

日便写了一首七律《看孙悟空三打白骨精》送给了他们。""主席的和诗是1961年11月17日作的。我在1962年1月6日看到。""我当天曾用主席的原韵,又和了一首。""(和诗)主席看过。主席回信说:'和诗好,不要千刀当剐唐僧肉了。对中间派采取了统一战线政策,这就好了。"本诗的主旨与郭诗相同,都是反对当时所说的现代修正主义的,只是不同意郭诗敌视被白骨精欺骗的唐僧的看法。毛泽东同志在1964年1月同安娜·露易斯·斯特朗的谈话中曾说,在同现代修正主义者的争论中,"我做的事很少,我只有几首诗。除此之外,我没有其他的个人武器。"(安娜·露易斯·斯特朗《必须走自己的道路——与毛泽东的一次谈话》)。

②一从:自从。风雷:《易·说卦》:"动万物者,莫疾乎雷。挠万物者,莫疾乎风。"古人认为风雷是推动自然界万物生长的动力。清龚自珍诗:"九州生气恃风雷。"此处喻指无产阶级革命运动。

③精:妖精。喻指形形色色的机会主义和修正主义。白骨堆:即《西游记》中的"尸魔"白骨精,其本相为"一堆粉骷髅"。首联谓自有无产阶级革命运动以来,各种机会主义和修正主义便不断产生。

④僧:指唐僧。《西游记》中主要人物之一。此借喻革命阵营中政治警惕性不高,嗅觉不灵,因而一时敌我不分的"中间派"。愚氓:糊涂人、蠢人。氓,民。犹可训:仍然可以开导、教育。

⑤鬼蜮:《诗·小雅·何人斯》:"为鬼为蜮"。蜮,相传为栖息南方水中的一种怪物,形如鳖,三足,惯于暗中含沙射人或人影,使人得病甚至死亡。

⑥金猴:孙悟空。古人以十二种动物配十二地支,猴属申;又以十二地支配五行,申属金,故称金猴。千钧棒:指孙悟空的兵器金箍棒。钧,古代重量单位,一钧为三十斤。千钧,极言其重。据《西游记》,金箍棒重一万三千五百斤。

⑦澄清:使混浊变为清朗。《后汉书·党锢传》载范滂"慨然有澄清天下之志"。玉宇:天空。

⑧孙大圣:《西游记》第四回《官封弼马心何足,名注齐天意未宁》写孙悟空曾自封"齐天大圣"。

⑨只缘:只因。尾联二句谓:如今我们赞美孙悟空的反抗斗争精神,是因为国际共产主义运动中又有反动思潮出现。

七律
看《孙悟空三打白骨精》

人妖颠倒是非淆，对敌慈悲对友刁。
咒念金箍闻万遍，精逃白骨累三遭。
千刀当剐唐僧肉，一拔何亏大圣毛。
教育及时堪赞赏，猪犹智慧胜愚曹。

再咏七律
《孙悟空三打白骨精》

赖有晴空霹雳雷，不教白骨聚成堆。
九天四海澄迷雾，八十一番弭大灾。
僧受折磨知悔恨，猪期振奋报涓埃。
金睛火眼无容赦，哪怕妖精亿度来！

【赏读】

毛主席这首诗是和郭沫若所赋（看《孙悟空三打白骨精》)而作。

进入上世纪六十年代，反对"现代修正主义"的问题，已成为毛泽东思虑的焦点问题。毛泽东是政治家，要通过政治的途径反击现代修正主义；他同时又是诗人，要用诗词这个工具进行战斗。

首句中的"风雷"，就是以自然现象比喻人世间的沧桑变化，又主要比喻革命引起的天翻地覆；次句中的"精生白骨堆"，是以聚集成堆的白骨精借代修正主义。这一联以"一从""便有"构成连贯复句，又以"起""生"前后衔接，说明大地上一旦响起革命的风雷，接着就会出现反对革命的思潮和势力。这一现象在国际共产主义运动的发展史上多次得到证实。诗人以纵览历史全局的眼力，深刻揭示了革命运动的矛盾规律，说明眼前的斗争不可避免。

颔联中"僧是愚氓犹可训"，针对郭沫若的"千刀当剐唐僧肉"

毛泽东诗词全集赏读

的说法,谓唐僧虽然一时被"白骨精"之类的敌人蒙蔽,"对敌慈悲对友刁",但终究是可以教育过来的,是可以团结的。"妖为鬼蜮必成灾",谓似鬼如蜮的妖魔必会带来灾难,揭露了包括修正主义在内的一切反动思潮和势力的奸诈阴险和穷凶极恶的本质。"成灾"二字,说明了反动思潮和反动势力所造成的严重危害。

颈联:诗人集中笔墨,塑造金猴的形象。一提起孙悟空,妇孺皆知,机灵勇敢的形象令人喜爱。"奋起",状其雄姿勃发;"千钧棒",见其力量之大;"玉宇澄清万里埃",可见金猴威力无穷。这一联运用流水对,上承"鬼蜮必成灾",对仗工稳,表明马克思主义的力量、正义的力量必会最后战胜一切反动思潮和势力。这一联,成为鼓舞人民信心的激励之语。

尾联由写神话世界转至写现实世界,揭示了诗的主旨:"今日欢呼孙大圣,只缘妖雾又重来。""只缘"二字,构成因果复句,"妖雾又重来"是因,"欢呼孙大圣"是果。"今日欢呼孙大圣"句,表示对今天的"孙大圣"的热情期待,即对信仰马克思主义的正义力量的热情期待。"只缘妖雾又重来"句,由对神话世界中的三个人物的评述,明确地转入对政治形势的估计,揭示此诗的用意。为与"今日"对应,言"又"言"重",昭示斗争的长期性与艰巨性,表明今日的斗争是前仆后继的。

综观全诗毛主席在这里层次分明地亮出了他对三种不同的人的各自态度。

一是对"妖精"即妖魔鬼怪,即全世界一切反动派,应毫不手软,因为这些"鬼域必成灾",所以要打击,彻底打击,直至全歼。

二是对唐僧,即中间派,应该"犹可训"即是可以教育好的,可以争取的,可以团结的革命力量。

三是对孙悟空,这位齐天大圣,当然应该热烈欢迎了,"今日欢呼孙大圣",只有这位金猴王奋起千钧棒,才能扫除一切害人虫。

从以上三种态度看,我们不由得又想到了毛泽东曾说过的至理名言:"谁是我们的朋友,谁是我们的敌人,这是一个革命的首要问题。"只有解决了这个问题一切才好办了。与此同时,毛泽东还一贯提倡建立"统一战线",即尽可能地,最大范围地团结一切可以团结的力量,来共同对付敌人。

七律·和郭沫若同志〈1961年〉

293

卜算子①

咏 梅②

一九六一年十二月

读陆游咏梅词③，反其意而用之④。

风雨送春归⑤，
飞雪迎春到。
已是悬崖百丈冰⑥，
犹有花枝俏⑦。
俏也不争春⑧，
只把春来报⑨。
待到山花烂漫时⑩，
她在丛中笑。

【注释】

本篇最早发表于人民文学出版社 1963 年 12 月版《毛主席诗词》。

①卜算子：北宋时盛行此曲，原为写"算命人"之词。双调，同调，四十四字，上下片各二仄韵。两结句亦可略加衬字，化五言为六言句，于第三字豆。

②这首词借咏梅花为在国际共产主义运动的论战中坚持原则的中国共产党人写照。

③陆游(1125—1210)：字务观，号放翁，赵州山阴(今浙江绍兴)人。宋代伟大的爱国主义诗人。亦工词，《卜算子·咏梅》乃其名作。词以梅花象征自己的孤高与劲节。陆游积极用世的精神在政治上屡次受打击之后，不免产

生略带消极、悲凉的孤高自许的成分，但他决不肯和主和派、投降派同流合污的劲节始终是值得赞许的。

④反其意而用之：《苕溪渔隐丛话》卷19《王黄州》引严有翼《艺苑雌黄》："文人用故事，有直用其事者，有反其意而用之者。"盖探讨用典之法。作者云，乃谓本词用与陆词相同词牌、词题及艺术表现手法而立意有别。对此郭沫若先生曾撰文写道："读主席的词不能忘记写词的年月和当时的形势。……当时是美帝国主义和它的伙伴们进行反华大合唱最嚣张的时候。这也就是'已是悬崖百丈冰'的时候。在这样的时候，我们的处境好象很困难，很孤立，不从本质上来看问题的人便容易动摇。主席写出了这首词来鼓励大家，首先是在党内传阅的，意思就是希望党员同志们要擎得着，首先成为毫不动摇、毫不害怕寒冷的梅花，为中华人民作出好榜样。"（《待到山花烂漫时》载《人民日报》1964年3月15日）

⑤风雨送春归：苏轼《和秦太虚梅花》："不知风雨卷春归"。《京本通俗小说》卷十《碾玉观音》："……王荆公看见花瓣儿片片风吹下地来。原来这春归去，是东风断送的。有诗道：'春日春风有时好，春日春风有时恶。不得春风花不开，花开又被风吹落。'苏东坡道：'不是东风断送春归去，是春雨断送春归去。'有诗道：'雨前初见花间蕊，雨后全无叶底花。蜂蝶纷纷过墙去，却疑春色在邻家。"

⑥悬崖百丈冰：《太平御览》卷六十八《地部·冰》引旧题东方朔《神异记》："北方有冰……厚百丈。"唐岑参《天山雪歌送萧治归京》："阑干阴崖千丈冰。"又《白雪歌送武判官归京》："瀚海阑干百丈冰。"喻国际政治气候的恶劣。

⑦犹有：仍有。俏：俊美。"犹"原稿为"独"。

⑧俏也不争春：原为"梅亦不争春"。

⑨待到山花烂漫时：待到：等到。旧题宋严蕊《卜算子》："不是爱风尘，总被前缘误。花落花开自有时，还赖东君主。去也终须去，住又如何住？待到山花插满头，莫问奴归处！"山花烂漫：杜甫《十二月一日》诗三首其三："春花不愁不烂漫。"韩愈《山石》："山红涧碧纷烂漫。"

⑩她在丛中笑，原稿为"她在傍边笑"。

卜算子·咏梅〈1961年〉

卜算子

咏 梅

驿外断桥边，
寂寞开无主。
已是黄昏独自愁，
更著风和雨。
无意苦争春，
一任群芳妒。
零落成泥碾作尘，
只有香如故。

【赏读】

　　梅花是中国古代文人墨客千年吟咏不绝的主题。宋代林和靖，这位赏梅爱梅的大隐士就有不断吟唱梅花的诗篇。以"妻梅子鹤"的感情寄寓于梅花之中，可谓爱梅之最的文人了。毛泽东在这里所据陆游咏梅词，反其意而用之的《卜算子·咏梅》的确与陆游所写大相径庭。陆游写梅花的寂寞高洁，孤芳自赏，引来群花的羡慕与嫉妒。而毛泽东这首诗却是写梅花的美丽、积极、坚贞，不是愁而是笑，不是孤傲而是具有新时代革命者的操守与傲骨。中国写梅之诗不计其数，大意境与大调子都差不多；毛泽东的确以一代大诗人的风范，出手不凡，一首咏梅诗力扫过去文人那种哀怨、颓唐、隐逸之气，创出一种新的景观与新的气象，令人叹为观止，心服口服。

　　此词反用陆游《卜算子·咏梅》其意。南宋诗人陆游力主抗金，北伐中原，收复失地，却屡遭投降派排挤，一生壮志未酬，仕途坎坷。晚年闲居家乡，心境孤寂，但报国之志不衰。他喜爱梅花，以梅花为吟咏对象的诗词就有百余首。在《卜算子·咏梅》中，他塑造了幽独冷落、孤芳自赏而又坚贞自矜、不同流合污的梅花形象。

　　毛泽东在 1961 年 12 月 27 日批示党内印发自己的《咏梅》词

毛泽东诗词全集赏读

时,对陆游的原词作了如下说明:"作者北伐主张失败,皇帝不信任他,卖国分子打击他,自己陷于孤立,感到苍凉寂寞,因作此词。"在一幅他自己手书的陆游词末,则写有"伤北伐不成而作"字样:但他后来又作了如此解释:"末尾的说明是我作的,我想是这样的。究竟此词作于何时,主题是什么,尚有待于考证。我不过望文生义说几句罢了。"毛泽东这首《卜算子·咏梅》的主题,他曾作表白:"近作咏梅词一首,是反修正主义的。"

上阕首二句写季节的变化。"风雨送春归",意谓暮春时节,风雨交加,送走了美好的春光。"飞雪迎春到",意谓隆冬时节,飞雪漫天,却已隐隐地透出春讯。一"送"一"迎","春归"、"春到",自然界节序在嬗变,虽有"春归"的暂时失落,却还有"春到"的希望,"柳暗"的尽头便是"花明"。这两句,写的是自然现象,反映的却是诗人对前景的乐观情绪。"已是悬崖百丈冰",是对当时世界局势的象征性概括。在严寒的日子里,"犹有花枝俏",一个"俏"字,写尽了玉骨冰心的梅花敢于傲霜抗寒、迎难怒放的神韵,而与陆词"寂寞开无主。已是黄昏独自愁"的梅花心性全然相反。"俏",是诗人对马克思主义者在艰难困苦环境中坚韧不拔的赞颂。

下阕,针顶上阕末句的"俏"字,进一步刻画梅花的精神风貌:"俏也不争春"。陆词说,"无意苦争春","争春"是可以"争"的,只不过"无意苦争"而已。此词"俏也不争春",反用其意,梅花的精神境界比陆词中的更高了一层。晏几道词:"梅俏已有春来音信"。这是说明"梅俏"与"春来"的自然联系。本词中"只把春来报",则写梅花本能地把"报春"当成自己的神圣天职,精神境界又得到了提升。再看两句,"不争"、"只报",一正一反,在"俏"的基础上,进一步赞颂了梅花的志节和情操。"待到山花烂漫时,她在丛中笑"两句再塑梅花甘心奉献、隐身群芳的品格。陆词中有"群芳",此词中有"山花",二者的字面意义相同,而象征意义却迥然有别。陆词以"群芳"比喻权臣,梅花"一任群芳妒",是陆游自明心境,表示任凭权贵如何妒忌,仍然孤芳自赏,清香如故。本词则以"山花"比喻革命者,"她在丛中笑",表示中国共产党人虽然成为"报春"的先行者,但只是"山花"中的一朵,笑在胜利的"丛中"。"她在丛中笑",与陆词"零落成泥碾作尘"大异其趣。它极耐人寻味,既是胜利者的笑,是自慰的笑,是对革命前景的粲然的笑。这一句,使梅花的形象升华到了极点,全诗达到了高潮,戛然收尾,余韵无穷。

陆词与本词咏梅,全词中均无"梅"字,都是托物言志,以梅喻人,又都有鲜明的政治内涵。陆词以"愁"字为眼,抒英雄失路、报国无门之"愁",本词以"俏"字为眼,颂坚持真理之"俏";陆词以"香如故"而孤芳自赏,本词以"丛中笑"而光彩四方;陆词的梅花之魂,凄凉抑郁,本词的梅花之魂,高昂奋进;陆词落笔,婉转含蓄,本词格调,则明快流畅。

一九四九年九月三十日,毛泽东、朱德等在北京天安门广场为人民英雄纪念碑奠基。

七绝二首

纪念鲁迅八十寿辰①

一九六一年

其一

博大胆识铁石坚，刀光剑影任翔旋。
龙华喋血不眠夜②，犹制小诗赋管弦③。

其二

鉴湖越台名士乡④，忧忡为国痛断肠。
剑南歌接秋风吟⑤，一例氤氲入诗囊⑥。

【注释】

这两首诗根据抄件刊印。首见于中共中央文献出版社 1996 年 9 月版《毛泽东诗词集》。

①鲁迅(1881—1936)，浙江绍兴人，现代伟大的文学家、思想家和革命家。毛泽东高度评价鲁迅，尊称为中国"文化新军的最伟大的英勇的旗手"。1961 年 10 月 7 日，新抄鲁迅《无题》一诗："万家墨面没蒿莱，敢有歌吟动地哀，心事浩茫连广宇，于无声处听惊雷。"书赠日本访华的朋友们。这两首绝句当是在此期间写的。

②龙华喋血不眠夜：指 1931 年 2 月 7 日深夜，国民党反动派在上海龙华，秘密杀害包括"左联"作家柔石、胡也频、李伟森、白莽、冯铿在内的革命青年共 23 人。鲁迅在《为了忘却的纪念》一文中说："在一个深夜里……我沉重地感到我失掉了很好的朋友，中国失掉了很好的青年，我在悲愤中沉静下去了，然而积习却从沉静中抬起头来，凑成了这样的几句：愤

于长夜过春时……"喋血,血流遍地。

③犹制小诗:指上文所说"凑成了这样的几句",即鲁迅《七律·无题》:
"惯于长夜过春时,挈妇将雏鬓有丝。梦里依稀慈母泪,城头变幻大王旗。
忍看朋辈成新鬼,怒向刀丛觅小诗。吟罢低头无写处,月光似水照缁衣。"
赋管弦:配上音乐。

④鉴湖:在浙江省绍兴市城西南两公里。附近有山阴(今绍兴)人陆游
吟诗处的快阁。清末女革命家秋瑾(1875～1907),亦是山阴人,自号鉴湖女
侠。越台:即越王台,春秋时越王勾践在会稽(今绍兴)为招贤士而建。本句
是说,鲁迅的故乡绍兴是古今名人荟萃之地。

⑤剑南歌:指陆游的诗集《剑南诗稿》所收诗作。秋风吟:指秋瑾作的
《秋风曲》诗和被清政府杀害前写的惟一供词"秋风秋雨愁煞人。"

⑥一例:即一律、一样。氤氲:形容烟或云气很盛,这里比喻陆游、秋瑾
和鲁迅的诗篇富有诗味和爱国热忱。诗囊:装诗的袋子。李商隐《李长吉小
传》称,李贺"背一个破锦囊,遇有所得,即书投囊中"。

【赏读】

毛泽东对鲁迅的评价历来很高,1937年10月19日,他在《鲁
迅逝世周年纪念大会上的演说》中说:鲁迅有政治远见,"看得远,
看得真"。鲁迅"在黑暗与暴力的进袭中,是一株独立支持的大树,
不是向两边偏倒的小草";他意志坚定"一点也不畏惧敌人对于他
的威胁利诱与残害,他一点不避锋芒,把钢刀一样的笔刺向他所憎
恨的一切。他往往是站在战士的血迹中坚韧的反抗着呼啸着前
进"。

毛泽东为纪念鲁迅八十寿辰而写的这两首七绝,立意角度特
殊,高度论赞了革命家、诗人鲁迅。

第一首七律是正面描写鲁迅,主要是赞赏鲁迅勇敢的斗争精
神。

首句"博大胆识铁石坚",写鲁迅伟大的人格:广博的胸襟、雄
伟的胆略、高远的见识和铁石一般坚不可摧的刚强意志、坚定立
场。这是鲁迅斗争精神的基础。

"刀光剑影任翔旋",形象地描述鲁迅战斗的英姿与卓越的胆
识。"刀光剑影",喻指国民党对左联作家围剿之凶狠和所制造的白
色恐怖之严酷。"翔旋"描绘了鲁迅在战斗中潇洒、灵活、巧妙高超

毛泽东诗词全集赏读

的斗争艺术。一个"任"字，赞扬鲁迅在战斗中无往不胜，随意进退，而敌人又奈何不得。

"龙华喋血不眠夜，犹制小诗赋管弦"两句，实写鲁迅的伟大人格和战斗精神。鲁迅因战友牺牲而在不眠之夜里沉痛悲伤，同时在"刀光剑影"的白色恐怖中，面对敌人的血腥杀戮而无所畏惧。他"忍看朋辈成新鬼，怒向刀丛觅小诗"。他"站在战士的血迹中坚韧的反抗着呼啸着前进"。一个"犹"字，令人想见鲁迅的骨头是最硬的，"没有丝毫的奴颜和媚骨"。这句诗是把鲁迅放在矛盾斗争中加以描写的，突出鲁迅在险恶环境中敢于战斗、善于战斗的精神。

第二首七绝是侧面描写鲁迅。

首句"鉴湖越台名士多"，用以少概多的艺术手法，写鲁迅的故乡绍兴人杰地灵，"名士多"。

第二句"忧忡为国痛断肠"，写绍兴的名士富有爱国主义传统。在绍兴这样的人文环境，定会孕育出伟大的人物。

"剑南歌接秋风吟"两句，是前两句诗的确证。南宋时绍兴籍的伟大的爱国主义诗人陆游的诗集《剑南诗稿》，其中有许多篇章揭露南宋小朝廷君臣昏庸、将帅无能，很有战斗精神。清末绍兴籍的现代女革命家、诗人、鉴湖女侠秋瑾，她的许多诗篇充满了浓郁的革命激情和爱国主义精神。他们前仆后继，时代虽隔久远，但爱国思想承续延绵，他们的名字，都已载入了中国"名士"的史册。

这首诗并未直接写鲁迅，可诗题明明是为纪念鲁迅八十寿辰而作的，这更说明作者深得诗的含蓄美的意境，暗暗地写出了鲁迅之所以成为文化巨匠的精神源泉。鲁迅受这种久远的爱国主义文化的熏陶，也是为国"忧忡"。他的诗与陆游、秋瑾一脉相承，一样均富有爱国主义情感和战斗精神。他和陆游、秋瑾均载入了"鉴湖越台名士"的史册。此首诗句句不从鲁迅本人着笔，而句句在映衬鲁迅，彰显独特的艺术特色。

七绝二首·纪念鲁迅八十寿辰（1961年）

七　律
改鲁迅《亥年残秋偶作》①

一九六一年

曾警秋肃临天下②，
竟遣春温上舌端。
尘海苍茫沉百感③，
金风萧瑟走千官④。
喜攀飞翼通身暖，
苦坠空云半截寒。
竦听荒鸡偏阒寂⑤，
起看星斗正阑干⑥。

【注释】

①此诗见于陈晋《毛泽东与文艺传统》第 318 页。著者说：毛泽东喜欢鲁迅的旧体诗是众所周知的。评价很高，且时常书写赠人。一则爱其谨严规范，一则喜其横眉冷对的辛辣的战斗性，颇吻合鲁迅的沉峻性格。毛泽东说他和鲁迅的心是息息相通的，在对鲁迅旧体诗的接受中也见其一斑。他曾改写过鲁迅的几首诗歌，借用鲁迅的平仄意境及其战斗性来表达自己的现实情怀。鲁迅作于 1935 年的《亥年残秋偶作》中的颔联："老归大泽菰蒲尽，梦坠空云齿发寒"，毛泽东便曾改写为"喜攀飞翼通身暖，苦坠空云半截寒"。改写历代诗人的一些在他看来声入心通的作品，是毛泽东与格律旧诗联系的一种重要方式，也体现了他的诗歌上"戴着镣铐跳舞"的娴熟技巧。

《毛泽东诗词白话全译》收入此诗。

②秋肃:秋天肃杀的景象。喻指黑暗统治。

③尘海:尘世如海,指人世。

④金风:秋风。古人认为四季的变化是五行相生的结果(五行:金、木、水、火、土),并把五行分配于四季,秋属金。走千官:指国民党政府对日寇妥协、让步,大批官员从前方逃跑、撤退,将大好河山拱手相让。

⑤竦:吃惊。荒鸡:古指不定时啼鸣之鸡,古人认为不祥。此指鸡鸣。阒寂:寂静无声。

⑥阑干:横斜的样子。周邦彦《蝶恋花·早行》:"楼上阑干横斗柄,露寒人远鸡相应。"

【赏读】

毛泽东利用鲁迅诗的韵脚、句式和某些词语,做些改动,另创新诗。鲁迅于逝世前(1935 年 12 月 5 日)最后写的旧体诗《亥年残秋偶作》,痛恨日本帝国主义侵占华北,国民党"千官"纷纷逃走的时局,哀民生之憔悴,百感交集,忧时愤世。因此这首诗与两首《读报有感》写于同一时间同一地点,都是谴责现代修正主义者赫鲁晓夫的诗作。

首联改"敢"为"竟"、"笔端"为"舌端",首句写美苏的全球冷战,有如秋天的肃杀之气扑向人间,使爱好和平的人民深为惊叹;次句写赫鲁晓夫摇唇鼓舌,竟然说艾森豪威尔是"真诚希望和平"的"明智派",美苏两国首脑的会晤,"在国际气氛中引起了某种转暖的开端",似乎春风送暖了。全联叙事,而着"惊"与"竟"字,表达了诗人对这些事件否定的鲜明立场。

颔联只改"千官"为"高官"。首句先抒发自己在大动荡大分化的"尘海苍茫"中的百般感慨;次句写自己感慨最深的,莫过于在"金风萧瑟"的日子里赫鲁晓夫这位"高官"在美国搞出"戴维营精神"这一件"出得殊"的丑剧。

颈联,基本上改写了鲁迅原诗,描摹出赫鲁晓夫出访美国时的心境。写他在兴高采烈地登赴美的飞机时,满以为一个"新的时代"就要开始,飘飘然感到很惬意。而实际上不过是一厢多情,全部希望如"苦坠空云",落了个身寒而栗的结局。"通身暖"和"半截寒",对仗精妙,逼真地写出了赫鲁晓夫访美前后的不同神态和心境。

末联又对鲁迅原诗作了较大的改动。首句上承"通身暖",戳穿赫鲁晓夫的伪装——他将自己的所作所为称为"圣绩";次句上承"半截寒",严正地指明"敌焰"依然弥漫的现实,从而反衬出赫鲁晓夫的国际关系开始"转暖"的论调的荒谬。

　　鲁迅的诗,经毛泽东一番改动,变成一首绝妙的政治讽刺诗。它揭露并批判了赫鲁晓夫的言行,表达着作者的"丢掉幻想,准备斗争"的对敌思想。

一九五三年,毛泽东和周恩来在中央人民政府委员会会议上。

七　律
冬　云①

一九六二年十二月二十六日

雪压冬云白絮飞②，
万花纷谢一时稀。
高天滚滚寒流急，
大地微微暖气吹③。
独有英雄驱虎豹④，
更无豪杰怕熊罴⑤。
梅花欢喜漫天雪⑥，
冻死苍蝇未足奇⑦。

【注释】

这首诗首次发表于人民文学出版社 1963 年 12 月版《毛主席诗词》。

①冬云：毛泽东同志赋此诗之日，正是他 69 岁诞辰。这首有感于时事而作的"生日抒怀"诗，展示了一个自信、自豪、自强、面对压力、傲视困难、迎接挑战的革命家的超拔不凡的性格和胸怀。从 1962 年 11 月起，当时的苏联领导集团，掀起了分裂社会主义阵营和国际共产主义运动的狂潮。在这场闹剧中，保加利亚、匈牙利、捷克斯洛伐克和意大利四个共产党的代表大会变成了反华大合唱的舞台。40 多个政党发表了决议、声明和文章，攻击中国共产党。在此严峻的国际政治局势下，中国共产党在毛泽东同志的领导下进行了公开的、全面的反击。从 1962 年 12 月到 1963 年 3 月 8 日连续发表了 7 篇反击的文章。其第一篇《全世界无产者联合起来反对我们的共同敌人》就发表在毛泽东同志写这首诗的前 11 天。这首诗也是毛

泽东同志在这场国际论争中的"个人武器"。

②白絮：喻雪。《世说新语·言语》载，晋谢安寒雪日与儿女辈讲论文义，俄而雪骤，安欣然曰："白雪纷纷何所似?"其侄谢朗曰："撒盐空中差可拟。"侄女谢道蕴曰："未若柳絮因风起。"

③以上二句谓尽管高空中寒流仍在肆虐，但地气已开始微有暖意，有了春的气息。旧谓冬至一阳生。此二句于节气为写实，于诗旨为象喻。各种力量的对比此消彼长。冬日寒流的肆虐恰如反华势力的猖獗，都是暂时的。"冬天来了，春天还会远吗?"(雪莱)

④虎豹：喻指各种反动势力。

⑤更无：绝无。熊罴：喻指从政治、经济、军事上对我国施加巨大压力的霸权主义者。罴，《尔雅·释兽》："如熊，黄白文。"晋郭璞注："似熊而长头，高脚，猛憨多力，能拔树木。"

⑥梅花：喻指中国共产党人。与前《卜算子·咏梅》中的梅花同一喻义。漫天雪：喻指严酷恶劣的国际局势。"梅花欢喜漫天雪"，犹如毛泽东同志自己讲"我喜欢乱云"一样，正是诗人面对困难，迎接挑战，喜欢挑战的个性的流露。

⑦苍蝇：喻指混进革命队伍的投机分子，经受不住艰难困苦考验的可怜虫。

【赏读】

　　这是一首咏物寓志诗，是诗人六十九岁生日时所作。它写景言志，借自然景色的描绘以抒怀，反映了国际共产主义运动中的严峻形势，表达了中国共产党和中国人民坚持原则、敢于斗争的立场，由衷地赞美真正的革命者像梅花一样不畏严寒与风雪斗争的英雄气概和必胜信心。这首诗充满浪漫主义色彩，表现出作者勇于斗争、乐于斗争的性格特点，垂示着处变不惊、临危不乱的伟人风范，是其晚年的代表作品。

　　首联以"压"、"飞"、"谢"、"稀"四个动词突出了乌云低垂、漫天大雪的异常沉重的环境特征，构成一种"黑云压城城欲摧"的沉闷氛围，同时以因果关系表明了客观现实的不可逃避。严寒来势凶猛，花草经不住摧残都纷纷凋谢了。用"压"字，写出了大雪来势之猛;用"飞"字写出了雪花漫天飞舞、纷纷扬扬的状态;用"谢"与"稀"字写出了"压"和"飞"的必然结果。这两句表现出严冬大雪带来的肃杀气氛，象征着当时严峻的国际形势。同时又说明了这只是一时的现象。

颔联两句采用对比的艺术手法。"高天滚滚寒流急，大地微微暖气吹。"上句既是实写严冬雪天的气候特征，同时也暗喻国际政治形势，暗指出苏联共产党把自己凌驾于国际共产主义运动之上，称王称霸，实行高压手段的恶劣形象。下句继续巧用自然意象，与上句构成十分工整的对仗，暗合了杜甫"冬至阳生春又来"和雪莱"冬天来了，春天还会远吗？"的诗意，写出中国人民不畏强暴、勇于斗争的英雄气概。一个"吹"字写出了革命力量逐渐发展壮大，终将主宰历史的必然规律。

颈联"独有英雄驱虎豹，更无豪杰怕熊罴。"英雄豪杰面对虎豹熊罴，志不可改，气不可夺，越是困难越能显示出他们的本领，正所谓"沧海横流，方显出英雄本色"。以"虎豹"和"熊罴"分别喻指帝国主义和修正主义，同时又把它们放在一起，归为一类，既形容了它们的凶恶，又点明了它们外强中干的反革命、反人民的本质。

尾联"梅花欢喜漫天雪，冻死苍蝇未足奇。"用"梅花"与"苍蝇"进行对比，描写了在同一的严酷环境下，二者不同的表现和不同的命运。梅花象征着高洁和坚强，是中国人民不屈不挠精神的写照，它凌霜傲雪，气节坚贞。同时，梅花的绽放与"万花纷谢一时稀"又形成了鲜明的对照，赞美了敢于斗争、敢于胜利的真正的马列主义政党。而肮脏、丑恶、嗡嗡叫的苍蝇，在"漫天雪"中只有死路一条。"苍蝇"的意象既恰当又通俗，同时寓于幽默感，进入了诗歌比喻的意境。诗中形成对阵的两组意象，一方是代表进步的暖气、英雄、豪杰、梅花；另一方是敌对的雪、白絮、寒流、虎豹、熊罴、苍蝇。作者历来主张"诗言志"，特别是其晚年的诗词，常常以哲学家的观点，将他对人生、社会和政治的见解，寓于他诗词中所写到的自然景物之中。他善于利用形象思维之重要，因此除非咏史，他一般很少在诗词中直接发议论。他总是营造出种种意象，达到情、景、理的相互交融。

纵观此诗，比喻贴切，爱憎鲜明，对比强烈，庄谐并举，格调高昂。

七律·冬云〈1962年〉

满江红①

和郭沫若同志②

一九六三年一月九日

小小寰球③，
有几个苍蝇碰壁④。
嗡嗡叫，
几声凄厉⑤，
几声抽泣⑥。
蚂蚁缘槐夸大国⑦，
蚍蜉撼树谈何易⑧。
正西风落叶下长安⑨，
飞鸣镝⑩。

多少事，
从来急；
天地转，
光阴迫。
一万年太久，
只争朝夕。
四海翻腾云水怒⑪，
五洲震荡风雷激⑫。

要扫除一切害人虫，
全无敌。

【注释】

这首词最早发表于人民文学出版社 1963 年 12 月版《毛主席诗词》。

①满江红：九十三字，上片四仄韵，下片五仄韵。一般用入声韵，宜抒豪壮恢弘情怀。可酌增衬字。姜夔改用平韵格，则声情不同。

②和郭沫若同志：20 世纪 60 年代初，国际社会风云变幻。从 1962 年底到 1963 年初，中苏两党在意识形态上发生激烈论战。面对国际社会种种诬蔑、诽谤和攻击，我党对当时所说的现代修正主义给予坚决反击。与之同时，很多国家出现了马列主义政党或小组，世界人民革命运动风起云涌。正是在这种情况下，1963 年元旦，郭沫若先生填《满江红》一词呈毛泽东同志。1 月 9 日，毛泽东同志赋此词作答。

③小小寰球：在无限的宇宙中，地球只是一个小小的星球，故云。寰球：地球。

④苍蝇碰壁：喻指国家要独立，民族要解放，人民要革命，是不可抗拒的历史潮流，逆此潮流而动者，犹如碰壁的苍蝇。

⑤凄厉：凄惨尖厉的哀叫。

⑥抽泣：抽抽咽咽的哭泣。

⑦蚂蚁缘槐夸大国：典出唐李公佐《南柯太守传》。唐德宗贞元年间，有吴楚游侠之士醉梦入"大槐安国"，被国王招为驸马，任南柯郡太守二十年，享尽荣华富贵。后敌国入侵，他作战失利，公主又病死，因遭国王疑忌，遂被送还人间。梦醒寻其国，方知为古槐蚁穴；所谓"南柯郡"，只不过是一南向槐枝而已。词人借用此典，对霸权主义者、大国沙文主义者加以辛辣的嘲讽。缘：攀缘。此句原稿曾作"欲学鲲鹏无大翼。"又曾改作"蚂蚁缘槐称大国。"

⑧蚍蜉撼树：语出韩愈《调张籍》："李杜文章在，光焰万丈长。不知群儿愚，那用故谤伤！蚍蜉撼大树，可笑不自量。"蚍蜉，大蚂蚁。谈何易：语见《汉书·东方朔传》载东方朔设非有先生语："谈何容易！"

⑨西风落叶下长安：语出唐贾岛《江上忆吴处士》："秋风生渭水，落叶满长安。"白朴《梧桐雨》杂剧："伤心故园，西风渭水，落叶长安。"长安：汉、唐古都，即今西安。

⑩飞鸣镝：语出三国吴韦昭《吴鼓吹曲》十二篇其二《汉之季》："飞鸣

镝,接白刃。"鸣镝:响箭。臧克家《珍贵的"孤纸"》一文透露,词人说,"飞鸣镝"指"革命力量"。

多少事:初稿曾为"千万事"。

⑪四海:古人认为中国四境有海环绕,故以"四海"泛指天下。《书·大禹谟》:"文命敷于四海。"本词借指四大洋:太平洋、大西洋、印度洋、北冰洋。

⑫五洲:指亚洲、非洲、美洲、欧洲、大洋洲。以上二句喻言世界各国人民争取民族独立解放的运动犹如云水震怒,风雷激荡。此二句原稿曾作"革命精神翻四海,工农踊跃抽长戟。"扫除一切害人虫:法国巴黎公社战士《国际歌》词作者欧仁·鲍狄埃《美国工人致法国工人》诗:"彻底消灭那一切害人虫,保障劳动果实永远属于你!"害人虫:喻指世界上一切反动势力。

附:郭沫若原词

满江红

一九六三年元旦

沧海横流,
方显出英雄本色。
人六亿,加强团结,
坚持原则。
天垮下来擎得起,
世披靡矣扶之直。
听雄鸡一唱遍寰中,
东方白。

太阳出,冰山滴;
真金在,岂销铄?
有雄文四卷,为民立极。
桀犬吠尧堪笑之,
泥牛入海无消息。
迎东风革命展红旗,
乾坤赤。

【赏读】

　　这首词是首政治抒情诗，是和郭沫若于一九六三年元旦填的《满江红》而作。郭词旨在歌颂中国人民及其领袖在"沧海横流"的日子里的"英雄本色"和"展红旗，乾坤赤"的前景。而这首写于广州的和词，与写于十四天前的《七律·冬云》属于同一个主题，意境亦相通。词写成后，诗人立即濡墨挥毫，书写了这首词，题上"书赠恩来同志"，派人送去。毛泽东逝世后，邓颖超将这一珍贵墨迹交给了党中央。

　　此词开篇便下"小小寰球"四字，把偌大一个地球，看成"小小"的地球，眼光之远，语气之大，令人叹为观止。在浩瀚无垠的宇宙中，地球当然是"小小"的。在太阳系的九大行星中，地球排行第五，故"小小寰球"，也是实写。寰球尚且是"小小"的，在寰球上碰壁的几个"苍蝇"，自然更微不足道了。"几个"，"碰壁"，说明对其极为藐视。"嗡嗡叫，几声凄厉，几声抽泣。"细致入微地刻画了"苍蝇碰壁"后的丑态。"凄厉"，形容它们的喧嚣；"抽泣"，描写它们的伤心。"凄厉"中夹杂着"抽泣"，足见其色厉内荏，用词诙谐，令人读来可憎又可笑。这首词，与从国际形势开端，以苍蝇"冻死"煞尾的章法不同，而是从苍蝇"碰壁"开端，写到"要扫除一切害人虫"煞尾。后者的意境更宽更远。

　　词接下来的四句，连用四典，巧妙而有力。在以"苍蝇"设喻之后，又以"蚂蚁"、"蚍蜉"设喻。"蚂蚁缘槐夸大国"，"寰球"尚且是"小小"的，一株槐树怎么能称得上"大国"呢？喻指其狂妄自大之丑态。"蚍蜉撼树谈何易"，说明几只小小的"蚍蜉"，要把马克思主义这株大树摇动拔掉，自不量力"谈何易"。"夸大国"，寄托辛辣嘲讽；"谈何易"，直抒凛然正气。上承"几声凄厉，几声抽泣"和"谈何易"，以"正西风落叶下长安，飞鸣镝"收束上阕，表示马克思主义者开始了对"嗡嗡叫"的苍蝇们的反击。可以想象，鸣镝一飞出，苍蝇们就像西风扫落叶一样，纷纷从它们的堡垒中跌落下来。上阕写"害人虫"与西风落叶，都赋予特定的象征意义，以意象为主。

　　下阕以议论为主。"多少事，从来急；天地转，光阴迫。一万年太久，只争朝夕"六句，节奏短促，语言明快，用"急"，用"迫"，用"只争

满江红·和郭沫若同志〈1963年〉

朝夕"，慨叹光阴易逝，时间紧迫，阐明了斗争的迫切性。"一万年太久，只争朝夕"，作为一个哲理，启示人们对任何事情均应抓住时机，不放弃主观努力。遵循"只争朝夕"的指导思想，作者审度当时的形势："四海翻腾云水怒，五洲震荡风雷激。"这是全诗的一个高潮，与"正西风落叶下长安"形成鲜明对照。"云水怒"、"风雷激"的比喻，说明国家要独立，民族要解放，人民要革命的呼声很高，反对霸权主义和殖民主义的斗争如火如荼，有谁要破坏这一大好形势，只是妄想；"翻

(满江红·和郭沫若同志)

腾"、"震荡"，言声势之大；"怒""激"，状行动之迅猛。

词中最后号召："要扫除一切害人虫，全无敌。"这两句，具有睥睨千古、横扫环宇的气势。在章法上，它与"飞鸣镝"相呼应，又与苍蝇的凄厉抽泣，蚂蚁的夸大国、撼大树相印证。

纵观全词，气势磅礴，激情高昂。"小小寰球"，起句极有气魄；"全无敌"，煞尾尤铿锵有力。对苍蝇、蚂蚁的讽刺，犀利辛辣；对形势的颂扬，壮怀激烈。叙事状物，化用古诗典故，以丰富的意象入诗；评事论理，则直抒己见，以深邃和思辨见长。

杂言诗

八　连　颂①

一九六三年八月一日

好八连，天下传。

为什么？意志坚。

为人民，几十年。

拒腐蚀②，永不沾。

因此叫，好八连。

解放军，要学习。

全军民，要自立③。

不怕压，不怕迫。

不怕刀，不怕戟。

不怕鬼，不怕魅④。

不怕帝，不怕贼⑤。

奇儿女⑥，如松柏。

上参天⑦，傲霜雪⑧。

纪律好，如坚壁⑨。

军事好，如霹雳⑩。

政治好，称第一。

思想好，能分析⑪。

分析好，大有益。

益在哪,团结力。
军民团结如一人,
试看天下谁能敌。

【注释】

这首诗最早公开发表于 1982 年 12 月 26 日《解放军报》。

①八连颂:1949 年 5 月, 人民解放军某部八连进驻上海最繁华的地段南京路。多年来,这个连队的一批批干部战士身居闹市,一尘不染,勤俭节约,克己奉公,热爱人民,助人为乐。保持和发扬了我党我军全心全意为人民服务和艰苦奋斗的光荣传统, 受到广大人民群众的高度赞扬。1963 年 4 月 25 日,国防部批准授予这个连队"南京路上好八连"的光荣称号。同年八一建军节,毛泽东同志赋此诗对该连加以赞颂,并对全国军民提出一系列的期望和要求。

②拒:抗、抵御。腐蚀:指腐朽思想的侵蚀。

③全军民、要自立:独立自主,自力更生,这是毛泽东同志一贯倡导的。"我们中华民族有同自己的敌人血战到底的气概,有在自力更生的基础上光复旧物的决心,有自立于世界民族之林的能力。"(《毛泽东选集》第一卷《论反对日本帝国主义的策略》)

④魅:精怪。

⑤以上"八不怕"教导全国军民不要怕外来压力,不怕来自外部的武装威胁,不怕世界上一切反动势力。另,据《新闻战线》1988 年第五期载文称:1957 年 6 月 13 日下午,毛泽东同志和吴冷西同志谈话,倡导"五不怕"精神:一不怕被撤职,二不怕开除党籍,三不怕老婆离婚,四不怕坐牢,五不怕杀头。有了这"五不怕"的准备,就敢于坚持真理了。"八不怕"指对外斗争原则,"五不怕"言在社会主义建设时期的复杂斗争中坚持真理。可参看。

⑥奇:杰出。

⑦上参天:语见曹植《升天行》:"兰桂上参天。"参天:挺拔向上,高接云天。

⑧傲霜雪:傲视霜雪。松柏傲霜雪,化用"岁寒,乃知松柏之后凋也"语意。

⑨坚壁:坚固的营垒。

⑩霹雳:形容军威;或谓用兵神速,犹迅雷之势。王维《老将行》:"汉兵

奋迅如霹雳,虏骑奔腾畏蒺藜。"

⑪能分析:指用马克思主义的立场、观点和方法分析问题、解决问题。

【赏读】

1963 年 4 月 25 日,国防部授予中国人民解放军驻上海某部八连"南京路上好八连"的称号。这个连队自 1949 年 5 月进驻南京路十四载,身居闹市,一尘不染,许多光辉事迹深得南京各届好评。

1963 年,正是西方反动势力对我国不断侵压和封锁,中苏关系急剧恶化,而国民经济刚刚好转的时期,毛泽东于"八·一"建军节这天写了这首《八连颂》,号召全体军民向好八连学习,目的是用这个典型事例向全国人民进行"诗教"。当年 12 月 5 日,他给田家英写信,明确表示:"《八连颂》另印,在内部流传,不入集中。"

诗的首十句为第一层,颂扬八连指战员几十年来为人民服务,赞扬八连战士意志坚强。

中十八句为诗的第二层,作者号召全国军民要学习"好八连",要自力更生,要有不怕一切魑魅魍魉的精神,争做傲霜斗雪的参天松柏。其中连用八个"不怕",激情昂扬,铿锵有力。这与作者一九一九年提出的"天不要怕,鬼不要怕,死人不要怕,官僚不要怕,军阀不要怕,资本家不要怕",以及一九四六年提出的"一切反动派都是纸老虎"的战略思想,是一脉相通的。

末十四句为诗的第三层,说明学习好八连的深远意义,作者号召全国军民"纪律好"、"军事好"、"政治好"、"思想好",并且指出,军民团结,便能显示出震撼天下的力量。据载:清人沈德潜编的《古诗源》,是毛泽东常读的选本之一,该书辑有苏伯玉妻写的《盘中诗》,毛泽东曾圈阅过多次,还用红、蓝铅笔画过许多记号,又在书的天头写着:"熟读。"这首诗的内容与形式,引起了毛泽东的特别重视,也对本诗创作多有影响。

七　律

吊罗荣桓同志①

一九六三年十二月

记得当年草上飞②，
红军队里每相违③。
长征不是难堪日④，
战锦方为大问题⑤。
斥鷃每闻欺大鸟⑥，
昆鸡长笑老鹰非⑦。
君今不幸离人世，
国有疑难可问谁⑧？

【注释】

这首诗最早发表于 1978 年 9 月 9 日《人民日报》。

①吊罗荣桓同志:罗荣桓(1902—1963),湖南衡山人。1927 年加入中国共产党,曾参加湘赣边界秋收起义。1930 年起,历任红四军政治委员,一军团、江西军区、八军团政治部主任,八路军一一五师政治部主任,政治委员兼代师长,山东军区司令员兼政治委员,中共中央山东局书记,中国人民解放军东北野战军第一政治委员。1950 年任中国人民解放军总政治部主任、总干部管理部部长。1954 年任军委副主席。1955 年 9 月,被授予中华人民共和国元帅衔。1956 年 9 月,当选为中共第八届中央政治局委员。1963 年 12 月 16 日,罗荣桓同志因长期为党为国辛勤操劳,积劳成疾,不幸病逝于北京。当晚,毛泽东在中南海颐年堂会议室召集会议听取聂荣臻等汇报十年科学技术规划。开会前,毛泽东提议大家起立为罗荣桓默哀。

默哀毕,毛泽东说道:"罗荣桓同志是 1902 年生的。这个同志有一个优点,很有原则性,对敌人狠,对同志有意见,背后少说,当面多说,不背地议论人,一生始终如一。一个人几十年如一日不容易,原则性强,对党忠诚。对党的团结起了很大的作用。"会后,毛泽东悲痛逾常,几天内夜不能寐,写成七律《吊荣桓同志》。(当代中国出版社《罗荣桓传》)吊:凭吊、伤悼。

②记得当年草上飞:语出旧题唐黄巢《自题像诗》。据宋陶谷《五代乱离纪》载,唐末农民军领袖黄巢,起义失败后为僧于洛阳,曾绘像题诗云:

> 记得当年草上飞,铁衣著尽著僧衣。
> 天津桥上无人识,独倚栏干看落晖。

据有关专家考证,黄巢兵败后自刎于泰山虎狼谷,为僧一事出于传闻,诗亦后人伪托,乃割裂缀合唐元稹《智度师》诗二首而成。元诗云:

(一)

四十年前马上飞,功名藏尽拥禅衣。
石榴园下擒生处,独自闲行独自归。

(二)

三陷思明三突围,铁衣抛尽衲禅衣。
天津桥上无人识,独凭栏干望落晖。

本篇仅借用其句。草上飞:谓驰骋战斗。

③红军队里每相违:每,往往。相违:语出王维《送綦毋潜落第还乡》:"置酒长安道,同心与我违。"前人注云:"同心,犹知己。违,分离。意谓心虽同而行踪却相违。"此处化用诗意,明点相违,暗喻同心。指在井冈山革命斗争时期,彼此心气相通,意见相同,却数遭排斥打击而分离。

④长征不是难堪日:难堪:难以忍受。万里长征是艰苦的,但"在长征途中,罗荣桓跟随干部团行动,不论环境多么艰苦,始终保持着昂扬的斗志和乐观精神。"(《解放军将领传》第四集)"险恶的环境,频繁的战斗,艰苦的生活,漫长的征途,再加上并不顺利的境遇,这一切都丝毫不能影响罗荣桓、邓小平的情绪。他们始终保持了革命乐观主义精神……"(当代中国出版社《罗荣桓传》)

⑤战锦方为大问题:方为:才是。1948 年,中共中央军委和毛泽东同志决定首先在东北战场与国民党军进行战略决战。中国的历史发展到一

个转折点。辽沈、淮海、平津三大战役获得胜利,实现了这个伟大的转折,而三大战役以辽沈战役为发端,攻打锦州又是辽沈战役中关键的一仗。是事关全局的重大决策问题。罗荣桓作为东北野战军的政治委员,在野战军司令员林彪对攻占锦州这关键问题上"一度发生顾虑"的情况下,坚持原则,对这次战斗的胜利起了重要作用。另,一些论者联系1963年底毛泽东同志写这首诗时的国内外形势,以及作者当时的心态,认为"战争胜利了,要巩固无产阶级专政,这才是大问题。作者考虑的就是如何使中国不变

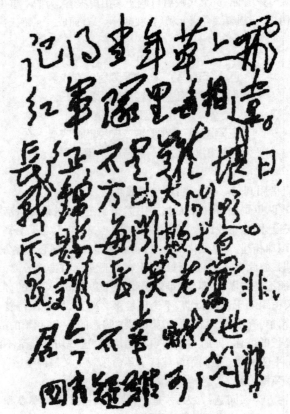

(七律·吊罗荣桓同志)

色,不出修正主义这样的大问题。战锦,当是用'越王勾践破吴归,战士还家尽锦衣'(胜利后骄傲享乐,终于招致衰亡)的典故。"(萧永毅《毛主席诗词对联辑注》)可备一说。

⑥斥鷃每闻欺大鸟:典出《庄子·逍遥游》:"……有鸟焉,其名为鹏,背若泰山,翼若垂天之云,抟扶摇羊角而上者九万里,绝云气,负青天,然后图南,且适南冥。斥鷃笑之曰:'彼且奚适也?我腾跃而上,不过数仞而下,翱翔蓬蒿之间,此亦飞之至也。而彼且奚适也?'"唐成玄英疏:"鷃,雀也。"大鸟:大鹏。斥鷃:鷃雀、水鸡。

⑦昆鸡长笑老鹰非:昆鸡,一种大鸡。《尔雅·释畜》:"鸡三尺为鹍。"昆,又作群解。俄国克雷洛夫寓言《鹰和鸡》中写道,鸡耻笑一只偶然低飞的鹰,鹰回答说:鹰有时飞得比鸡还低,但鸡永远不能飞得像鹰那样高。此用其喻。

⑧国有疑难可问谁:表现了对罗荣桓同志的倚重和失去一位密友时的悲痛之辞。

【赏读】

　　这是一首悼亡诗。这首诗回顾了罗荣桓对党对人民无限忠诚的一生,高度评价了他为中国人民解放事业所创建的卓越功勋,表达了对罗荣桓的深切怀念。

　　首句用"记得当年"散文叙事方法,领起全文引人回思当年红军的战斗生活,追述两人在共同战斗中结下的情谊。颔联叙述罗荣桓的主要事迹,参加长征与攻打锦州时所起的历史性作用。颈联由叙事转入议论,借用典故,褒贬强烈,爱憎分明,颂扬包括罗荣桓在内的坚持正确路线见识英明的人为"大鸟"、"老鹰"。反之为"斥鷃"、"昆鸡。"诗至末联,由对罗荣桓一生的冷静评价,转为不可压抑的情感呼唤,表明罗的逝世是国家的重大损失,也表明诗人对他的倚重。

　　此诗层次清晰,语言凝练,立意高,用典活。

贺新郎

读　史①

人猿相揖别②。
只几个石头磨过，
小儿时节③。
铜铁炉中翻火焰④，
为问何时猜得⑤，
不过几千寒热⑥。
人世难逢开口笑⑦，
上疆场彼此弯弓月⑧。
流遍了，
郊原血⑨。

一篇读罢头飞雪⑩，
但记得斑斑点点，
几行陈迹。
五帝三皇神圣事⑪，
骗了无涯过客⑫。
有多少风流人物？
盗跖庄蹻流誉后⑬，

更陈王奋起挥黄钺⑭。
歌未竟⑮，
东方白⑯。

【注释】

本诗最早发表于《红旗》1978年第9期和1978年9月9日《人民日报》。

①读史：古代诗词中有咏史·读史一类。咏史诗亦即抒怀诗，抒情诗，其最大特征，即以精炼的形式和耐人寻味的议论来评判历史事件、阐发历史规律，显示作者的胸怀、抱负、识见。“诗与史，一情一事，一虚一实，一热一冷。毛泽东是诗人，又是史家。在他的批评活动中，他用自己的思想把这两个方面揉在了一起。通过诗歌，他读活了历史；通过历史，他升华了诗歌。”“《贺新郎·读史》写几千年中国历史的演进过程及其表现形态，揭示其内部结构(阶级关系)，表达自己的奴隶史观。该诗作于1964年春。这年5月12日的一次谈话中，他说自己被书迷住了，正在读二十四史。又说看了明史最生气，做皇帝的大多搞得不好，尽做坏事。于是在他的笔下，帝王行迹，只留下‘斑斑点点’。占据历史舞台中心的是盗跖、庄屩、陈王……，一部二十四史，毕竟必须从他们说起，从奴隶们‘奋起挥黄钺’说起。”(中央文献出版社1992年3月版陈晋著《毛泽东与文艺传统》)这首词概括了一部人类社会发展史，眼界开阔，气象恢宏，笔墨纵横。

②人猿相揖别：人猿拱手作揖告别。形象地描绘了人类社会由猿到人的演进过程。艺术地概括了恩格斯关于《劳动在从猿到人转变过程中的作用》的原理。

③只几个石头磨过，小儿时节：谓漫长的石器时代(约经历了二三百万年)只是人类社会发展的“孩提时代”。恩格斯《家庭、私有制和国家的起源》援引美国民族学家摩尔根《古代社会》中的术语，以新石器时代以前为“蒙昧时代”，并称之为“人类的童年”。

④铜铁炉中翻火焰：关于人类社会发展到奴隶社会和封建社会的社会形态的形象描述。铜铁炉，冶炼铜铁的火炉。

⑤为问何时猜得：据曾为毛泽东同志保存诗稿的吴旭君说，此处“为”字应为“如”字。

⑥不过几千寒热：寒热：寒暑。指不过是几千年间的事。我国殷商时代已使用青铜器，春秋初年已使用铁器。距今分别有三千余年和二千余年。

一般注本多认为按照词谱，此句应为七字，原词有脱漏，故于"不过"二字后加一"是"字。按词律，此调有数体，添减"是"字，均于词意无碍。萧涤非先生认为，"不过几千寒热"，语健而气足，是有意的精简。此调之别称《风敲竹》此句恰为六字。详见后附录。

⑦人世难逢开口笑：《庄子·盗跖》："人上寿百岁，中寿八十，下寿六十，除病瘦(瘐)死丧忧患，其中开口而笑者，一月之中不过四五日而已矣。"杜牧《九日齐山登高》"尘世难逢开口笑，菊花须插满头归。"皆谓人生悲多欢少。此借指人类社会随着生产力的发展，出现了私有制和阶级后，从而产生了阶级矛盾、阶级斗争、战争。

⑧弯弓月：将弓拉开。谓战场上刀兵相向，大动干戈。弓月，弓弛时形如缺月，张时形如满月。李贺《南园》："晓月当帘挂玉弓。"苏轼《江城子·密州出猎》："会弯雕弓如满月。"

⑨郊原：原野。指战场。

⑩一篇读罢头飞雪：一篇，指一部中国古代史。头飞雪：谓头发花白。全句言自己从少年至老年一直都在"读"中国史，去探究人类社会发展的奥秘和真谛。南社诗人周实《拟决绝词》："一曲歌成鬓成雪。"与此句法相近。

⑪五帝三皇神圣事：五帝三皇：中国古代历代传说中号称最圣明的八代上古时代的统治者。具体所指，众说不一。神圣：圣明。《汉书》卷四十九《晁错传》："臣闻五帝神圣。"

⑫无涯过客：谓历史长河中川流不息、望不到头的无数过往者。以上二句谓旧史书上所谓五帝三皇的"神圣"事迹，都不过后人根据自己的需要编造出来的，古往今来骗了无数人。

⑬盗跖庄蹻流誉后：盗跖：相传为春秋末期奴隶起义的领袖。名跖，"盗"是剥削阶级加给他的诬蔑之称。《庄子·盗跖》言其"从卒九千人，横行天下，侵暴诸侯，""所过之邑，大国守城，小国入保(堡)。"庄蹻：相传为战国时期楚国奴隶起义的领袖。《韩非子·喻老》言楚庄王时"庄为盗于境内。"汉王充《论衡·命义》："盗跖、庄蹻横行天下，聚党数千。"流誉：美名流传。《荀子·不苟》："盗跖吟口，名声若日月，与舜、禹俱传而不息。"

⑭更陈王奋起挥黄钺：更：更有。陈王：即陈胜(?—前208年)，字涉，阳城(今河南登封东南)人。秦末农民起义领袖。秦二世元年(公元前209年)，被征戍边，同吴广在蕲县大泽乡(今安徽宿县南)率同行戍卒九百人起义。起义军迅速发展到数万人，并在陈县(今河南淮阳)建立政权，自立为楚王。详见《史记·陈涉世家》挥黄钺：《书·周书·牧誓》："王左杖黄钺，右秉白旄以麾。"记周武王率义师代纣之事。本篇借指陈胜起义反秦的历史功绩。

⑮歌：歌吟。未竟：未结束。

⑯东方白：语见杜甫《东屯月夜》："日转东方白。"末二句意同李贺《酒罢·张大彻索赠诗·时张初效潞幕》："葛衣断碎赵城秋，吟诗一夜东方白。"

【赏读】

此词作于 1964 年是一篇诗史心得。毛泽东一生爱读史书"在那一段时间里，毛泽东办公之余，全是看《史记》和范文澜写的《中国通史简编》"（吴旭君《毛泽东两首诗词的写作时间及其它》）以及《二十四史》、《资治通鉴》等文、史、哲著作。他不仅自己爱读书，也爱与别人谈书，叫其他高级干部也要多读书。

诗人写的这首《贺新郎·读史》就是自己一生读书，尤其是读中国历史书的艺术性的总结，充满诗情画意及历史唯物主义的特点。这首诗从人类诞生一直写到社会主义，纵贯几百万年的历史，而着墨仅仅 115 个字，的确是气象恢宏，古今罕见。

上阕以大写意的手法，描绘了一部人类历史的发展进程。

起笔就是"人猿相揖别"，说出人类刚诞生时那惊心动魄的一刻。但表面写来却是那么轻松，好像只是人与猿作了一个揖就从此分道扬镳了一般。这个"揖别"用得极为形象，而富有谐趣，但"人猿"却显得很巨大，富有深沉遥远的历史感，两个词汇一搭配，诗意立刻就产生了，读者的心也一下被震荡起来了。接着是漫长的人类的"蒙昧时代"，几百万年就这么过去了，这就是人类发展最早的阶段——石器时代。这个时代在诗人眼中不过是磨过的几个石头，仿佛只是一个人的成长过程中的儿童时代。一个"磨"字让人顿生漫长而遥远之感，而"小儿时节"让人感到诗人对人类的把握是那么大气又那么亲切，这一句有居高临下之概，也有往事如烟之叹。第四、五、六句，诗人仅用了三句就交代了人类从石器时代进入了铜器时代和铁器时代。"铜铁炉中翻火焰"一句写得既形象又浓缩，仅此一句就把火焰中青铜之光的象征意义写出来了，人类随着铜与铁步入了奴隶社会与封建社会。但若要问这一具体时间，却不易猜得确切，不过也就是几千年的春夏秋冬而已嘛。时光在飞逝，时光在诗人的眼中不过是"弹指一挥间"的事情。并不足道，仿佛眨一下眼就过去了。"人世难逢开口笑"一句化用杜牧《九日齐山登高》诗中一句："尘世难逢开口笑"。但诗人在这里化出了新意（此句本意

贺新郎·读史〈1964 年〉

是指人生欢喜少悲伤多，也就是哭多笑少，恨多爱少），在此句中注入了革命与阶级斗争的含意，正如诗人在《丢掉幻想，准备斗争》一文中所指出的："阶级斗争，一些阶级胜利了，一些阶级消灭了，这就是历史，这就是几千年的文明史。"面对如此严峻的斗争，人生当然难逢开口笑了。而且还不仅仅是"难逢开口笑"；还要在人生的战场上一决生死，剑拔弩张，这是指具体的生死存亡的阶级斗争，是指革命是指暴动，革命是"一个阶级推翻另一个阶级的暴烈的行动。"而结局呢？那自然会有牺牲，会有鲜血。人类的历史充满了血腥与残杀，诗人在此喟叹出二句："流遍了，郊原血。"鲜血只能不断唤起革命者的斗争，革命者面对鲜血岂能笑得出声来。

总之，上阕重在写史，叙事为主；前六句，用"揖"、"磨"、"翻"三个动词和一个偏正短语"几千寒热"，形象地对人类发展史作了纵向的描述；自"人世难逢开口笑"起的四句，则对历史作了横的解剖，而落脚点在后四句的命意：人类进入阶级社会后的"几千寒热"，始终充满着生死大搏斗，中国的历史，充满着阶级斗争。这一主题思想，是与诗人自一九六二年后重提阶级斗争、强调阶级斗争的政治意向分不开的。

下阕重在评史，议论为主。"一篇"，指整部人类历史。攻读这样一部上下数千年的历史，确是皓首难穷，所以说"一篇读罢头飞雪"，点了题目"读史"；从深层次剖析，这部流遍了郊原血的人民血泪史，使诗人激情涌荡，以致头上"飞"来似雪的白发。这句诗也透露了诗人对人生、对历史的感慨，真是人生易老，一刹那青春即逝，转眼就是暮年。

那么对于中国浩瀚的上下五千年的历史，能让人记得些什么呢？诗人仍从一贯的大象着眼，举重若轻，一笔带过。诗人道：记得些斑斑点点，那也不过是几行陈年旧事而已，什么"五帝三皇"的神圣伟业，那不过是些骗人的东西，不知骗过了多少人世间匆匆的过客。其中到底有几个真风流人物呢？诗人虽用的问句，但意思却是所谓正统史书上所赞誉的风流人物都是伪风流人物。在诗人的眼中，真正的风流人物是那些被所谓历史斥骂的人物，如盗跖、庄矫、陈胜，这些农民起义的领袖，才是创造历史的真正动力，他们揭竿而起，反抗剥削阶级，是赫赫有名的造反英雄。最后两句，诗人沉浸在吟咏历史的情景中，歌声意犹未尽。当诗人终于拨开历史的迷雾，剔除了伪英雄，找到了真英雄时，不觉已是东方曙色初露了。这"东方白"一句，有两层意思，一是指诗人吟咏此诗直到天亮，犹如李贺诗中一句："吟诗一夜东方白"。二是喻指中国革命的胜利，为历史谱写了新篇章，犹如旭日东升，势必光华万丈。

综观全词，作者站在雄视历史的高度，挥洒横亘天地之笔，书写抚今忆古之辞。气势恢宏，语势磅礴，而又运用"揖别"、"石头磨过"、"炉中翻火焰"等词，将枯燥的社会发展史化为生动的人类各阶段活动的画面。此外，它充分发挥了诗歌形象跳跃性强的特点，上阕从远古写到近代，下阕由三皇五帝写到陈胜，便戛然而止，又突然从历史的漫漫长夜写到东方既白的今天，上下数百万年的历史轮廓，被浓缩于百十个字之中。可见对历史的概括具体而取舍有度。再观古今一切咏史之作，能如此全面而准确地剖析中国社会史的，屈指几人？《贺新郎·读史》可以说是毛泽东的史才与诗才高度完美地融合的不朽之作。

贺新郎·读史〈1964年〉

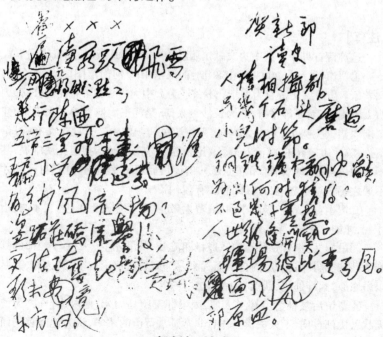

(贺新郎·读史)

七 绝

贾 谊①

一九六四年

贾生才调世无伦②，
哭泣情怀吊屈文③。
梁王堕马寻常事，
何用哀伤付一生④。

【注释】

这首诗首见于中共中央文献出版社 1996 年 9 月版《毛泽东诗词集》。

①贾谊(公元前 200—前 168 年)：西汉洛阳(今河南洛阳)人。政论家、文学家。初被汉文帝召为博士。不久迁为太中大夫。文帝想任为公卿，因遭大臣周勃、灌婴等排挤，贬为长沙王太傅，梁怀王太傅。曾多次上书，建议削弱诸侯王势力，劝农立本，使无业游民转归农亩。其政论文有《过秦论》、《陈政事疏》(亦称《治安策》)、《论积贮疏》等。因政治抱负无从施展，甚不得意，过湘水时曾作《吊屈原赋》，借悼惜屈原不幸遭遇，抒发自己怀才不遇之感慨。年 33 岁，忧郁而死，有《新书》。

②贾生：指贾谊，借用李商隐《贾生》句："贾生才调更无伦。"才调：指才气、才能。无论：无与伦比。

③吊屈文：指《吊屈原赋》："造托湘流兮，敬吊先生。……子独抑郁其谁语?风缥缥其高逝兮,固自引而远去。"苏轼《贾谊论》："观其达湘,为赋以吊屈原,萦纡郁闷,跃然有远举之法。"

④贾谊后被征为梁怀王太傅，因梁怀王堕马而死，他以为自己"为傅无状"，忧郁自伤，不久去世。作者非常赞赏贾谊的才华，认为他因哀伤而死不值得，并感到很惋惜。

【赏读】

贾谊是毛泽东在屈原之外心仪的另一历史文人。这首七绝高度赞扬了贾谊的才华,对贾谊因自责和哀伤而死表示了无限的惋惜。

首句化用李商隐的诗句,高度赞扬贾生的才能"世无伦",即在西汉文帝时代,没有人能与他相比。"哭泣情怀吊屈文",写贾谊赴长沙过汨罗江时所作的《吊屈原赋》,表达了对屈原的敬仰、同情的心怀。虽为哭泣之作,也才气横溢,贾谊哀屈原实哀自己的命运。

第二句笔锋突然一转,写这样有才能的人竟然被贬,离开了能施展其抱负的朝政,其只能以"哭泣情怀"写下了自伤自喻的"吊屈文"。

三、四两句对贾谊的死在同情中加以议论,认为他为"梁王堕马寻常事"而死,是大可不必的,"何用哀伤付一生",表达了深深的惋惜之情。诗句虽短,但感情起伏跨越大。

三、四两句又进了一层。第三句写得较为平静,因为作者认为"梁王堕马"是件很平常的事,不应该引起什么后果。第四句较有激情,"才调世无伦"的贾生竟然因此哀伤而死,实在令人难以接受,忠则忠矣,然而仅三十三岁便吊泣至死,使自己才不得用,志不得伸,难以功成名就,可谓"愚忠"。综观全诗虽短,但感情起伏跨越大。同时也表达出诗人对其为平常事而"付一生"的惋惜之情。

◇**毛泽东手迹**

星星之火,可以燎原

七　律

咏　贾　谊

一九六四年

少年倜傥廊庙才①，
壮志未酬事堪哀。
胸罗文章兵百万②，
胆照华国树千台③。
雄英无计倾圣主，
高节终竟受疑猜④。
千古同惜长沙傅⑤，
空白汨罗步尘埃⑥。

【注释】

①这首诗根据抄件刊印。首见于中共中央文献出版社 1996 年 9 月版
《毛泽东诗词集》。本句是说，贾谊年少有才，豪爽洒脱，是国家的栋梁之
材。据《汉书·贾谊传》载，贾谊十八岁时，以能通读诗书，善文章，为郡人所
称，二十多岁任博士，一年之内超迁为太中大夫。倜傥：风流洒脱。廊庙：指
朝廷。廊庙才：指才能和才气可任朝廷要职的人。

②胸罗文章：指贾谊胸有锦绣文章。他的政论文如《过秦论》、《治安
策》、《论积贮疏》等，提出了一系列治国策略和改革制度的主张，表现出卓
越的政治远见和才能。兵百万：比喻贾谊的治国策略好像统军韬略，能指
挥百万军队。

③胆照：肝胆相照。华国：即华夏，这里指汉王朝。树千台：指建立众多
的诸侯国。汉制设立"三台"，即尚书为中台，御史为宪台，谒者为外台。建

立众多的诸侯国则势将设立"千古"。贾谊主张加强中央集权削弱诸侯王势力。他在《治安策》中指出："欲天下之治安,莫若众建诸侯而少其力。"

④雄英:出类拔萃的人,此指贾谊。圣主:借用古代称颂帝王的惯用语,这里指汉文帝。这两句是说,贾谊没有办法说服或争取汉文帝接受他的主张,他的特立独行的节操终竟受到大臣周勃、灌婴等人的排挤而被疏远。

⑤长沙傅:指被贬谪为长沙太傅的贾谊。

⑥空白:徒然说。汨罗:即汨罗江,在湖南省东北部。这里化用屈原自沉汨罗江的典故。步尘埃:追随意。贾谊虽没有投江而死,但因梁怀王堕马死而忧伤死去,同于屈原的投江,还是步了后尘。尤其是同屈原的政治命运相同,都是因谗遭贬,壮志未酬,这是引起"千古同惜"的原因。

【赏读】

这是一首咏史诗,是毛泽东建国后的读史之作。诗中沉痛地表达了对贾谊空有超凡才华徒然空耗殆尽的哀惋。本诗属于《七绝·贾谊》的续篇。此诗首联《七绝·贾谊》一样,赞扬贾谊的倜傥才华堪胜"廊庙"栋梁之任,却英年早逝,"壮志未酬",实堪哀叹。颔联上承"廊庙才",展卷史册。出句谓贾谊的《治安策》等文章,富有韬略,胜似"兵百万";对句则谓贾谊"众建诸侯而少其力"的高论卓识,实是"胆照华国",对振兴汉室有重大的政治意义。宋人王令赋《读西汉》,诗云:"汉得孤秦万弊时,当年丞相要无力。洛阳少年空流涕,谁谓少年果有知?"毛泽东则大加赞颂,"胆照华国树千台",表达了他的对汉室应加强中央集权的主张。

颈联上承第二句的"壮志未酬",扩展写来。"雄英无计倾圣主",正是贾谊"壮志未酬"的原因。汉文帝不能采纳贾谊巩固政权的建议,还称之为"圣主",何"圣"之有?贾谊"无计"说服汉文帝,而称为"雄英",未必不是一大遗憾。毛泽东诗中的"壮志未酬",是从贾谊改制报国上立意。"高节终竟受疑猜",上承诗的第二句,指明贾谊"壮志未酬"的原因。"受疑猜",主要批评绛侯周勃和颍阴侯灌婴等奸佞之人,向汉文帝进谗言,说贾谊"年少初学,专欲擅权,纷乱诸事。"对于这一点,历代诗人多有同感,如宋人张耒作《贾生》,批评道:"逐得洛阳年少去,白头绛灌亦何为!"清人杨季鸾作《贾太傅祠》,更为贾谊哀叹:"闻道绛侯高冢上,于今秋草亦荒凉。"张、杨诗句均可作证。

　　末联在第二、三联叙事论人的基础上，说明贾谊是步屈原之后尘，怀才不遇，"千古同惜"。"空白汨罗步尘埃"，谓贾谊之"步尘埃"，今天也只能惋惜地陈述一番而已。诗人委婉地批评贾谊生性脆弱的深沉感情，尽寓"空白"二字之中。

　　纵观全诗，兴咏赞开篇，以叹惋收尾，写史、议论、抒情，融会贯通。将千载史事诉之尺笺，惜才情愫凝于笔端。

一九五四年，毛泽东在北京顺义县农村。

水调歌头

重上井冈山①

一九六五年五月

久有凌云志②，
重上井冈山。
千里来寻故地③，
旧貌变新颜。
到处莺歌燕舞，
更有潺潺流水④，
高路入云端⑤。
过了黄洋界⑥，
险处不须看。

风雷动，
旌旗奋，
是人寰⑦。
三十八年过去⑧，
弹指一挥间⑨。
可上九天揽月⑩，
可下五洋捉鳖⑪，
谈笑凯歌还⑫。

世上无难事，

只要肯登攀^⑬。

【注释】

这首词最早发表在《诗刊》1976年1月号。

①重上井冈山：1927年10月，毛泽东率秋收起义的工农革命军来到井冈山，开创了中国第一块农村根据地。1965年5月22日，在时隔三十八年后，诗人又重上井冈山游览视察。他居住在茨坪，登览黄洋界，视察和了解了井冈山地区的水利。公路建设和人民生活状况，会见了老红军、烈士家属、机关干部和各界群众。25日，赋此词抒发情怀。

②凌云志：语出《后汉书·冯衍传》："常有陵(凌)云之志。"原指雄心壮志。此为双关语，亦指重登井冈山。

③寻：寻访。故地：昔日战斗生活之地。

④潺潺：流水声。

⑤高路：此指1960年冬修建的从江西宁冈砻市至井冈山茨坪的盘山公路。

⑥过了黄洋界，险处不须看：黄洋界，见《西江月·井冈山》"黄洋界上炮声隆"注。以上二句于赞叹黄洋界形势险要之外，兼有喻言经历过井冈山的艰苦斗争，特别经过了黄洋界保卫战之后，任何艰难困苦均不在话下。

⑦人寰：人间。

⑧三十八年过去：从1927年诗人率工农革命军在井冈山开辟根据地，到此次重上井冈，历时三十八年。

⑨弹指一挥间：作者《念奴娇·井冈山》亦有"弹指三十八年"之句。弹指：佛家语。勾指弹一下的功夫，极言时间短暂。宋释法云《翻译名义集》引《阿毗达摩俱舍论》："壮士一弹指顷六十五刹那。"

⑩可上九天揽月：语出李白《宣州谢朓楼饯别校书叔云》："欲上青天览(揽)明月。"九天：指天的最高处。《孙子·形》："善攻者，动于九天之上。"宋梅尧臣注："九天，言高不可测。"

⑪五洋：指世界五大洋，即太平洋、大西洋、印度洋、北冰洋、南冰洋。捉鳖：元康进之《梁山泊李逵负荆》："管教他瓮中捉鳖，手到拿来。"晋潘尼《鳖赋》："有东海之巨鳖，乃负山而吞舟。"

⑫凯歌还：语出陆游《出塞四首借用秦少游韵》："壮士凯歌还。"以上三句谓，对于经历了万千艰险取得革命胜利的中国共产党人来讲，任何困难都能克服。

⑬世上无难事,只要肯登攀:自俗谚"世上无难事,只怕有心人"化出。

【赏读】

这首词写重上井冈山所见的景色及由此生发的感想。

毛泽东从1927年10月上井冈山到1929年1月离开井冈山,在这里生活和工作了十四个月,到1965年5月,时间已过去38年了。21日,他从长沙登车出发,途经茶陵、化陇、永新、三湾、古城、砻市,于25日到达茨坪。一路上,他兴致勃勃,不时说笑,还时而拉开窗帘,观看沿途景色。至龙源口时,他下车以望远镜观察当年活捉江西"两只羊"的旧地。在黄洋界,登上哨口险峰,环视当年红军的防御工事和红军挑粮上山的羊肠小路,还在"黄洋界保卫战胜利纪念碑"前留影。他对井冈山有深厚的感情。重上井冈山,激情满怀,乃于5月25日填了这首《水调歌头》。

上阕写重上井冈山之后的喜悦心情及所见的崭新面貌,诗人一来就凌空扔出五个掷地有声的大字:"久有凌云志",这几个字有怀念往昔从小到大的革命抱负,也有展望今天及未来的更壮阔的继续革命的理想。接着让这"凌云志"落到了实处,这"凌云志"并非书生谈兵,随空远飘,而是脚踏实地,从千里之行始于脚下,合抱之木生于毫末的最基本入手,建立井冈山革命根据地。第二句接应前句,点出是诗人因久有壮怀之志所以才重上井冈山,不仅在此承接了年轻时的"凌云志",而且铺展表达了诗人今天及明天的"凌云志"。诗人告诉我们他就是这样永怀生生不息的"凌云志"再上井冈山的,再以井冈山之豪气充沛诗人的万丈豪情,为继续革命要在苍茫青山之间重贯一股英雄真气于磅礴的心田。

接着诗人描写了千里来寻故地感受到、和看到的面貌一新的井冈山。这是解放后的井冈山,四处是黄莺婉转高唱,燕子轻盈飞舞,流水潺潺如音乐,宽阔的盘山公路直入云端,这一切都为我们艺术地呈现了社会主义建设取得的成果。诗人这时又油然产生了"今日得宽余"的闲庭信步之感叹。然后诗人笔锋又一转再展当年豪情:"过了黄洋界,险处不须看。"那意思是当年的黄洋界血与火的战斗险关都已闯过,今后还有什么险关可畏惧的呢?诗人借这两句表达了他敢于向任何艰险、任何敌人挑战的豪迈之气。"险处不须看"五字，轻若鸿毛又字字千钧。凝结着作者的深厚感情；在章法上，既完美地展现了对眼前景的刻画，又自然地过渡到重上井冈山的寓意上去。

下阕，转写史事，借史抒怀。"风雷动，旌旗奋，是人寰"，九字短促有力，精炼生动，写诗人站在黄洋界上看到黄洋界之险后的联想，概括了千百万工农群众在中国共产党领导下战风斗浪的英雄事迹，指出了"动"和"奋"正是人世间的必然现象，是历史发展的必然规律。二句气势浩荡，感染力极强。接着诗人抚今追昔，发出雪泥鸿爪、白驹过隙之慨叹。38 年了呵，这是多么漫长的时间，这中间又历经了多少牺牲，多少磨难……但对于时间长河来说（或对于此景、此情来说）又是如此短暂；它是一刹那，是"弹指一挥间"，犹如抽一支香烟，仅几分钟就灰飞烟灭了（而毛主席是很爱抽烟的）。接下来，诗人对即将到来的斗争以及将来的斗争再抒大无畏的壮怀之志：可以飞升到长空去摘月亮，也可以深入大洋里去捉拿鱼鳖，然后谈笑风生、高奏凯歌，得胜之师欢天喜地班师回朝。诗人在这里将内心的潇洒与雄奇抒发得酣畅淋漓。接着最后二行诗人向自己，也向我们及全球表明一个朴素平常的道理："世上无难事，只要肯登攀。"从这里，我们也可以看出诗人的潇洒、雄奇以及凌云壮志并非是空的，而是很实在的，因为他比一般人更有一颗平常的心，更懂得去实行那些看上去为一般人不屑的极其朴素简单的道理。而且，从诗艺上说，这最后二行也很犯险，弄不好就是大白话，但在这里却给人有一种坚实有力回肠荡气的深刻哲理。这一艺术特点正好符合清代钱泳《履园谭诗》中所说的："口头语言，俱可入诗，用得合拍，便成佳句。"毛诗中的这一以口语入诗的特点不仅丰富了中国古典诗歌的艺术，也丰富了中国现代诗歌的艺术，值得我们好好研究。

此词上阕舒展，下阕激越，以"久有凌云志"开篇，以"只要肯登攀"煞尾，浑然一体，意高而境深。

毛泽东诗词全集赏读

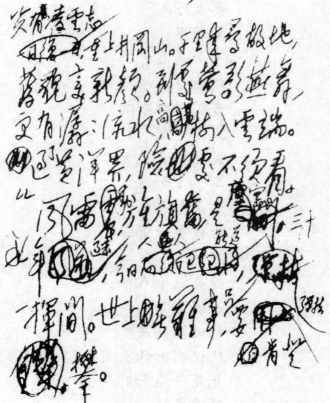

（水调歌头·重上井冈山）

念奴娇

井 冈 山①

一九六五年五月

参天万木②，
千百里，
飞上南天奇岳。
故地重来何所见，
多了楼台亭阁。
五井碑前③，
黄洋界上，
车子飞如跃。
江山如画④，
古代曾云海绿⑤。

弹指三十八年，
人间变了，
似天渊翻覆⑥。
犹记当时烽火里，
九死一生如昨⑦。
独有豪情，
天际悬明月，

毛泽东诗词全集赏读

风雷磅礴⑧。
一声鸡唱⑨,
万怪烟消云落⑩。

【注释】

这首词首次公开发表于人民文学出版社 1986 年 11 月版《毛泽东诗词选》。

①井冈山:见《西江月·井冈山》注。此词与《水调歌头·重上井冈山》乃同时同地所作,写作背景相同。二词可互相参照对读。

②参天万木:王维《送梓州李使君》:"万壑树参天,千山响杜鹃。"参天:高接云天。

③五井碑:井冈山以茨坪为中心,有大井、小井、上井、中井、下井,统称"五井",立有五井碑。或谓"五井碑前",指的是解放后修建在小井的纪念红军医院殉难烈士的墓碑,上有毛泽东同志的题字。

④江山如画:柳永《双声子》:"江山如画,云涛烟浪,翻输范蠡扁舟。"苏轼《念奴娇·赤壁怀古》:"江山如画,一时多少豪杰。"《念奴娇·中秋》:"江山如画,望中烟树历历。"

⑤古代曾云海绿:有人说,这里古代曾是大海。

⑥天渊翻覆:义同"天地翻覆",言变化之大。宋陆游《读书示子通》:"望古虽天渊,视俗亦冰炭"。

⑦九死一生:屈原《离骚》:"虽九死其犹未悔"。《文选五臣注》唐刘良注:"虽九死无一生,未足悔恨。"元王仲文《救孝子》杂剧:"您哥哥剑洞枪林快厮杀,九死一生不当个要。"以上五句,构思类辛弃疾《永遇乐·京口北固亭怀古》:"四十三年,望中犹记,烽火扬州路。"

⑧磅礴:气势雄壮。以上三句,在句读上为四、五、四句式,与《念奴娇·鸟儿问答》同而与《念奴娇·昆仑》异,后者为四、四、五句式。是按照《念奴娇》的变格处理的。山西人民出版社 1991 年 6 月版潘慎主编《词律辞典》《念奴娇》词条收入同调 13 体,可参看。

⑨一声鸡唱:参见前《浣溪沙·和柳亚子先生》"一唱雄鸡天下白"注。

⑩万怪:即《浣溪沙》中"百年魔怪舞蹁跹"之魔怪。指旧中国各种反动势力。烟消云落:义同"烟消云散",喻覆灭瓦解。

【赏读】

　　这首词是毛泽东 1965 年 5 月重上井冈山时所作。与《水调歌头·重上井冈山》写的是同一时间的感受。

　　词的上阕写景纪事。前三句，诗人首先为我们描绘了一幅井冈山壮丽的总体风景画图。春末初夏的井冈山，万千林木生机勃勃，欣欣向荣，一派青翠翻卷延绵千百里直入云端。而井冈山这一雄奇的大山又一次唤醒诗人一贯的壮志与襟怀，诗人不觉吟道："飞上南天奇岳"，这个"飞上"不仅给读者有山势险奇之感，而且也让读者领略了诗人英俊的风采。而以"奇岳"二字代指井冈山，也表明诗人对井冈山深厚的情感，祖国河山中有闻名的"三山五岳"，而唯有井冈山是中国革命的摇篮，诗人对此理所当然会情有独钟。

　　旧地重游，诗人又见到了什么别的呢？除风景依旧在之外，还"多了楼台亭阁"，在五井碑前面或在黄洋界上，汽车往来疾驰如飞。想当年，这里曾是"黄洋界上炮声隆"的浴血战场；如今却真的"旧貌换新颜"，成了人来车往的旅游胜地。这一切如何不让诗人欣喜，诗人不禁在上阕中连用两个"飞"字以表内心诗兴飞扬的情怀。超脱出了一个"飞"字写山势，另一个"飞"字写车速的本意。物随心动，诗人面对如此沧桑巨变，发生感叹，化用苏东坡《念奴娇·赤壁怀古》中二句："江山如画，一时多少豪杰。"这就是诗人伫立环视的井冈山。但在古代，这里却是一片沧海呀。

　　下阕从写眼前景转入回忆往事，抒发对革命生涯的感慨。"弹指"，极言时间之飞逝。"人间变了，似天渊翻覆"，一"变"字起承上启下的过渡作用，回忆三十八年前的烽火岁月，虽"九死一生"，却依然豪情不减，心地像天际明月一般明朗，胸中仍涌动着磅礴风雷。这五句以象征和比喻的手法，纪实述志。

　　末二句，谓雄鸡一唱，万种妖怪随着黑暗的消逝而消逝了，与"一唱雄鸡天下白"有类似意境。"参天万木"与"海绿"，写的是同一景色，只不过有眼前与古代的时间上的不同；"飞上"与"车子飞如跃"，是同一意思的重复；"奇岳"与"江山如画"，命意近似；"人间变了"与"似天渊翻覆"，没有翻出新意；"多了楼台亭阁"，更不能成为"天渊翻覆"的事实的注脚；即使是"万怪烟消云落"，也不能为"天渊翻覆"深化意象。如此种种，均是本词为诗人的未定稿的明显痕迹。

毛泽东诗词全集赏读

《水调歌头·重上井冈山》于 1976 年《诗刊》一月号发表,同年元旦,《人民日报》转载,而未定稿《念奴娇·井冈山》却在生前没有发表,直到 1986 年 9 月人民文学出版社出版《毛泽东诗词选》时,才根据手稿第一次刊印。

两首词的构架、内容、意境、情感,甚至词中用语,均有许多贴近或类似之处。如"千里来寻故地"与"故地重来","旧貌变新颜"与"多了楼台亭阁","风雷动"与"风雷磅礴","三十八年过去,弹指一挥间"与"弹指三十八年"等。而且贯穿于两词的感情线索与观察视角,也几乎是一致的。所不同的是,井冈山,侧重自然景观,而回忆往者;《重上井冈山》侧重人文景观,抒写豪情。二者比较起来,《重上井冈山》更有思想深度,富有哲理性。出现这种局面,是诗人为了抒发重上井冈山的情怀,在同一立意的基础上,填了两个词牌,最后确定了一首自己满意的。然而不管如何,作者对同一经历,同一见闻,竟填了词牌不同的两首,说明他对井冈山是情有独钟的。

这首词,抚今追昔,真情洋溢,在回忆中有展望,在遥想中有追忆,通过对故地井冈山的巡视和回忆,抒发了对往昔斗争岁月的缅怀之情,感慨人间翻天覆地的变化,反映了作者将革命进行到底的信心。

一九六五年,毛泽东重上井冈山。

念奴娇·井冈山〈1965年〉

念奴娇

鸟儿问答①

一九六五年秋

鲲鹏展翅②，
九万里，
翻动扶摇羊角③。
背负青天朝下看，
都是人间城郭。
炮火连天，
弹痕遍地④，
吓倒蓬间雀⑤。
怎么得了，
哎呀我要飞跃⑥。
借问君去何方？
雀儿答道：
有仙山琼阁⑦。
不见前年秋月朗，
订了三家条约⑧。
还有吃的，
土豆烧熟了，
再加牛肉⑨。

不须放屁，
试看天地翻覆⑩。

【注释】

本词首次公开发表于《诗刊》1976年1月号。

①鸟儿问答，《中国共产党中央委员会关于建国以来党的若干历史问题的决议》中说："苏联领导人挑起中苏论战，并把两党之间的原则争论变为国家争端，对中国施加政治上、经济上和军事上的巨大压力，迫使我们不得不进行反对苏联大国沙文主义的正义斗争。"从1962年4月到1964年4月，中国共产党连续发表了批判当时所说的现代修正主义的《九评》。1963年8月5日，苏、美、英三国外长在莫斯科签订了《禁止在大气层、外层空间和水下进行核武器实验条约》。1964年10月16日，我国成功地爆炸了第一颗原子弹。不久，赫鲁晓夫下台，国际共产主义运动内部的分歧和斗争进入更为复杂的阶段。正是在这样的形式下，作者写下此词。这首词采用寓言的形式，通过大鹏鸟和蓬间雀的问答对话，寓庄于谐，批判国际上当时所谓的修正主义者在世界革命、战争与和平等问题上的观点。词中的大鹏鸟和蓬间雀分别是中国共产党人与其所批判者的化身。

②"鲲鹏展翅……吓倒蓬间雀"数句：语出《庄子·逍遥游》："穷发之北有冥海者，天池也。有鱼焉，其广数千里，未有知其修者，其名为鲲。有鸟焉，其名为鹏，背若泰山，翼若垂天之云，抟扶摇羊角而上者九万里，绝云气，负青天，然后图南，且适南冥也。斥鴳笑之曰：'彼且奚适也？我腾跃而上，不过数仞而下，翱翔蓬蒿之间，此亦飞之至也。而彼且奚适也？'"唐成玄英疏："鴳，雀也。"

③翻动：翅膀扇起。扶摇、羊角：均指盘旋而上的暴风。因其旋转而上，形如羊角，故名。

④以上二句谓世界各地都有革命的武装斗争。

⑤吓倒蓬间雀：蓬，草名。当时国际某些国家领导人十分害怕战争，认为任何争取民族解放的区域性战争都会蔓延成世界大战，甚至引起核战争，毁灭人类的诺亚方舟——地球。词人给以辛辣的嘲讽。

⑥飞跃：指飞离逃脱。

⑦仙山琼阁：《史记·封禅书》载，相传海上有三仙山，金银为宫阙，可望而不可及。唐白居易《长恨歌》："忽闻海上有仙山，山在虚无缥缈间。楼阁玲珑五云起，其中绰约多仙子。"此处指国际上某些人鼓吹的"三无世

念奴娇·鸟儿问答〈1965年〉

341

界"(无武器、无军队、无战争)是虚无缥缈的"神话",不可能出现。

⑧三家条约:1963年7月至8月,美、英、苏三国在莫斯科签订《禁止在大气层、外层空间和水下进行核武器试验条约》,旨在剥夺其他国家为抗拒核讹诈而试验核武器的权利,维护几个核大国的核垄断,以利于他们对全世界实行霸权主义统治。

⑨"土豆"、"牛肉"二句:赫鲁晓夫1964年4月1日在匈牙利布达佩斯电机厂演说时说:"福利共产主义"是"一盘土豆烧牛肉的好菜。"

⑩天地翻覆:《七律·人民解放军占领南京》:"天翻地覆慨而慷。"《念奴娇·井冈山》:"人间变了,似天渊翻覆。"可参看。

【赏读】

这是毛主席暮年所作的一首很有艺术特色的诗,它通过鲲鹏与蓬间雀的对话,形成了一种寓言结构。毛主席在诗中没有进行直接的自我抒情,而是塑造了两个完全不同的鸟类形象,以象征的艺术手法为我们展示了鲲鹏的博大、高远、无畏以及蓬间雀的猥琐、渺小、卑怯。根据当时的国际背景,蓬间雀就是指前苏联修正主义领导人赫鲁晓夫,而鲲鹏当然象征了以毛主席为领导的中国共产党及中国人民。因此,显而易见,这首诗是一首政治寓言诗。

全诗上阕,借寓言故事,描绘了一只在扶摇羊角中搏击、展翅九万里的鲲鹏形象,借喻真正的马克思主义者的伟岸高洁。这里化用《庄子·逍遥游》中所描绘的鲲鹏形象,古为今用,却另有所指,堪称谙熟古典,而又食而化之的典范。"展翅",言其精神抖擞;"九万里",言其力量无穷;"翻动扶摇羊角",言其不畏风暴。十三个字,气势雄伟,动人心魄。刻画出大鹏鸟体形巨大展翅高飞的雄姿,写出了它的非凡气概和叱咤风云的远大前程,接下的七句,一气呵成。以"背负青天朝下看",引出"都是人间城郭"句,想象奇妙。大有"四海翻腾云水怒,五洲震荡风雷激"之势。不仅有此气势,而且的确世界革命的风云正在漫卷全球,到处是"炮火连天,弹痕遍地"。世界在当时正处于大动荡、大分化、大改组之中,从1963年到1965年,毛主席前后共发表了六个支持世界革命人民正义斗争的伟大声明。就在这世界人民在争解放、争自由的硝烟弥漫的斗争中,鲲鹏漫卷长空,背负青天,壮志沉稳;而蓬间雀呢? 却吓得要命,连喊

毛泽东诗词全集赏读

着怎么得了呀,急于惊惶逃跑,一副惨相,他们六神无主、惊慌失措地大呼小叫,害怕革命战争,进而反对革命战争。这里"吓倒"二字刻画了蓬间雀胆小卑琐的情态,生动形象地批判了赫鲁晓夫的"一个小小的火星也能够引起世界大战"的看法,嘲讽修正主义分子的卑劣。"怎么得了,哎呀我要飞跃",模拟蓬间雀的口吻,绘出了蓬间雀的渺小、卑俗。蓬间雀的"飞跃",实质上是向某一方向的滑行。此阕前五句,极写鲲鹏的雄姿;后五句,刻画蓬间雀的猥琐丑态。比喻恰切,对比强烈,使正反两种形象更加鲜明。

下阕紧接"哎呀我要飞跃",以鲲鹏的郑重口吻发问:"借问君去何方"从而自然过渡,意境也由此向深层发展。蓬间雀听到这一问话后,竟妄自尊大地答道:"有仙山琼阁。""仙山琼阁",比拟赫鲁晓夫等鼓吹的"三无世界"的虚幻缥缈,也是对他们自欺欺人的蔑视与嘲讽。"不见前年秋月朗,订了三家条约。还有吃的,土豆烧熟了,再加牛肉。"这也是蓬间雀的回答,所谓"土豆烧牛肉",是赫鲁晓夫对"福利共产主义"的一个形象性表述,完全是画饼充饥、自欺欺人。毛泽东在这首词里,通过蓬间雀的自供,幽默而鄙夷地道出了修正主义分子签订"三家条约"。这个条约的实质,已被诗人毛泽东看穿,它本质上想剥夺其他国家为抗拒少数核大国的核讹诈而进行核试验的权力,并进而维护几个核大国的核垄断地位。

末句十个字,怒骂中带嘲讽,激愤中含歌颂。此词语言传神,寓庄于谐,讽刺尖锐,战斗性强。影射国际共产主义运动在六十年代展开的一场对世界局势的估价和社会主义模式的大论战。

至于"不须放屁"一句,从来就众说纷纭;一些人认为好,另一些人又认为不好。其实,这一句用得极好。尤其在通读全篇之后,更感诗人在这里以一句让人想不到的话对敌人给予了愤怒的痛斥。而且纵贯古今,无一人敢将这四字入诗,只有毛主席敢,他用词句决不瞻前顾后,忐忑不安,而是君子坦荡荡的心胸。没有他这么大的气魄,谁有胆敢这样写呢?这不仅是一个发明创造,也是塑造人心灵的一个伟大的飞跃,其中意寓极为深远。

综观全诗,比喻诙谐,批判尖锐,直白泼辣,化用寓言故事表达主题,形象生动,具有强烈的感染力,这首词表明了作者在论战中的观点。

七　律

洪　都①

一九六五年

到得洪都又一年，
祖生击楫至今传②。
闻鸡久听南天雨③，
立马曾挥北地鞭。
鬓雪飞来成废料，
彩云长在有新天。
年年后浪推前浪，
江草江花处处鲜。

【注释】

①此诗首次公开发表在人民日报 1994 年 12 月 26 日八版。编者按曰：为纪念毛泽东同志诞辰 101 周年，特首次正式发表由中共中央文献研究室编辑校定的毛泽东诗词《虞美人·枕上》、《七律·洪都》。洪都，旧南昌府的别称。隋、唐、宋三代曾以南昌为洪州治所，又为东南都会，因而得名。这里指南昌市。

②祖生击楫：祖生，即东晋名将祖逖。公元 304 年匈奴族刘渊在黄河流域建立汉国。中原大乱，祖逖率领亲党数百家来投镇守建邺(今南京市)的晋元帝。313 年祖逖要求率兵北伐，被任为奋威将军、豫州刺史，率部曲百余家渡江北上，中流击楫，立誓收复中原。击楫，敲打船桨，后用以形容有志报国的抱负和气概。

③闻鸡：这里化用闻鸡起舞的典故。《晋书·祖逖传》："与司空刘琨俱

为司州主簿,情好绸缪,共被同寝。中夜闻荒鸡鸣,蹴琨觉曰:'此非恶声也。'因起舞。"祖逖和刘琨年轻时都有大志,互相勉励振作,因此听到鸡鸣就起床舞剑。后以"闻鸡起舞"比喻有志之士奋起行动。

【赏读】

这是一首述怀明志诗。其意境雄浑,气象恢弘,用典精当,意蕴深长,格调高昂,是一首充满生气的诗作。作者述怀明志,借典咏史,抒发报效祖国、改造社会的豪情壮志,歌颂新中国日新月异、欣欣向荣的建设事业,寄托对祖国未来的热切展望,体现了作者豪迈而乐观的英雄气概,表达了对革命事业接继者的殷切期望和热情激励。

诗人于 1964 年曾到南昌视察,1965 年再到南昌,故诗的首句,直赋"到得洪都又一年",以叙行踪,顺便点题。

次句别开生面,由洪都而联想起发生在洪都的许多历史故事。"祖生击楫"的爱国壮志,早已成为中华儿女的优良传统,故下"至今传"三字。诗人借古抒怀,表明自己的报国之志,至老不渝。

颔联紧承第二句,概述自己为国献身四十余年的革命生涯。出句由"祖生击楫"而联想到他与好友刘琨闻鸡起舞的史事,借以抒发自己忧国、报国的心情。"久听南天雨",是这一经历的艺术性概括。"久听",既写了革命时间之长,也抒发了视暴雨若等闲之概。

1935 年长征至陕北后,诗人在北方指挥了抗日战争、解放战争,书写了中国革命史上最英武雄壮的几幕,诗人都在北方地区,总共十四年。"立马曾挥北地鞭",是这一历史经历的艺术概括。"立马挥鞭",形象威武,气势磅礴。

颈联笔锋跌宕,描述自己的现状。"鬓雪飞来",这是人生老病死之规律,任何人都不可抗拒;"废料",则是诗人的自谦之辞,自嘲之辞,亦是顾影自怜之辞。写此诗时,诗人已七十三岁高龄。"烈士暮年,壮心不已",故对句立即接上"彩云长在有新天"。"彩云长在",比喻诗人坚信的马克思主义的真理长存,人民的伟大事业长新,诗人的坚强的革命意志长在。

末联,先指出事物发展的一般规律——"年年后浪推前浪",从而引出"江草江花处处鲜"的立意来。"江草江花",象征一切新鲜事物，是诗人要用无产阶级自己的新思想、新文化、新风俗、新气象，来改变整个社会精神面貌的暗喻。

　　此诗前四句着重回味自己的革命历程，后四句着重阐述自己的志向。它是诗人抒怀述志之作，是叹老图新之作。他相信，横扫了一切"牛鬼蛇神"，涤荡了所有"污泥浊水"，必在中国上空出现一片"新天"。

一九六零年，毛泽东在北戴河海滨小憩。

卜算子

悼国际主义战士艾地同志①

一九六五年十二月

疏枝立寒窗②，
笑在百花前。
奈何笑容难为久，
春来反凋残。
残固不堪残③，
何须自寻烦。
花落自有花开日④，
蓄芳待来年。

【注释】

①此词见于罗炽主编《毛泽东诗词鉴赏辞典》。又见于胡忆肖等编著《毛泽东诗词白话全译》。艾地(1915—1965)，印度尼西亚共产党总书记。1965 年在"九州事件"中被杀害。

②疏枝句：化用宋林逋《山园小梅》："疏影横斜水清浅，暗香浮动月黄昏"语意，以梅喻艾地。

③固：本来。堪：禁受；能。

④花落句：传宋严蕊《卜算子》："花落花开自有时，总赖东君主。"

【赏读】

诗人在这首诗中，以咏梅寄情的比兴手法，悼念了国际共产主义战士艾地同志，同时也激励了广大无产阶级革命者以及诗人自

347

己对革命必胜的信心。

艾地(1923—1967年)曾经是印度尼西亚共产党中央委员会主席。他所领导的印尼共产党在当时的印尼有很大的影响力。连当时(1959年)的苏加诺总统都在全国范围内提出过"民族主义、宗教、共产主义三大思潮合作"的主张。然而,帝国主义和印尼国内的反动势力却并不甘心;他们在准备推翻苏加诺政权,剿灭印尼共产党。

1965年9月30日,以苏加诺总统警卫部队第三营营长翁东中校为首的一批左翼军官,采取行动以求挫败右翼军人集团的政变阴谋,但未告成功。10月1日,军人集团终于篡夺了国家权力,并对印尼共产党人和革命人民进行了血腥的镇压。据印尼共产党中央委员会1966年5月23日发表的文件披露,被杀害的印尼共产党人和进步人士不下20万人,被捕者不下40万人。艾地同志也在这场大屠杀中牺牲了。

当毛主席得知印尼所发生的一切以及他的国际战友艾地不幸遇难的消息后,心情十分悲痛。而时间已值隆冬,寒梅怒放;诗人触景生情,想到几个月前还在北京会见了他,但转眼间却成了故人,禁不住吟诗一首以寄哀思。

上阕写深冬的梅花横斜傲岸于窗前;并以拟人手法,用一个"笑"字来形容梅花的无尽风采。梅花含笑盛开于"百花"之前,而"百花"当是指万紫千红的春日。寒梅迎着盛大的春天,但可惜这梅花的笑容难以持久,到了春天就凋零了。诗人在这里,借梅花的开与落这一自然景观,道出了内心的哀思。艾地同志以及他所领导的印尼共产党当时在印尼正如日中天,形势一片大好,但没想到情况陡地发生逆转,眼见就要来临的大好春光反而凋残了,革命之火被扑灭了。但艾地同志的音容笑貌却不断地浮现在诗人的眼前。

下阕,诗人表面上仍是写初春梅花总是会凋残的,要凋残就凋残吧,赏花人何必自寻烦恼,花开花落有它自己的规律,花儿蓄积的芬芳在等待第二年盛开。

除了这表面一层写景外,诗人也在此寄寓了另一层深意。诗人将自己悲痛的心情作了一个调整,勉励自己与勉励其他同志,不应一味沉湎于悲哀之中,为愁烦所困扰。该失去的自会失去,但只要不懈奋斗，总会有所得的。并从中升华出一个道理：共产主义战士前赴后继，是不可能被彻底摧毁的；失败中也有教训，也孕育着成功。我们不应为印尼共产党短暂的挫折而深深忧愁、不能自拔。就像年复一年蓄积着芳香的梅花一样，他们也正在蓄积着更大的力量，他们终会有得胜的一天。在全诗最后一句中，诗人引领我们向上升起，让我们心中豁然明亮起来，而不是在悲哀中暗下去；使我们满怀希望，再次充满革命的斗志与豪情。

一九五九年，毛泽东和亚非拉青年朋友在一起。

七 律
有 所 思①

一九六六年六月

正是神都有事时②，
又来南国踏芳枝③。
青松怒向苍天发，
败叶纷随碧水驰。
一阵风雷惊世界，
满街红绿走旌旗。
凭阑静听潇潇雨④，
故国人民有所思⑤。

【注释】

①这首诗根据作者审定的抄件刊印。首见于中共中央文献出版社
1996 年 9 月版《毛泽东诗词集》。诗写于 1966 年 6 月南巡期间，"文化大
革命"正是在这期间发动起来的，这也便是诗作的时代背景。

②神都：古谓京城，这里指北京。有事时：发动"文化大革命"的时候。

③南国：南方的泛称。作者写这首诗的前后，再度来到南方巡视，5 月
5 日到 6 月 15 日在杭州，途经长沙于 17 日到韶山滴水洞。住了 11 天，28
日赴武汉。

④凭阑静听潇潇雨：化用岳飞《满江红·怒发冲冠》词"凭阑处潇潇雨
歇"句。阑同栏。潇潇：骤急的雨势。

⑤故国：即祖国。

【赏读】

　　《有所思》为汉乐府曲辞古题,写男女之间的爱情。多有以此题做诗的。如南朝陈叔宝有乐府《有所思》、唐李白有乐府《古有所思》、唐李贺有古风《有所思》、唐韦应物有五古《有所思》、宋叶茵有五绝《有所思》等,皆借以为题,但思想内容各有千秋。毛泽东这首七律也是借历代诗人古题新吟。

　　诗的首句,起笔突出,如浩瀚大江迎面而来,"正是神都有事时",给读者以紧迫感。当时,正错误地揭批"三家村",中共中央正处理所谓"彭、罗、陆、杨"问题,这些就是"神都"之事。但正在这个时候,诗人却"又来南国踏芳枝",显得很镇静、很闲适。

　　第二联写景,"青松"、"败叶"均是"踏芳枝"时之所见,实际上却是以景色比喻"所思"的内容。出句"青松",借喻那时人们常说的"革命派"的"高大形象"。也许是诗人自喻:他们面对"神都有事"的局势,高歌"造反有理",向着"走资本主义道路的当权派"和"牛鬼蛇神"发起猛烈的攻击。对句,"败叶纷随碧水驰",形容当时"走资派"和"牛鬼蛇神"的状况,斥他们为"败叶",谓他们在"西风"劲吹下,必将随"碧水"而去。这正合"正西风落叶下长安"之意境。全联表达诗人对"文化大革命"的现状与前景的乐观估计,也透露出他的"兴味"之所在,体现着他的"兴无灭资"的战略意图。

　　第三联出句"一阵风雷惊世界",便是指"文化大革命"不仅震撼全中国,而且惊动全世界。诗人在多首诗中,好用"风雷"二字,如1961年11月《和郭沫若同志》的"一从大地起风雷",1963年1月《和郭沫若同志》的"五洲震荡风雷激",1965年5月《重上井冈山》的"风雷动,旌旗奋,是人寰",加上这首的"一阵风雷惊世界",共四用,说明诗人晚年何等热衷于这种"革命"的风雷!1966年6月,"风雷"一动,"革命派"高举红红绿绿的旌旗,如潮水般拥向街头。"满街红绿走旌旗",也是实描"文化大革命"时期全国城市一景。

　　末联的"凭阑静听潇潇雨",化用岳飞《满江红》首三句"怒发冲冠,凭阑处、潇潇雨歇",此时,诗人也是"怒发冲冠",从那时的一些激烈而严厉的言辞便可窥之一二。不过,他在"怒发冲冠"时,却于1965年12月离北京南下,离开中央长达八个月。他在"西方的那个山洞"里,认真地"有所思"。可惜他"所思"的似乎没有包括这场

"大革命"的反面结果,而是一味地要"天下大乱,达到天下大治"。这里,写的是"故国人民有所思",而"有所思"的实是诗人自己。

　　这首诗熔情、景、事、理于一炉,对仗精工,造语纯熟,风格则于怒发时有欣慰,于豪壮中见苍凉,于深沉中寓轻快。这是目前所公开发表的毛泽东的最后一首诗。

一九六二年十月一日,毛泽东和刘少奇在天安门城楼上。

七言诗

戏改杜甫《咏怀古迹》其三①

一九七一年

群山万壑赴荆门②，
生长林彪尚有村③。
一去紫台连朔漠④，
独留青冢向黄昏⑤。

【注释】

①杜甫(712—770年)：唐代伟大的现实主义诗人。巩县人。字子美，尝称杜陵野老。其优秀作品，显示了唐代由盛转衰的历史过程，反映了广阔的社会生活，被称为"诗史"。《咏怀古迹》其三是其名作之一。毛泽东这首诗见于计小为《评舒群的毛泽东故事》一文，又见于陈晋《毛泽东与文艺传统》。据周世钊说，毛泽东把杜诗中的"明妃"改作"林彪"。据以推断，其"戏作"之时间当在1971年9月13日"林彪事件"之后。

②荆门：山名。在湖北宜都县西北。《水经注》三十四《江水》："江水又东历荆门虎牙之间，荆门在南，上合下开，阒彻山南，有门象虎牙在此。"

③林彪(1907—1971年)：林彪反革命集团案主犯。湖北黄冈人。1971年9月13日乘飞机仓皇出逃，在蒙古人民共和国温都尔汗地区机毁人亡。

④紫台：帝王所居。犹紫宫。南朝梁江淹《恨赋》："若夫明妃去时，仰天太息，紫台稍远，关山无极。"朔漠：北方沙漠地带。《后汉书·袁安传》："今朔漠既定，宜今南单于反其北庭，并领降众。"

⑤青冢：即昭君墓。在内蒙古呼和浩特市南9公里大黑河南岸的冲积平原上。远望墓表黛色冥蒙，因此历代相传为青冢。

【赏读】

　　毛泽东的改诗,只取杜诗的前四句。王昭君为湖北人,故杜诗中以"荆门"为辞。林彪也是湖北人,毛泽东利用这种巧合,首句"群山万壑赴荆门"不改,也很切林彪。第二句,原诗为"生长明妃尚有村",毛泽东只改了"明妃"两个字为"林彪",就全把改诗的写作意图讲清了。

　　有寓意的是末二句。原杜诗本是咏叹王昭君离开紫台(指汉帝宫殿)后,到达北方沙漠地带,最后埋葬在今内蒙古这一史实的。毛泽东虽一字不改,因两句正切合林彪逃离京城、折戟沉沙的可耻下场。"独留青冢向黄昏"的凄凉,借而描状林彪,最为巧合无痕,贴切至极!使诗者的讽刺,也表露在这凄凉的景况描写中。

一九五八年,毛泽东和维族农民库尔班·吐鲁木亲切握手。

毛泽东诗词全集赏读

七 绝
戏改李攀龙《怀明卿》①

一九七一年

豫章西望彩云间②，
九派长江九叠山③。
高卧不须窥石镜④，
秋风怒在叛徒颜。

【注释】

①李攀龙(1514—1570年)：字于鳞，号沧溟。历城(今山东省济南市)人。明代诗坛"后七子"之一。《怀明卿》乃其代表作之一。明卿，即吴国伦(生卒年不详)，兴国(今江西省兴国县)人。嘉靖二十九年(1550年)进士，授兵部给事中。杨继盛被诬陷死，吴倡众赙送，忤严嵩，谪江西按察司知事，移南康推官，又调归德。吴亦为"后七子"之一。李攀龙《怀明卿》即作于吴谪贬江西期间。毛泽东同志"戏作"之诗见于周世钊日记，见之于计小为《评舒群的〈毛泽东故事〉》、陈晋《毛泽东与文艺传统》。当作于1971年9月13日"林彪事件"以后。

②豫章：地名，隋平陈，改郡为县，属洪州。故治在今江西南昌市。豫章句当由李白《早发白帝城》"朝辞白帝彩云间"化出。

③九派长江：见《菩萨蛮·黄鹤楼》注。

④高卧：李攀龙原诗指明卿谪贬生涯。毛诗指林彪机毁人亡，卧葬沙丘。

【赏读】

这首改诗有一定的历史背景。1971年9月13日，当毛泽东在周恩来把林彪叛逃的消息报告他时，毛泽东说："天要下雨，娘要嫁人，由他去吧。"虽然他说得从容洒脱，但内心的愤慨是有史可鉴的。他究竟是诗人，又已病了，不能写诗，却可以借他人的诗来表达自己的内心情感。于是，他把李攀龙怀念被贬谪友人吴国伦的诗移来，改成了一首声讨林彪的诗作。毛泽东曾对周世钊等说："此诗送给林彪是最恰当不过的了。"

李攀龙，山东历城人。明嘉靖23年(1544年)进士，历事嘉靖、隆庆两朝，官至河南按察使。他是明代著名文学家，"后七子"的领袖。李攀龙写此诗时已谢病辞官家居。此诗是他因怀念远在江西的吴国伦而作的。其原诗为：

豫章西望彩云间，九派长江九叠山。
高卧不须窥石镜，秋风憔悴侍臣颜。

毛主席对李攀龙这首诗最后一句做了改动。改为"秋风怒在叛徒颜"。而这里的"叛徒"是明确地指林彪而言的。

此诗前两句表面是写庐山的气势，其实是写诗人内心"无限风光在险峰"的革命激情。以"九派长江九叠山"来回应1970年8月23日在庐山召开的中国共产党九届二中全会的情况。当时会议一开始，林彪就抢夺话语权力，坚持要设国家主席以及要称毛泽东是天才，还在华北组散发第二号简报。这份煽动性很大的简报，立即在各组引起强烈反响。参加会议的绝大多数成员，听说有人"否认毛泽东是天才"、"贬低毛泽东思想"、"不赞成毛泽东当国家主席"都表示极大的愤慨，要求把这种人"揪出来"。至此，庐山形成了一种紧张局面。毛泽东觉察到了林彪集团的阴谋，于8月25日主持召开政治局扩大会议，决定立即停止讨论林彪的讲话，收回二号简报，责令陈伯达作检讨。8月31日，毛泽东写了《我的一点意见》，文中严厉批判了林彪集团，说他们"采取突然袭击，煽风点火，唯恐天下不乱，大有炸平庐山，停止地球转动之势。"接着全会按照毛主席的意见，对陈伯达展开了揭发批判。吴法宪等也受到了批评。

接下来形势急转直下，林彪一见自己国家主席当不成了，阴谋又被毛主席看穿，1971年3月，他赶紧制定《"571工程"纪要》，妄图搞武装政变。8月中旬,毛泽东巡视南方,并先后给各地党政军负责人打招呼。毛主席说:"有人急于想当国家主席,要分裂党,急于夺权"、"这次庐山会议,又是两个司令部的斗争";"庐山这件事,还没有完,还没有解决"。当时住在北戴河的林彪得知毛主席这些讲话要点后,大为惊慌。9月8日,林彪下达手令,想对毛泽东进行谋杀。同时还作了南逃广州,另立中央的第二手准备。但毛泽东已有所洞察,决定立即乘火车于9月12日提前返回北京。林彪、叶群、林立果9月13日凌晨乘飞机仓皇出逃,飞经蒙古温都尔汗上空时,飞机坠毁,机上人员全部死亡。

此诗第三、四句就是写叛徒林彪的。第三句是说林彪在庐山开九届二中全会期间,只宜高卧大睡,而不须窥照石镜作深刻的自我反省。"窥石镜"三字出于李白《庐山谣寄卢侍御虚舟》诗中一句:"闲窥石镜清我心"。而林彪反党集团却暗中磨刀霍霍,哪会凭着党性与良心去"窥石镜"。

最后一句,诗人写了叛徒林彪的下场,以比兴手法说道:愤怒的秋风横扫了叛徒的嘴脸。此句可引申为林彪一家人摔死在温都尔汗,恶人最终不得善报,只落得个死无葬身之地的结果。毛主席最后一句改得极好,不仅将李攀龙原诗的意思全改了,而且将当时庐山会议的形势、林彪一伙的表演,以及叛徒林彪最后的下场都浓缩在这首短短的七绝中了,它勾勒出了林彪的丑恶嘴脸,也道出了自己当时难以抑制的愤慨。真是古为今用到了出神入化的地步。

七绝·戏改李攀龙《怀明卿》(1971年)

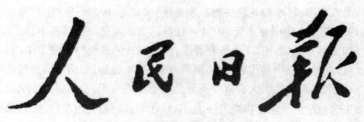

◇毛泽东手迹
人民日报

七言诗

续乔冠华诗①

一九七二年四月

八重樱下廖公子②,
五月花中韩大哥③。
莫道敝人功业小④,
北京卖报赚钱多⑤。

【注释】

本诗首见于章含之文《毛泽东为乔冠华续写打油诗》。

①乔冠华(1913—1983):江苏盐城人。早年留学日本、德国。1939年加入中国共产党。后长期从事新闻、文化工作。曾任新华社华南分社社长。建国后,任外交部政策委员会副主任、新闻总署国际新闻局长、外交部部长助理、外交部副部长、部长。中国人民对外友好协会顾问。1983年9月22日病故于北京。

②八重樱:日本樱花之一种。廖公子:廖承志(1908—1983),广东惠阳人,1928年加入中国共产党。1934年任红四方面军总政治部秘书长。参加了红四方面军长征。1937年冬赴香港,主持抗日民族统一战线工作。1946年5月,参加南京中共代表团,协助周恩来工作。建国后,历任国务院办公室主任、全国人民代表大会常务委员会副委员长等职。十二届一中全会当选为中央政治局委员。1983年6月10日在北京病逝。1972年4月,廖应邀率庞大友好代表团访问日本,时逢八重樱盛开。

③韩大哥:指韩叙同志,当时奉命赴华盛顿组建中国驻美联络处。五月花:韩叙同志一行下榻的旅馆名。

④敝人:指乔冠华。

⑤卖报赚钱:实写乔冠华在1967年的一段遭遇。

附:《毛泽东为乔冠华续写打油诗》

　　1972年2月,尼克松访华后,中美双方决定互建联络处。当年9月,日本田中首相访华,中日建立邦交,中国外交出现了空前繁花似锦的局面。在这一连串的外交成果中,这年4月廖承志同志应邀率庞大友好代表团访问日本,同时韩叙同志奉命赴华盛顿组建中国驻美联络处。相应的,美国政府于同时派助理国务卿詹金斯来北京商谈建立美国驻华联络处。那时正值冠华与美方詹金斯谈判比较顺利,他高兴之余,写了一首打油诗的前三句,念给我和其他参加谈判的同志听,说他征求第四句。当时中、日已经建交,廖承志同志正率领建交后最大的代表团访问日本,而日本的4月又正值八重樱盛开的季节;在地球的另一端,韩叙同志恰好正在华盛顿商谈建立联络处的事情,他下榻的旅馆名为"五月花"(May Flower,1620年,英国约100余名受宗教迫害的教徒乘名为"五月花"的船漂洋过海,来到北美大陆,在普茨茅斯登陆,成为最早的英国在北美新英格兰地区的殖民者),所以冠华头三句打油诗是这样的:八重樱下廖公子,五月花中韩大哥。欢欢喜喜詹金斯,他问谁能想出佳句填最后一行。当时大家七嘴八舌,有的说"喜上眉梢乔老爷",有的又说是"洋洋得意乔老爷",冠华都说不好。一时就搁下了。没想到过了一日,毛主席召集会议听取中美谈判情况。那天,毛主席兴致很高,大家也很放松。有人说外交形势大好,乔老爷诗兴大发,写了三句打油诗,可惜还缺第四句。毛主席立即说:"我来给乔老爷填后两句!"大家齐声说好。主席笑着说:"乔老爷,你的前两句是:'八重樱下廖公子,五月花中韩大哥。'我现在给你填后两句:'莫道敝人功业小,北京卖报赚钱多!'你看如何?"

　　在场的都懂得这段故事,于是大家开怀大笑,说主席这两句真高明!原来毛主席讲的是冠华"文化大革命"高潮时的一段遭遇。1967年,外事口造反派掀起了"打倒陈、姬、乔"的高潮。他们逼迫姬鹏飞同志和冠华到热闹的市中心去卖造反派的小报,内容是打倒自己。冠华分配的卖报地点是王府井百货大楼前。开头两天有造反派押着去卖。后来"造反战士"嫌麻烦,就把一摞小报分配给冠华,命令他卖完后回去报告交款。开始时,冠华曾好言与造反派相商,说他还是个代表中国政府的外交部副部长,这样抛头露面在王府井叫卖打倒自己的小报有失国体。造反派当然不会接受。因此当"造反战士"不再监督时,冠华马上想出了好办法。他点了一下小报的份数,并按两分钱一张算出总价,即他应当交付的钱数。待到押送他的造反派刚刚走出视线,他就找了一个街角落,把整摞小报往地上一放,他自己也溜之大吉,找一家僻静的小酒馆喝啤酒去了。两个小时之后他慢慢踱回部里,把他从小酒馆用整票子换来的零钱上交造反派说是卖报所得,而且每次都要多交几角钱。于是,造反派讽刺他说:"你这个修正主义分子倒会卖报赚钱!"

后来,这个"乔老爷王府井卖报赚钱"的笑话在外交部流传甚广,连毛主席都知道了。主席幽默地把它填进了冠华的打油诗,使之堪称一绝。(1994年1月27日《文汇报》章含之文)

【赏读】

1972年,在毛泽东和周恩来的策划和领导下,我国开创了外交新格局。同年二月下旬,美国总统尼克松访华后,中美双方决定建交,互建联络处。九月,日本首相田中角荣访问我国后,中日双方决定建交,互设大使馆。在这种情势下,廖承志率友好代表团于1973年4月日本樱花盛开时赴日访问。这就是"八重樱下廖公子"的本事。五月,韩叙奉命赴华盛顿建立中国驻美联络处。这就是"五月花中韩大哥"之本事。与此同时,美国助理国务卿詹金斯也奉命来华商谈建立美国驻华联络处等事务。乔冠华与詹金斯的谈判相当顺利。

据章含之的文章介绍,乔冠华在谈判顺利,心情愉悦之余,写了一首打油诗的前三句,向别人征求第四句。这三句诗为:"八重樱下廖公子,五月花中韩大哥。欢欢喜喜詹金斯"。有人补写"喜上眉梢乔老爷",有人补写"得意洋洋乔老爷",乔冠华都未认可。过了不久,毛泽东听取中美谈判的情况汇报时,有人提起乔冠华写诗的趣事。毛泽东立即说:"我来给乔老爷填后两句!'莫道敌人功业少,北京卖报赚钱多。'你看如何?"毛泽东幽默地将乔老爷街头卖报的故事入诗,寓意新奇,侧面称赞乔冠华功业不小,赞誉之中诙谐风趣。

七言诗

戏续李白《梁甫吟》①

一九七三年七月四日

君不见高阳酒徒起草中，
长揖山东隆准公。
入门不拜骋雄辩，
两女辍洗来趋风。
东下齐城七十二，
指挥楚汉如旋蓬。
不料韩信不听话，
十万大军下历城。
齐王火冒三千丈，
抓了酒徒付鼎烹②。

七言诗·戏续李白《梁甫吟》〈1973年〉

【注释】

①李白(701—762年)：唐代伟大诗人。字太白，号青莲居士。诗风雄奇豪放，想象丰富，富有积极浪漫主义精神。对后世影响极大。《梁甫吟》是李白代表作之一。大概写在李白"赐金放还"，刚离长安时。诗中抒写遭受挫折以后的痛苦和对理想的期待。毛泽东的"续诗"见于陈晋《毛泽东之魂》，又见于《毛泽东与文艺传统》。陈晋评论说："……作为政治家的诗人，当毛泽东审视传统的豪放作品时，无疑一种心理优势，并且不可能完全是基于非功利纯审美的角度来审视。站在政治家的立场，他必然关注诗人本身所建立的功业及其作品的社会实效。这一角度难免影响对诗人的评价。"

"譬如李白,无论是他那种傲视一切的心态,还是古今独步的诗思,都是毛泽东极意推崇的。但当毛泽东换一个角度来审视这位豪放诗人时,其悲剧性格中的喜剧性弱点便被毛泽东明晰地剥离了出来。李白志在'申管晏之谈,谋帝王之术,奋起智能,愿为辅弼,使寰区大定。海县清一'(《代寿山答孟少府移文》)故而他在《古风》第三首中赞美秦始皇的功业。但毛泽东却从这首诗中引申出这样的看法:这首诗大段是讲秦始皇了不起,'秦王扫六合,虎视何雄哉!挥剑决浮云,诸侯尽西来'。只是屁股后头搞了两句:'但见三泉下,金棺葬寒灰。'就是说他还是死了。你李白呢?尽想做官!结果充军贵州。白帝城遇赦,于是乎'朝辞白帝彩云间'。《梁甫吟》说现在不行,将来有希望,'君不见高阳酒徒起草中','指挥楚汉如旋蓬'。那时是神气十足。我加上几句,比较完全(略),把他下油锅了。(1973 年 7 月 4 日同王洪文、张春桥的谈话)从这段富有情趣的调侃议论中,不难看出毛泽东对纯粹的诗人心态的超越和轻视,不难体会到他是怎样从政治家的角度来看待古代诗人对历史伟人充满意气的清谈议论。……毛泽东不无挑剔地指出李白在自己诗歌中抒发的傲视一切的勃勃雄心,与他在现实生活中的尴尬处境(想当官而不得)之间的深刻矛盾。可以说是点出了古代大多数有成就的诗人们的普遍命运。"(《毛泽东与文艺传统》第 347—348 页)

②李白在《梁甫吟》中醉心于"高阳酒徒"郦食其人生事业的顶峰——出身贫贱,无以谋生,人视为狂生,自称高阳酒徒。凭雄辩使刘邦改变了态度,以后还说服齐王率七十二城降汉,成为楚汉相争中的风云人物。而毛泽东则以四句诗概括了郦氏悲剧性的人生结局——"汉三年,汉王数困荥阳、成皋,郦生因曰'臣愿得奉明诏说齐王,使为汉而守东藩。'上曰:'善'。使郦生说齐王曰:'王疾先下汉王,齐国社稷可得而保也,不下汉王,危亡可立而待也。'田广以为然,乃听郦生,罢历下兵守战备,淮阴侯(韩信)闻郦生伏轼下齐七十余城,乃夜度兵平原袭齐。"齐王大怒,乃以油锅烹杀郦食其。(详见《史记·郦生列传》)历城:县名。属山东济南市。战国时齐国历下邑。因城在历山下,故名。

【赏读】

李白在《梁甫吟》中八句是写郦食其的故事。李白肯定"落拓"的郦食其"东下齐城七十二","壮士当群雄"的业绩,意在寄托自己不得志的情感。1973 年 7 月 4 日毛泽东与人谈话时,谈到秦始皇的功绩,说李白的《梁甫吟》也对秦始皇作了肯定,从而又谈到《梁

毛泽东诗词全集赏读

甫吟》对郦食其的故事说得不完全。他说：早几十年中国的国文科教书就说秦始皇不错了，车同轨，书同文，统一度量衡。就是李白讲秦始皇，开头一大段也是讲他了不起："秦王扫六合，虎视何雄哉！挥剑决浮云，诸侯尽西来。"一大篇，只是屁股后头搞了两句："但见三泉下，金棺葬寒灰。"就是说他还是死了。你李白呢？尽想做官！结果充军贵州，走到白帝城，普赦令下来了。于是乎，"朝辞白帝彩云间"。其实，他尽想做官。《梁甫吟》说现在不行，将来有希望。"君不见高阳酒徒起草中"，"指挥楚汉如旋蓬"。那时神气十足。我加上几句，比较安全："不料韩信不听话，十万大军下历城。齐王火冒三千丈，抓了酒徒会鼎烹"，把他下了油锅了。

七言诗·戏续李白《梁甫吟》〈1973年〉

毛泽东上面这段话，一是对李白肯定秦始皇之后，又在"屁股后头搞了两句"很不满意；二是续写郦食其的故事，意在阐明李白"尽想做官"，关键要把握现实。毛泽东这次谈话，是因为外交部的一份评述美苏关系的简报，颇与自己的观点不符，有些不悦而引发出来的。谈话中，他提出："我正式劝同志们读一点书，免得受知识分子的骗。"可见，他谈史论诗，并非单纯地讨论学术问题。

七　律

读《封建论》——呈郭老①

一九七三年八月五日

劝君少骂秦始皇，
焚坑事业要商量②。
祖龙魂死秦犹在③，
孔学名高实秕糠④。
百代都行秦政法，
"十批"不是好文章⑤。
熟读唐人《封建论》，
莫从子厚返文王⑥。

【注释】

①《封建论》：柳宗元(773—819 年)撰。文章通过对古代社会的分封制度的细致分析，严厉抨击了封建藩镇的割据局面，以及士族大夫的"世食禄邑"和由此产生的"不肖居上，贤者居下"的不合理现象。认为，社会制度是不以任何人或少数人的意志为转移的，它在"势"的支配下，就是圣人也无力兴废。从根本上否定了"人生有命，富贵在天"的传统思想。文章以史实说明了秦代开创的郡县制较封建制的优越性，批驳了一些人企图恢复分封制"与三代比隆"的倒退思想。这篇著名的政论文在历史上的地位，用苏轼的话来概括，即"宗元之论出而诸子之论废矣，虽圣人复起，不能易也"。(《秦不封建论》)郭老：郭沫若(1892—1978 年)，四川乐山人。中国现代著名的文学家、历史学家、古文字学家和社会活动家。这首诗见之于王年一《大动乱年代》(河南人民出版社 1988 年 12 月版)、陈晋《毛泽东与文艺传统》、高凯、于伶主编《毛泽东大观》及冯锡刚《云水苍茫未得珠——郭沫

若在"文革"后期》等著述。有关论著介绍此诗写作背景说：1968年10月在八届二中全会闭幕会上，毛泽东直率地说：我这个人有点偏向，不那么喜欢孔夫子。赞成说他代表奴隶主、旧贵族的观点，不赞成说他代表新兴地主阶级。因此郭老的《十批判书》崇儒反法，我也不那么赞成。……1973年春，毛泽东就写了一首反对郭沫若"崇拜孔二先"的小诗。7月4日同王洪文等谈话时又提到郭老在《十批判书》里自称人本主义，孔夫子也是人本主义，不能大骂秦始皇。8月5日，毛泽东给江青念了《读〈封建论〉——呈郭老》一诗以后，又说："历代政治家有成就的，在封建社会前期有建树的，都是法家。这些人主张法治，犯了法就杀头，主张厚今薄古。儒家满口仁义道德，一肚子男盗女娼，都是主张厚古薄今的。"

②焚坑事业：指秦始皇焚烧典籍、坑杀儒生的事件。秦始皇三十四年，博士淳于越根据古制，建议分封子弟。丞相李斯则主张禁止儒生以古非今，以私学诽谤朝廷。始皇采纳李斯建议，下令除秦记、医药、卜筮、种树书外，焚毁民间藏的《诗》、《书》和百家书等。谈论《诗》、《书》者处死，以古非今的诛族。欲学法令则以吏为师。次年，方士、儒生求仙药终不得，卢生等又逃亡。始皇大怒，坑杀诸生四百六十余人。

③祖龙：指秦始皇。《史记·秦始皇本纪》："(三十六年)秋，使者从关东夜过华阴平舒道，有人持璧遮使者曰：'为吾遗滈池君'。因言曰：'今年祖龙死。'"《史记集解》："苏林曰：'祖，始也，龙，人君象。谓始皇也。'"

④孔学：孔孟之道。秕糠：秕谷和米皮。比喻琐碎无用的东西。

⑤"十批"：即郭沫若《十批判书》。

⑥子厚：柳宗元，字子厚。

⑦文王：即周文王姬昌。

【赏读】

文化大革命进行到1973年，中国共产党在8月23日至28日，举行了第十次全国代表大会。"大会选举中央委员195人，候补中央委员124人。一些在'文化大革命'中遭受打击迫害、被排斥在九届中央委员会之外的老干部，如邓小平、王稼祥、乌兰夫、李井泉、谭震林、廖承志等都被选为中央委员。虽然江青集团的骨干分子更多地被选进党的中央委员会，但一些众望所归的老干部得以重新进入中央委员会，毕竟反映了另一个重要的趋势。十大以后，江青、张春桥、姚文元、王洪文在中央政治局内结成'四人帮'，江青集团的势力得到加强，而他们企图全面篡夺党和国家最高权力的野心和活动也更加扩张，但是许多干部、党员在林彪事件后都大大提高了政治觉悟，

提高了识别能力。一场更激烈的否定和肯定'文化大革命'的斗争正在逐渐地酝酿和形成。"(《中国共产党的七十年》)

在这种情况下，毛泽东为了维护"文化大革命"，以及从思想根源上批判林彪集团，要宣传"所谓历史上法家坚持变革和儒家反对变革"，因为林彪曾经私下推崇过孔孟之道，因而展开了"批林批孔"运动。那段时期毛泽东正在读柳宗元的《封建论》一文，想起要写诗"呈郭老"，也就是出于这样的背景。1973 年 7 月 3 日，他还在一次谈话中说道："我正式劝同志们读一点书，免得受知识分子的骗，什么郭老、范老、任继愈、杨柳桥之类的争论。郭老又说孔子是奴隶主义的圣人，郭老在《十批判书》里头自称是人本主义，即人民本位主义。孔夫子也是人本主义，跟他一样。郭老不仅是尊孔，而且还反法。尊孔反法，国民党也是一样啊！林彪也是啊！"于是，中共中央从 1974 年 1 月起开展了"批林批孔"运动。郭沫若是文化名人，又是毛泽东的诗友，毛泽东要治病救人，也就耐心地写了首诗，"劝君少骂秦始皇"，"莫从子厚返文王"。毛泽东在极理智时，对儒学的创始者态度是客观的。早在 1937 年 10 月 19 日，他在一篇文章中就说过"孔夫子是封建社会的圣人，鲁迅则是现代中国的圣人。"可见这首咏史诗，并非纯粹咏史，不纯粹探讨学术问题。它是复杂的政治局势的产物。

毛泽东的这首七律就是要颂扬秦始皇，为焚书坑儒事翻案，鄙视孔教儒学的诗作。诗中首两句，态度鲜明，措辞则婉转有度。他要奉劝郭沫若少骂秦始皇，"焚书坑儒"的举措也要再商量。言下之意就是说：秦始皇虽然早死了，但其功业还在，儒家学说名虽高却没有价值。次二句，对比强烈，"业犹在"，出语平易，评价却极高，言始皇虽死，其功绩足耀百世；"实秕糠"，比喻学识浅薄，言孔儒之学名不副实。爱憎分明。第三联紧承上联，用"百代多行秦政治"，指出"业犹在"的实实在在的表现。同时批评郭沫若为"秕糠"唱赞歌的《十批判书》可"不是好文章"。末联点题，以亲切的口吻规劝郭沫若要熟读唐人柳宗元写的《封建论》，不要再从柳子厚那里倒退到颂扬文王时代实行分封制的儒家立场上去。

综观全诗，通俗易懂，风格直率，观点明确。其次，采用对比手法，使人印象深刻。三、四句通过对比中国历史上的两件大事，使自己的观点更加明确。

五　绝

呈 郭 老①

一九七三年

郭老从柳退，
不及柳宗元。
名曰共产党，
崇拜孔二先②。

【注释】

　①此诗出处及写作背景介绍见《七律·读〈封建论〉——呈郭老》注①。
　②孔二先：对孔子的鄙称。

【赏读】

　　1973年春，毛泽东针对当时国内的政治推己及人气候，写下了这首反对郭沫若"崇拜孔二先"的小诗。同年7月4日同王洪文等谈话时又提到郭老在《十批判书》里自称人本主义，孔夫子也是人本主义，不能大骂秦始皇。这里不纯粹是针对学术问题的讨论，而是表明了自己的一种政治立场。可怜《十批判书》的作者，对秦始皇曾有批判的郭沫若，一见此诗，即无条件附和，自我批判，并于1974年2月7日赶忙作《七律二首·春雷》"呈毛主席"。其一："春雷动地布昭苏，沧海群龙竞吐珠。肯定秦皇功百代，判宣孔二有余辜。十批大错明如火，柳论高瞻灿若朱。愿与工农齐步伐，涤除污浊绘新图。"其二："读书卅载探龙穴，云水茫茫未得珠。知有神方医俗骨，难排蛊毒困穷隅。岂甘樗栎悲绳墨，愿竭驽骀效策驱。最幸春雷惊大地，寸心初觉识归途。"

诉衷情①

赠　人②

一九七四年

父母忠贞为国酬，
何曾怕断头！
如今天下红遍，
江山靠谁守？
业未就③，
身躯倦，
鬓已秋！
你我之辈④，
忍将夙愿，
付与东流？

【注释】

　　①诉衷情：又名《偶相逢》、《步花间》、《桃花水》、《画楼空》、《试周郎》、《一丝风》。唐教坊曲，后作词调。四十四字，上下片各三平韵。亦有单调体。

　　②赠人：这是一首赠词，详味语气可知。但这首词的真伪存在争议。刘路新、高庆国等译(美)R·特里尔著《毛泽东传》第481页引述此词后说："在这段时间，毛似乎回到韶山。"，"在南国宁静的时日里，毛泽东赋下了如许几行。出乎意料，这首词是为周(恩来)而作的"。

　　王永盛、张伟主编的《毛泽东的诗词艺术》第36页，著者曰："'父母忠贞为国酬，何曾怕断头'，联想毛泽东投身革命，先后献出六位亲人的生命,而到暮年,所想的还是'如今天下红遍,江山靠谁守?'心里装的,只有革命,只有人民,只有共产主义事业,惟独没有他自己,这是何等无私的胸怀!"。在延安时期即同毛泽东交往甚密的著名作家舒群,在《毛泽东的故事》这本纪实性很强的小说集中的最后一篇《十二月二十六日》里,也引了这首词,以细腻刻画毛泽东度过他最后一个生日时的心境。而陈晋在《毛泽东与文艺传统》一书中,则予以否定。他称"该词已经证实并非出自毛泽东的手笔。"但仍写道,此词于"忧患残深之外,又添暮年苍凉之情",虽后来证实非毛泽东手笔,"但当时人们信而不疑,广为传抄,多少反映出广大人民群众对毛泽东晚年心境颇趋一致的体会和揣度,反映出广大人民群众同毛泽东一样对祖国的命运表示忧虑和深切关注。"计小为在《评舒群的(毛泽东的故事)》(《文艺理论与批评》1990年第3期)一文中也曾断言此词非毛泽东所作,但又没提供任何有关资料。此外,由良石先生主编的《毛泽东诗词书法赏析》一书中也全文引用此词。在此,一并引用,以供参考。

③"业未就"以下三句:参陆游《诉衷情·当年万里觅封侯》:"胡未灭,鬓先秋,泪空流。"

④"你我之辈"以下三句:陈晋《毛泽东与文艺传统》所录与此字句有异。陈引文为"你我忍将夙愿付东流?"

【赏读】

据《中国共产党的七十年》一书介绍:"毛泽东自1971年冬身患重病以后,病情时轻时重。但是他始终担负着决定党和国家大事的重任。他接近和信任的人越来越少,他对实际情况越来越不了解。他对党和国家大事的设想和主张越来越抽象化。"、"'四人帮'在其间所作的一些歪曲性、挑拨性的情况反映,对毛泽东作出错误决策起了极其恶劣的作用。"这时期,"毛泽东一方面希望结束长期的不正常局面,也对已经认识到的一些具体错误进行纠正,以实现安定团结,使国民经济得到恢复和发展,另一方面又担心出现'复辟倒退',担心否定'文化大革命'。因而他在思想上不能不陷入深深的矛盾。"在这种复杂的情况下,毛泽东为中国革命的前途担忧,以满腔赤子之心写下了这首词。

上阕写老一辈无产阶级革命家以及老一辈人为国家繁荣、为民族富强,不惜牺牲一切,打出了社会主义江山,建立了新中国。古人说,创业易,守业难。此诗也表现了这种心态。两个问句,发人深

诉衷情·赠人〈1974年〉

思,同时也使文章跌宕起伏,读来韵味无穷。

　　下阕慨叹诗人自己以及党和国家主要领导人年事已高,体弱多病,担负国家重托感到心有余而力不足;面对当时错综复杂的形势,最后发出一句反问,十分耐人寻味,表现了诗人对革命事业的继承人寄予厚望。另外,从全诗的风格上看,语言通俗易懂,意思显明豁达。

一九七四年,毛泽东和邓小平在北京。

贺新郎
改张元幹《送胡邦衡待制赴新州》词悼董必武①

一九七五年四月

梦绕神州路。

怅秋风、

连营画角，

故宫离黍。

底事昆仑倾砥柱，

九地黄流乱注？

聚万落千村狐兔。

天意从来高难问，

况人情老易悲难诉，

更南浦、

送君去。

凉生岸柳催残暑。

耿河斜，

疏星淡月，

断云微度。

万里江山知何处？

回首对床夜语。

雁不到，

书成谁与?
目尽青天怀今古,
肯儿曹恩怨相尔汝!
君且去,
休回顾。

【注释】

①此词见于 1994 年第 5 期《文艺学习》所载著名笛子演奏家张晓辉回忆文章,1994 年第 8 期《喜剧世界》项新、李素华撰文《听曲莫如毛泽东》对张文摘要介绍,后录载于《作家文摘》第 88 期。

张元幹(1067—约 1143)字仲宗,自号芦川居士,永福(今福建永泰县)人。南北宋之交著名爱国词人。南渡后,秦桧当国,弃官而去,后因作词送胡铨被除名。今传《芦川词》。

胡邦衡(1102—1180 年),即胡铨(字邦衡),号澹庵,庐陵(今江西吉安市)人。高宗朝进士。一生坚持抗战,反对与金国议和。因上书请斩王伦、秦桧,孙近,被谪福州签判,后和议成,被诬,予以除名,押送新州(今广东新兴县)编管。孝宗立,回朝任职。今传《澹庵集》。

据张晓辉回忆:1975 年前后,文化部抽调文艺界名流,为患"老年性白内障"的毛泽东录制古诗词曲子。

"词曲送到了中央领导处后,很快就会反馈回对该词曲录制效果的反映。这些反馈主要是毛泽东的意见……后来我们慢慢才知道,毛泽东非常爱听为他专门录制的这些古诗词演唱音乐,每首曲子都反复听多遍,有时兴致所至,还让改动古词的几句原词,让录制组重录。"

"这首词录好曲子送到毛泽东处,很快毛主席将原词中的'举大白,听《金缕》',改为'君且去,休回顾'。不难体会,老人家在感受'天意从来高难问''目尽青天怀今古'之后,他又用一种往日的乐观态度对待之,'君且去,休回顾'——你且去吧,不要那样三心二意地回顾。老人家是在改古词还是在抒发个人的情感?是劝导别人,还是在劝导自己?总之,这改动的六个字,使词句更有体味不尽的含意了。"

【赏读】

毛泽东晚年患白内障,视力严重下降,但爱读古诗词的兴趣未减。1974年，有关部门组织文艺界人士，特为毛泽东演唱并录制了一些古诗词的曲子，供他欣赏。

南宋词人张元幹的《贺新郎》一词，是为送别因坚持反对与金人议和被投降派陷害谪赴新州（今广东新兴县）的胡邦衡而作。时张元幹已七十六岁，仍意志豪迈，力主抗金。全词慷慨苍凉，为长江以北半壁河山失陷于金深为忧愤；亦为胡邦衡被谪罚深感不平。《四库全书提要》称此词"数百年后，尚想其抑塞磊落之气"。它是毛泽东晚年常读、常听的词曲之一，曾三次圈读。

1975年4月2日，董必武在京逝世。毛泽东十分难过，不怎么吃东西，也不说话，整整听了一天这首《贺新郎·送胡邦衡待制赴新州》的谱曲唱片。"底事昆仑倾砥柱"，董必武，中共一大代表，党的创始人之一，他将自己的毕生精力献给了中国人民解放事业，建立了不朽功勋。他的逝世，确实如砥柱倾折。

毛泽东由此似乎联想到很多，1972年1月10日，陈毅元帅逝世，毛泽东挺着重病之身参加了陈毅的追悼会，握着张茜的手说："陈毅是个好同志"，"林彪是反对我的，陈毅是支持我的。"他似乎还想到贺龙元帅之死，想到了不少遭林彪、江青迫害的将军、老同志。1974年夏的一天，他就说过要为贺龙"恢复名誉"，"杨、余、傅要翻案"，还说"在上海听了林彪的话，整了罗瑞卿……向同志们作自我批评。""天意从来高难问，况人情易老悲难诉"，世界上确实有许多事情很难按常理探问个究竟，何况毛泽东当时已十分衰老了，双眼患老年性白内障，一只眼已失明，一只眼也只有微弱的光感。平日手不释卷的他，只能靠身边的人员读书给他听，他的内心悲苦又确实"难诉"。"万里江山知何处，回首对床夜语"，从客观上看董必武的逝世与张元幹这首词的具体内容，无任何联系，毛泽东借用这首词仅取张元幹词的"送别"的意蕴和情调，以抒发对董老的怀念之情，他们是几十年生死与共的战友啊。原词的最后两句改为"君且去，休回顾"，说的是原来的两句太伤感了。这样改，或许既是悼慰逝者，也是采取这样的方式来寄托哀思了。

改《诗经·小雅·采薇》断句

一九七六年

今我来兮,杨柳依依。

【注释】

《诗经·小雅·采薇》共六章,末章云:

> 昔我往矣,杨柳依依。
> 今我来思,雨雪霏霏。
> 行道迟迟,载渴载饥。
> 我心伤悲,莫知我哀。

【赏读】

1976年春天的一个早晨,重病在身的毛泽东,由秘书和护士搀扶着,沿着卧室后面的花园小径散步,一边欣赏着花草和渐吐鹅黄嫩叶的柳条,一边顺口吟道:"今我来兮,杨柳依依。"他面对欣欣向荣的春天,诗兴洋溢,反映了他此刻的舒坦心境。据他身边的工作人员回忆,自此,再也没有听到毛泽东吟咏诗句了(这年9月9日毛泽东逝世)。这也成了一代伟人兼诗人的毛泽东留在人世间最后的一声吟唱了。

附录一　毛泽东诗词补遗

注：以下补遗部分的诗词，来源于诸多已公开发表的回忆录等书报刊文章，这些诗词多为通俗易懂的白话文体，故除部分必须交代时代背景的诗词外，一般不再另加"注释"或"赏读"，特此说明。

四言诗·红四军司令部布告

一九二九年一月①

红军宗旨，民权革命，赣西一军②，声威远震。
此番计划，分兵前进，官佐民伏，服从命令。
平买平卖，事实为证，乱烧乱杀，在所必禁。
全国各地，压迫太甚，工人农民，十分苦痛。
土豪劣绅，横行乡镇，重息重租，人人怨愤。
白军士兵，饥寒交并，小资产者，税捐极重。
洋货越多，国货受困，帝国主义，哪个不恨。
国民匪党，完全反动，口是心非③，不能过硬。
蒋桂冯阎④，同床异梦⑤，冲突已起，军阀倒运。
饭可充饥，药可医病，共党主张，极为公正。
地主田地，农民收种，债不要还，租不要送⑥。
增加工钱，老板担任，八时工作，恰好相称⑦。
军队待遇，亟须改订，发给土地，士兵有份⑧。
敌方官兵，准其投顺，以前行为，可以不问。
累进税法，最为适用，苛捐苛税，扫除干净。
城市商人，积铢累寸，只要服从，余皆不问。
对待外人，必须严峻，工厂银行，没收归并。
外资外债，概不承认，外兵外舰，不准入境。
打倒列强，人人高兴，打倒军阀，除恶务尽。

统一中华,举国称庆,满蒙回藏,章程自定。

国民政府,一群恶棍,合力铲除,肃清乱政。

全国工农,风发雷奋,夺取政权,为期日近。

革命成功,尽在民众,布告四方,大家起劲。

【注释】

①1928年底,随着彭德怀、滕代远率领的中国工农红军第五军到达井冈山,国民党反动派加紧策划向井冈山根据地进行第三次"会剿"。湘赣两省军阀,共调动十八个团约三万人的兵力,准备分五路向井冈山进攻;同时加紧对井冈山实行经济封锁。为了打破敌人的第三次"围剿",由毛泽东主持,于1929年1月4日至7日,在宁冈县柏露村召开了前委、特委、红四军、红五军以及各县党组织负责人联席会议,即著名的"柏露会议"。会议决定"以一部分红军坚守井冈山,进行内线防御;而红军主力则打到敌人后方(外线)去,以求在外线牵制敌人,并调动和分散敌人围攻井冈山的兵力。这样内外结合,就可以打破敌人对井冈山的第三次"会剿";同时,又可乘机开辟新的革命根据地。"(毛泽东《在前委、特委、红四军、红五军及各县党组织负责人柏露会议上的讲话》)1月14日,毛泽东、朱德率三千六百名红军指战员,向赣南进发。"在向赣南和闽西进军途中,曾发布了著名的《红军司令部布告》和《共产党宣言》。"布告是毛泽东写"。"布告和宣言是动员各革命阶级起来同国民党反动派和土豪劣绅作斗争的号召书,是党建立农村根据地的伟大政治纲领。"(马玉卿、张万禄著《毛泽东革命的道路》(陕西人民出版社1991年7月版)《布告》采用四言诗的形式,宣布党的宗旨、革命的目的、任务、政策、法令,以鼓舞士气,发动群众。全诗通俗明白,琅琅上口,易诵易记。对研讨毛泽东的创作观十分重要,值得珍视。

②赣西一军:即毛泽东、朱德率领的进军赣南、闽西的队伍。

③口是心非:嘴里说的是一套,心里想的又是一套。即心口不一。《抱朴子·微旨》:"口是心非,背向异辞。"

④蒋桂冯阎:指以蒋介石、李宗仁和白崇禧(桂系军阀)、冯玉祥、阎锡山为代表的国民党新军阀中的各个派系。

⑤累进税法:1931年11月28日中央执行委员会第一次会议上通过的《关于颁布暂行税则的决议》规定:"废除国民党军阀的一切田赋丁粮、苛捐杂税厘金等,实行统一的累进税,统一累进税对于任何方面都只是征收一种税,征收的原则,除去将纳税的重担放在剥削阶级身上外,依阶级的原则来解决,对于被剥削的阶级与最苦的阶层的群众,免除纳税的义

务。"(《中华苏维埃共和国经济政策》3卷)

⑥积铢累寸:即铢积寸累。谓一铢一寸地积累起来,极言事物完成之不易。赵德麟《侯鲭录》:"寒女之丝,铢积寸累。"丝,指织成的绢。铢,我国古代衡制中的重量单位。汉代以一百黍的重量为一铢。《汉书·历律志上》:"二十四铢为两,十六两为斤。"

⑦外人:外国商人、资本家。"十大政纲"宣布:"没收外国资本开设的工厂、商店、船只、矿山和银行。"

⑧满蒙回藏,此以满族、蒙古族、回族、藏族代表各少数民族。章程自定,即"十大政纲"第(3)条:"统一中国,承认满、蒙、回、藏、苗、瑶各民族的自决权"。

六言诗·《讨逆檄文》
中国工农革命委员会布告①

一九三零年十二月

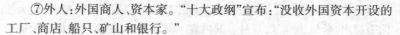

一九三零年十二月中下旬,毛泽东以中国工农革命委员会的名义起草了一份六言体的讨伐富田事变的布告:

段谢刘李等逆②,叛变起于富田。
带了红军反水,不顾大敌当前。
分裂革命势力,真正罪恶滔天。
破坏阶级决战,还要乱造谣言。
进攻省苏政府,推翻工农政权。
赶走曾山主席,捉起中央委员。
实行拥蒋反共,反对彻底分田。
妄想阴谋暴动,破坏红军万千。
要把红色区域,变成黑暗牢监。
AB取消两派③,乌龟王八相联。
口里喊得革命,骨子是个内奸。
扯起红旗造反,教人不易看穿。
这是蒋逆毒计,大家要做宣传。
这是斗争紧迫,阶级反叛必然。

不要恐慌奇怪，只有团结更坚。

打倒反革命派，胜利就在明天。

【注释】

①富田事变：关于"富田事变"以及这首六言诗《讨逆檄文》，亲历者黄克诚将军在他晚年的回忆录《黄克诚自述》（人民出版社，1994 年版）一书中写道："在第一次反'围剿'之前，毛泽东同志曾根据中央的精神，代表总前委提出'阶级决战'的口号。其内容一是动员反'围剿'，并相应地提出'诱敌深入'的军事方针；二是动员肃反打'AB 团'。毛泽东当时针对国民党军队对中央革命根据地所进行的大规模'围剿'而提出的'诱敌深入'的军事方针，无疑是完全正确的。第一次反'围剿'就是运用这一方针，取得了红军有史以来对敌作战中最大的胜利。以后，红一方面军相继取得对第二、第三、第四次反'围剿'作战的伟大胜利，同样是在这一正确方针指导下进行的。'阶级决战'作为一个政治口号，在当时确实起到了振奋人心、鼓舞士气的作用。但是，在肃反打'AB 团'的问题上，却出现了扩大化的偏差，造成了不应有的重大损失。'AB 团'是国民党右派在江西省党部中一小撮极端反动分子纠合起来的秘密组织。红一军团攻克吉安后，在缴获敌人的文件资料中，曾发现有关'AB 团'的资料，并涉及江西省行委和赣西南特委的某些干部。红一方面军总前委认为赣西南的党组织存在'非常严重的危机'，必须'来一番根本改造'，以'挽救这一危机'。遂于 12 月初，派方面军总政治部政务处长李韶九，携带总前委的指示信，并率领一连部队，到江西省行委、省苏维埃政府所在地富田，实施肃反任务，准备'找到线索来一个大的破获'。

"李韶九一到富田，就采用逼供信的手段，大肆捕人。几天之间，在省行委、省苏维埃及特委机关，抓捕了一百余人。旋即对被抓捕的干部轮番刑讯逼刑，屈打成招后，按照口供继续捕人，连家属亦不能幸免。省行委、省苏维埃、特委及江西地方红军第二十军的一些负责干部段良弼、谢汉昌、刘敌、李文林等先后被抓捕，搞得机关上下人人自危。在这种情况之下，江西省行委及红二十军的部分负责人便铤而走险，干了两件很坏的事情：一是模仿毛泽东的笔迹，伪造了毛泽东给总前委秘书古柏的信，制造毛泽东要把朱德、彭德怀、黄公略打成'AB 团'主犯的谣言，企图造成总前委分裂的局面。他们故意把这封信送到彭德怀手里，当即被彭德怀识破系伪造。彭德怀立即将信送给了毛泽东，揭穿了这个阴谋。另一件事是，他们鼓动红二十军哗变，扣留李韶九（后逃走），放出被抓捕的人，并率红二十军西渡赣江，脱离前委领导，单独到永新、莲花一带活动。他们沿途还提出

'打倒毛泽东'，拥护'朱、彭、黄'的口号。这就是当时著名的'富田事变'。

"'富田事变'给红一方面军总前委以极大震惊，也使全党受到极大震动，认为'富田事变'是'AB团'里应外合，公开叛变。总前委对'富田事变'采取'坚决进攻的策略'，发表宣言和公开信，号召进行反击和镇压。毛泽东还以中国工农革命委员会的名义，起草了一份六言格式的讨逆布告，还记得其中有"段、谢、刘、李诸逆，叛变起于富田，赶走曾山主席，扣留中央委员，反对工农红军，反对分地分田……"等句。于是，中央苏区打'AB团'的肃反运动，在'阶级决战'的口号之下，不断升格，导致广泛扩大化。给党和红军造成了难以估量的惨痛损失。今天回忆这段历史，很令人痛心！造成当时肃反扩大化的原因是很复杂的，也是多方面的。在武装割据状态下，外有国民党大军对革命根据地的进攻'围剿'，内部又发生了像'富田事变'这样大规模的公开分裂破坏活动，作为中央革命根据地党和军队的领导机关的总前委，难免惊心动魄，以为革命阵营内部混入大批反革命分子，若不首先清理内部，便会葬送革命。于是，就错误地运用对敌斗争的手段去处理本属于党内的矛盾。加之像李韶九这样一个品质很不好的人，在具体执行肃反任务中，胡作非为，大搞逼供信，造成肃反扩大化的局面就不足为奇了。后来，毛泽东同志在延安审干时，提出了'一个不杀，大部不抓'，'重证据，不轻信口供'的方针，就是对这一惨痛教训的深刻总结。有了这一条原则方针，以后的历次政治运动中就不杀头了，留下了平反昭雪的余地，这不能不说是一个重大的决策。

"在这次肃反打"AB团"扩大化的错误行动中，我对'AB团'的存在及其危害性、对'阶级决战'的口号和所谓'地主富农钻进革命阵营内部破坏革命'的事实，开始一段深信不疑，对上级的指示和部署，完全是自觉地遵照执行，从而，铸成了遗憾终生的大错，至今回想起来，犹感沉痛不已。如果要细算历史旧账，仅此一笔，黄克诚项上这一颗人头是不够抵偿的。由于这次错误的教训太惨痛了，使我刻骨铭心，毕生难忘，所以，以后凡是碰到搞肃反、整人之类的政治运动时，我就不肯盲从了。"

②"段谢刘李"：指当时被指控为"AB团"的首要人物——段良弼（江西省行委负责人）、谢汉昌（红20军政治部主任）、刘敌（红20军147团政委）、李白芳（江西省委秘书）。

③"AB团"AB团的名字来自英文"反布尔什维克"（Anti-Bolshevik）的缩写，全称为"AB反赤团"，是北伐战争时期在江西建立的国民党右派组织，成立于1927年1月，其目的是打击共产党和国民党"左派"。AB团的宗旨，是反对联俄、联共、扶助工农，取消民主主义。这样一个组织，在成立

后仅三个月，就被国民党"左派"和共产党发动的"四·二"大暴动所摧垮。AB 团的创建人段锡朋在 1931 年曾说："AB 团在四·二暴动后，一般忠实的同志，纷纷逃避京沪，此时适逢中央开始清党，AB 反赤团之目的已达，非但按诸党纪，党内不得再有组织，即环境之变迁，人事之移易，亦万无可以存在之形势，……"。

AB 团在解体之后，江西尽管还存在着个别的残余分子，但这个组织并没有重建。无论是后来把持江西国民党党务，致力于打击 AB 团的汪精卫改组派，还是再后来大力肃清 AB 团的共产党，都始终没有得到 AB 团仍然存在的真凭实据。

在 1927 年 4 月以后，已经不复存在的 AB 团先是成为汪精卫改组派攻击蒋介石一派的借口，后又成为共产党内部整肃的理由。

六言诗·苏维埃政府布告

一九三一年十二月十九日

军阀豪绅地主，到处压迫穷人。
利用国民政府，要捐要税不停。
地主白占土地，厂主垄断资本。
大家要免痛苦，只有参加革命。
穷人一致奋起，组织工农红军。
豪绅地主土地，一律分给农民。
免除苛捐杂税，都是有吃有剩。
工人每日工作，只做八个时辰。
商人服从法令，生意由你经营。
各地工农群众，赶快参加革命。
建立工农政府，快把地主田分。
工人组织工会，快同厂主斗争。
大家一致努力，完成中国革命。

七言诗·观梅小吟

一九三二年冬

春心乐共花争发，
与君一赏一陶然。

【赏读】

1932 年 12 月，毛泽东来到福建的汀州养病。这是他和贺子珍在北山赏梅时，即兴吟诵的两句诗。

前一句借用唐代诗人李商隐《无题》中"春心莫共花争发"诗句，只改了一个字，意趣便截然不同。李商隐的诗句消极低沉，而毛泽东的诗句昂扬向上。春心与梅花同发，人与梅相通，寓意不畏困苦艰辛，乐观顽强。

打油诗·洛甫摔跤①

一九三五年

洛甫洛甫真英豪，
不会行军会摔跤。
四脚朝天摔得巧，
没伤胳膊没伤脑。

【注释】

1935 年在长征途中，毛泽东对张闻天一次摔跤的调侃。

①打油诗：内容和词句通俗诙谐、不拘于平仄韵律的旧体诗，相传为唐代张打油所创，因而得名。

四言诗·为《八路军军政杂志》题词①

一九三九年一月二十五日

一面战斗，一面学习，
百折不回，再接再励。

附录一 毛泽东诗词补遗

381

【注释】

①《八路军军政杂志》：抗日战争时期八路军总政治部机关刊物。1939年1月15日创刊于延安，月刊。毛泽东同志为该刊写了发刊词。1942年停刊。共出版4卷39期。这首诗是毛泽东为该刊的题词。录载于何平主编的《毛泽东大辞典》。

【赏读】

1939年，抗日战争进入到一个新阶段，毛泽东同志把各抗日民主根据地在相持阶段中这一最困难的时期，称之为"黎明前的黑暗"。他号召解放区军民战胜困难，坚持敌后长期抗战，巩固抗日根据地，冲破黎明前的黑暗。毛泽东认为，对各根据地军民来说，除去粉碎日寇的"扫荡"和打退顽固派的进犯，发展生产解决吃饭穿衣问题，是他们当时面临的第一位的任务。解决问题，战胜困难的惟一出路是"自己动手，自力更生，艰苦奋斗，克服困难。"毛泽东同志集中主要精力抓了生产和整风两个中心环节。他号召抗日军民"现在一面学习，一面生产，将来一面作战，一面生产，这就是抗大的作风，足以战胜任何敌人的"。

在毛泽东和中共中央的领导下，陕甘宁边区开展了大生产运动和整风运动。这首诗和后面所录《为抗大开展大生产运动题词》即是在这种特殊历史背景下写成的，它以通俗易懂的"口号"形式为各抗日民主根据地冲破黎明前的黑暗，指出了一条前进的道路。

四言诗·为抗大开展生产运动题词①

一九三九年三月一日

一面学习，一面生产，
克服困难，敌人丧胆。

【注释】

①背景介绍见《为〈八路军军政杂志〉题词》注①。这首诗录载于何平主编《毛泽东大辞典》，高凯、于玲主编《毛泽东大观》。

【赏读】

本诗与上一首诗为同一时期所作的两次题词，意在鼓舞士气。

五言诗·为《中国青年》复刊题词

一九四八年四月

军队向前进,生产长一寸。
加强纪律性,革命无不胜。

【注释】

毛泽东同志这首诗见于作者 1948 年 9 月《在中共中央会议上的指示》(《中共七十年》有引述);又见于《毛泽东题词墨迹选》第 99 页。

①《中国青年》:中国共产主义青年团中央委员会机关刊物。1923 年 10 月 20 日在上海创刊。原为中国社会主义青年团中央机关刊物。周刊。后迁武汉。1927 年 7 月迁回上海。在 1927 年 11 月至 1932 年间,曾先后改用《无产青年》、《列宁青年》等名称秘密出版。抗日战争时期由全国青年联合会延安办事处宣传部主办,1939 年 4 月在延安出版,1941 年 3 月出至第三卷第五期休刊。1948 年 12 月, 由中共中央青年工作委员会主持复刊,在石家庄出版,次年迁北平。1949 年 4 月起,一直是团中央的刊物。

【赏读】

毛泽东的题词类四言或五言诗大都采取"通俗易懂、言简意赅"的口号形式,此诗也是毛泽东当时向全党全军及全国解放区发出的反攻纲领。

打油诗·二乔①

一九四九年底

古有大小二乔②
今有南北二乔

【注释】

①此二句诗见于宗道——《外交官的名字和毛泽东的幽默》一文(原载 1994 年第 8 期《今日名流》转载于 1994 年 9 月 16 日《作家文摘》)。

②二乔:作为诗题为编者加。诗中古代二乔,指三国时,东吴乔公的两个女儿。大乔为孙策之妻,小乔为周瑜之妻。南北二乔,指"南乔"乔冠华,"北乔"胡乔木。

【赏读】

毛泽东饱览群书、通今博古,常常是引经据典、信手拈来,此为一例。

五律·西行

一九六五年七月

万里西行急,乘风御太空。
不因鹏翼展,哪得鸟途通。
海酿千钟酒,山栽万仞葱。
风雷驱大地,是处有亲朋。

【赏读】

　　这首《西行》应是毛主席和陈毅共同创作的一首诗。据陈毅之子陈昊苏《鹏翼展,风雷动》一文(载《解放军文艺》1978 年第 2 期)说:《西行》的基本立意属于陈毅,但经由毛泽东修改之后,从形式到内容都有很大提高。比如,"鹏翼展"、"鸟途通"、"千钟酒"、"万仞葱",这些都是毛泽东的神来之笔。

　　1964 年春,当时任国务院副总理兼外交部长的陈毅陪同周恩来总理出访了亚、非、欧 14 国。是年 10 月至 11 月,他又率我国政府代表团出访了亚、非六国。出访回来后,毛泽东有一次问他:最近怎么看不到你写的诗发表呢?陈毅答道:一年来我走访了近二十个国家,随手写了十几篇诗,现在还没有定稿,等改好之后,我想呈送主席,请主席大笔斧正,行不行? 毛泽东欣然表示许可。于是,陈毅于 1965 年春,抄了《六国之行》组诗七首寄呈毛主席。1965 年 7 月 21 日毛主席给陈毅写复信,信中谈了许多关于中国诗歌创作的重要问题,甚至谈到了中国新诗发展的方向,并亲自加工润色了《六国之行》的第一首,即《西行》。

　　此诗前六句全是写乘飞机出访的感受。先是说乘飞机万里西行,行色匆匆,宛若驾驭长空的大风遨游向前。然后是说飞机的重要,人类科学发明的伟大:假如不是因为飞机展翅于天空,天上的鸟路哪能由人类通行?第五、六句,同样是说在飞机上向下鸟瞰的情景:大海仿佛是酿成的千钟美酒,高山之巅也仿佛是栽种的万仞青葱。从这六句中可以看出二位诗人都心情大好,意气风发。并引出最后两句全诗的主旨,即乘飞机出访的真实感受:那就是革命风雷在五洲震荡;我们的朋友遍天下,世界各国的革

毛泽东诗词全集赏读

命人民都站在我们一边。我国所制定的革命外交路线是成功的,出访当然也是成功的,心情也是大为欢喜的。

打油诗·赠尼克松①

一九七二年

老叟坐凳

嫦娥奔月

走马观花

【注释】

①此诗见于《毛泽东传》第 481 页(〔美〕R.特里尔著,刘路新、高庆国等译河北人民出版社 1991 年 5 月版)。胡忆肖等收入《毛泽东诗词白话全译》第268 页。

四言诗·手里有粮

(写作时间不详)

手里有粮,心里不慌。

脚踏实地,喜气洋洋。

打油诗·蒋干宋美龄(断句)

蒋干宋美龄

……

【注释】

据江苏人民出版社 1993 年 2 月版《毛泽东与名人》下《毛泽东与冯雪峰》载:……因为谈到诗,冯雪峰又想起了一件事,对陈早春说:"毛主席曾写过一首打油诗,以'蒋干宋美龄'开头,下面两句是分别调侃林伯渠、李维汉夫妇的。全诗只有三句,第四句要求同座的人续上,结果没有任何人能够做到,因为其中的动词必须是小说中的人名,又必须富有幽默感,还必须与调侃对象沾上边,这是很难的。"谈到这儿,他不由叹服道:"这样的才智和机敏,一流文人也赶不上,开玩笑能开成这样,很不简单。"

附录二　毛泽东诗词存疑

　　注：为尽可能全面体现本书定位于"全集"之特色，力争做到不遗漏当今各种资料来源中业已披露的每一首诗词，同时兼顾到本书的严谨性，本附录所选的 42 首诗词(含《十六字令八首》)均为尚未公开发表但民间流传甚广的毛泽东诗词的"存疑"部分。其出处大多摘录于各大网站，如："爱智论坛——中国人民大学哲学院主办"、"CCTV.com 央视论坛"、"中国女性时尚论坛"、"天益社区网站"等网络资料。尽管这些资料一时还难定真伪，但我们还是应广大毛泽东诗词爱好者的要求，采取"存疑"的形式予以补录，仅供参考，特此说明。

五言诗·登高泛海

一九一三年十月

登祝融之峰，一览众山小；
泛黄勃之海，启瞬江湖失。

杂言诗·意志之锻炼

一九一七年四月一日

夫力拔山气盖世，猛烈而已；
不斩楼兰誓不还，不畏而已；
化家为国，敢为而已；
八年于外，三过其门而不入，耐久而已。

四言韵语·养生十六字诀

一九五八年

遇事不怒，基本吃素。

多多散步，劳逸适度。

四言诗·开"出气会"

一九六二年一月二十九日

白天出气，晚上看戏；
两干一稀，大家满意。

十六字令八首

一九六四年

一、龙，革命者

龙，隐雾驱云驾长风，
骤雨霁，天际起霓虹。

二、灯，革命行动

灯，黑沉迷途指归程，
红光闪，万众获重生。

三、泉，革命热情

泉，杳然无底是灵源，
清澈澈，谁人藏心间。

四、水，革命理论

水，群众饥渴饮且醉，
被颠倒，从此夜生辉。

五、雷，革命运动；碑，四旧

雷，孤夜深深独不寐，
隆隆轰，斩断万年碑。

六、秋，革命年代

秋，百花杀尽犹未休，
狂飙动，神州落荒流。

七、枪，革命武装

枪，荧光冥冥过冷芒，
忽而怒，平地三尺浪。

八、花，革命女将

花，可怜羞弱不胜压，
昨夜雪，娇藏在冰崖。

满江红·庆祝我国第一次核试验成功

一九六四年十月

小丑下台，应欢送，礼炮轰隆。
原子弹说爆就爆，其乐无穷。
十年丑史归尘土，一阵惊雷卷巨风。
笑老修大势去矣，敲丧钟。
忆往昔，来势汹；
众喽罗，瞎起哄。
君不见，人民自古是英雄。
螳臂挡车千钧力，庄生梦蝶一场空。
看东方，火炬赤旗舞，万里红。

杂言诗·盛名之下

　　　　　　　一九六六年七月八日

峣峣者易折,皎皎者易污,
阳春白雪,和者盖寡。
盛名之下,其实难副。

七绝·炮打司令部

　　　　　　　一九六六年八月

人民胜利今何在? 满路新贵满目衰。
核弹高置昆仑巅,摧尽腐朽方释怀。

七律·将革命进行到底

　　　　　　　一九六七年夏

古今多少苍茫事,前车历历未能忘,
鸿门宴上宽纵敌,乌江边头何仓皇。
秀全空坐失良机,天京终于烟灰场,
急世英雄行大劫,莫顾尘界百创伤。

清平乐·警觉苏修

　　　　　　　一九六九年五月

穷发之北,海波泛荒垂。
熊罴向我蹲且嚎,懦者肝胆破碎。
勇士团结一心,暂缓同室搏命。
苏修贼心不死,我辈岂是南明。

五言韵语·大事不讨论

一九七三年七月

大事不讨论,小事天天送。
此调不改正,势必出修正。

四言韵语·党的领导原则

大权独揽,小权分散。
党委决定,各方去办。
办也有决,不离原则。
工作检查,党委有责。

四言韵语·党外党内

党外无党,帝王思想。
党内无派,千奇百怪。

四言韵语·讽赫鲁晓夫

狐狸尾巴,经常出现。
色厉内荏,心绪不宁。
——引自天益社区网站毛泽东未发表的一些诗作

五绝·咏 梅

月下夜风寒,雪里梅花笑。
春意侬先知,花开伊独早。
频传天地心,岂论高格调。
幽香寄深情,洁身非自好。

七绝·咏 菊

不期青女忍相欺,老圃新枝竞吐奇。

秋色不如春色好,西风漠漫撼东篱。

五律·春夜渡海

平生爱大海,披月趁风雷。
脚踩惊涛涌,心追鸿雁回。
千番战水怪,一笑见灯台。
挥手迎朝日,火球花盛开。

水调歌头·归舟迎日出

星谱凯旋曲,
水拍自由诗。
琼花脚底飞舞,
惊喜却痴迷。
今夜携春同至,
播下晨风万里,
太白绣云旗。
闪闪清眸子,
霞染海魂衣。
透心亮,
遍身赤,
探穹低。
胸涛奔涌呼啸,
激浪与天齐。
愿把此心炽烈,
化为融融光热,
四季赛春时。
温暖流环宇,
永世未终期。

沁园春·再访十三陵

百侣游踪,

附录二　毛泽东诗词存疑

歌翻碧浪，

舞引东风。

念平生所爱，

红岩翠柏，

少年壮志，

海阔天空。

水库情深，

陵园恨重，

血汗浇来春意浓。

惊雷动，

将山川洗净，

笑引长虹。

青春烈火正熊，

春岂在温房草木丛？

愿耿耿丹心，

耀如赤日；

铮铮硬骨，

强似苍松。

一往无前，

万难不屈，

偏向悬崖攀绝峰。

仰头望，

把红旗高举，

直上云中。

七律·雷电

积云忽作闷雷声，雨弹光刀欲杀人。

岂向瑶台追幻梦，还从烈火识真金。

几枝玉叶化灰蝶，再度铁梅成赤心。

稳似泰山同携手，陶然一笑友情深。

毛泽东诗词全集赏读

七律·别友人

(流传稿题作《咏志》)

树种安能伴井蛙,雄鹰送我海天涯。
血飞星岛镇狂浪,汗涌塔丘化碧霞。
风暴险关思闯道,冰封绝顶要开花。
火旗挥舞冲天笑,赤遍环球是我家。

七律·跨东海

烟笼大海入氤氲,赤羽飞传时可闻。
暮色重重已合璧,雁声阵阵不离群。
千钧霹雳开新宇,万里东风扫剩云。
贯日长虹应起舞,笑看人字出乾坤。

七律·答友人

问君何日喜重逢,笑指沙场火正熊。
庭院岂生千里马,花盆难养万年松。
志存胸内跃红日,乐在天涯战恶风。
似水柔情何足道,堂堂铁打是英雄。

七律·捷报

(流传稿题为《庆第二次核试验成功》)

长空又放核红云,怒吼挥拳显巨身。
横眉南天震虎口,寄心北海跃龙门。
敢同恶鬼争高下,不向狂魔让寸分。
先烈回眸应笑慰,擎旗已有后来人。

——以上载自《爱智论坛——中国人民大学哲学院主办》

附录三 毛泽东论诗词汇辑

致路社常委会等

路社常委会诸同志：

信收到了，感谢你们的好意！

二月四日已约定别的集会，不能来你处，请加原谅。问我关于诗歌的意见，我是外行说不出成片断的意见来。只有一点，无论文艺的任何部门，包括诗歌在内，我觉得都应是适合大众需要才是好的。现在的东西中，有许多有一件毛病，不反映民众生活。因此也为民众所不懂。适合民众需要这种话是常谈，但此常谈很少能做到，我觉这是现在的缺点。这一点是否有考虑的价值，望你们斟酌一番。

此复，敬祝

努力！

毛泽东
一九三九年一月三十一日

致臧克家等

克家同志和各位同志：

惠书早已收到，迟复为歉！遵嘱将记得起来的旧诗词，连同你们寄来的八首，一共十八首，抄寄如另纸，请加审处。这些东西，我历来不愿意正式发表，因为是旧体，怕谬种流传，贻误青年，再则诗味不多，没有什么特色。既然你们以为可以刊载，又可为已经传抄的几首改正错字，那末，就照你们的意见办吧。

《诗刊》出版，很好，祝它成长发展。诗当然应以新诗为主体，旧诗可以写一些，但是不宜在青年中提倡，因为这种体裁束缚思想，又不易学。这些话仅供你们参考。

同志的敬礼！

毛泽东
一九五七年一月十二日

致黄炎培

任之先生：

惠书盛意可感！那些东西，既已发表，不改也可。游长江二小时飘三十多里才达彼岸，可见水流之急。都是仰游侧游，故用"极目楚天舒"为宜。顺致敬意！

毛泽东

一九五七年二月十一日

致李淑一

淑一同志：

惠书收到。过于谦让了。我们是一辈的人，不是前辈后辈关系，竺所取的态度不适当，要改。已指出"巫峡"，读者已知所指何处，似不必再出现"三峡"字面。大作读毕，感慨系之。开慧所述那一首不好，不要写了吧。有《游仙》一首为赠。这种游仙，作者自己不在内，别于古之游仙诗。但词中有之，如咏七夕之类。我失骄杨君失柳，杨柳轻飏直上重霄九。问讯吴刚何所有，吴刚捧出桂花酒。寂寞嫦娥舒广袖，万里长空且为忠魂舞。忽报人间曾伏虎，泪飞顿作倾盆雨。

暑假或寒假你如有可能，请到板仓代我看一看开慧的墓。此外，你如去看直荀的墓的时候，请为我代致悼意。你如见到柳午亭先生时，请为我代致问候。午亭先生和你有何困难，请告。

为国珍摄！

毛泽东

一九五七年五月十一日

致江青李讷

范仲淹的两首词

一首(苏幕遮)

碧云天，黄叶地，秋色连波，波上寒烟翠。山映斜阳天接水。芳草无情，更在斜阳外。黯乡魂，追旅思。夜夜除非，好梦留人睡。明月楼高休独倚。酒入愁肠，化作相思泪。

一首(渔家傲)

塞下秋来风景异，衡阳雁去无留意，四面边声连角起。千嶂里，长烟落日孤城闭。浊酒一杯家万里，燕然未勒归无计，羌管悠悠霜满地。人不寐，将军白发征夫泪。

词有婉约、豪放两派，各有兴会，应当兼读。读婉约派久了，厌倦了，要改读豪放派。豪放派读久了，又厌倦了，应当改读婉约派。我的兴趣偏于豪放，不废婉约。婉约派中有许多意境苍凉而又优美的词。范仲淹的上两首，介于婉约与豪放两派之间，可算中间派吧；但基本上仍属婉约，既苍凉又优美，使人不厌读。婉约派中的一味儿女情长，豪放派中的一味铜琶铁板，读久了，都令人厌倦的。人的心情是复杂的，有所偏但仍是复杂的。所谓复杂，就是对立统一。人的心情，经常有对立的成份，不是单一的，是可以分析的。词的婉约豪放两派，在一个人读起来，有时喜欢前者，有时喜欢后者，就是一例。睡不着，哼范词，写了这些。江青看后，给李讷看一看。

一九五七年八月一日

致刘少奇

少奇同志：

　　前读笔记小说或别的诗话，有说贺知章事者。今日偶翻《全唐诗话》，说贺事较详，可供一阅。他从长安辞归会稽(绍兴)，年已八十六岁，可能妻已早死。其子被命为会稽司马，也可能六七十了。"儿童相见不相识"，此儿童我认为不是他自己的儿女，而是他的孙儿女或曾孙儿女，或第四代儿女，也当有别户人家的小孩子。贺知章在长安做了数十年太子宾客等官，同明皇有君臣而兼友好之遇。他曾推荐李白于明皇，可见彼此惬洽。在长安几十年，不会没有眷属。这是我的看法。他的夫人中年逝世，他就变成独处，也未可知。他是信道教的，也有可能屏弃眷属。但一个九十多岁象齐白石这样高年的人，没有亲属共处，是不可想象的。他是诗人，又是书家(他的草书《孝经》，至今犹存)。他是一个胸襟洒脱的人，不是一个清教徒式的人物。唐朝未闻官吏禁带眷属事，整个历史也未闻此事。所以不可以"少小离家"一诗便作为断定古代官吏禁带眷属的充分证明。自从听了那次你谈到此事以后，总觉不甚妥当。请你再考一考，可能你是对的，我的想法不对。睡不着觉，偶触及此事，故写了这些，以供参考。

毛泽东
一九五八年二月十日上午十时

　　复寻《唐书·文苑·贺知章传》(旧唐书·列传一百四十》，页二十四)，亦无不带家属之记载。

　　近年文学选本注家，有说"儿童"是贺之儿女者，纯是臆测，毫无确据。

致胡乔木

乔木同志：

　　诗两首，请你送给郭沫若同志一阅，看有什么毛病没有?加以笔削，是为至要。主题虽好，诗意无多，只有几句较好一些的，例如"云横九派浮黄鹤"之类。诗难，不易写，经历者如鱼饮水，冷暖自知，不足为外人道也。

毛泽东
一九五九年九月七日

致胡乔木

乔木同志：

沫若同志两信都读，给了我启发。两诗又改了一点字句，请再送郭沫若一观，请他再予审改，以其意见告我为盼！

毛泽东

一九五九年九月十三日

"霸主"指蒋介石。这一联写那个时期的阶级斗争。通首写三十二年的历史。

致钟学坤

学坤同志：

信收到了，谢谢你。九派，湘、鄂、赣三省的九条大河。究竟哪九条，其说不一，不必深究。三吴，古称苏州为东吴，常州为中吴，湖州为西吴。我甚好，谢谢你的关心。你的工作和学习如何？尽心工作，业余学习，真正钻进去，学一点真才实学，为人民服务，是为至盼！

毛泽东

一九五九年九月十三日

致陈毅

陈毅同志：

你叫我改诗，我不能改。因我对五言律，从来没有学习过，也没有发表过一首五言律。你的大作，大气磅礴。只是在字面上(形式上)感觉于律诗稍有未合。因律诗要讲平仄，不讲平仄，即非律诗。我看你于此道，同我一样，还未入门。我偶尔写过几首七律，没有一首是我自己满意的。如同你会写自由诗一样，我则对于长短句的词学稍懂一点。剑英善七律，董老善五律，你要学律诗，可向他们请教。

西行

万里西行急，乘风御太空。

不因鹏翼展，哪得鸟途通。

海酿千钟酒，山栽万仞葱。

风雷驱大地，是处有亲朋。

只给你改了一首，还很不满意，其余不能改了。

又诗要用形象思维，不能如散文那样直说，所以比、兴两法是不能不用的。赋也可以用，如杜甫之《北征》，可谓"敷陈其事而直言之也"，然其中亦有比、兴。"比者，以彼物比此物也"，"兴者，先言他物以引起所咏之词也"。韩愈以文为诗，有些人说他完全不知诗，则未免太过。如《山石》，《衡岳》，《八月十五酬张功曹》之类，还是可以的。据此可以知为诗之不易。宋人多数不懂诗是要用形象思维的，一反唐人规律，所以味同嚼蜡。

以上随便谈来，都是一些古典。要作今诗，则要用形象思维方法，反映阶级斗争与生产斗争，古典绝不能要，但用白话写诗，几十年来，迄无成功，民歌中倒是有一些好的，将来趋势，很可能从民歌中吸收养料和形式，发展成为一套吸引广大读者的新体诗歌。又李白只有很少几首律诗，李贺除有很少几首五言律外，七言律他一首也不写。李贺诗很值得一读，不知你有兴趣否？

祝好！

毛泽东

一九六五年七月二十一日

《致柳亚子》

一九四四年十一月二十一日

十八年中，你的灾难也受得够了，但是没有把你压倒，还是屹然独立的，为你并为中国人民庆贺！"云天倘许同忧国，粤海难忘共饮茶"，这是你几年前为我写的诗，我却至今做不出半句来回答你。看见照片，样子老一些，精神还好罢，没有病罢？

《毛泽东书信选集》第 244 页

《致柳亚子》

一九四五年十月四日

诗及大示诵悉，深感勤勤恳恳诲人不倦之意。……先生诗慨当以慷，卑视陆游陈亮，读之使人感发兴起。可惜我只能读，不能做。但是万千读者中多我一个读者，也不算辱没先生，我又引以自豪了。

《毛泽东书信选集》第 261 页

《致柳亚子》

一九四九年五月二十一日

……附带奉告一个消息，近获某公诗云："射虎将军右北平，只今乘醉夜难行，芦沟未落登埤月，易水还流击筑声"，英雄所见，略有不同，亦所遭者异耳。孙先生衣冠冢看守诸人已有安顿，生事当不致太困难，此事感谢先生的指教。

《毛泽东书信选集》第 321—322 页

398

附录四 主要参考书目

1.《毛主席诗词十九首》人民文学出版社 1958 年 7 月版（线装本）
2.《毛主席诗词十九首》文物出版社 1958 年 9 月版（大字本）
3.《毛主席诗词二十一首》文物出版社 1958 年 9 月版（线装本）
4.《毛泽东诗词选》(50 首)人民文学出版社 1986 年 9 月版
5.《毛泽东诗词集》(67 首)中央文献出版社 1996 年 9 月版
6.《毛泽东诗词鉴赏大全》(109 首)南京出版社 1998 年 8 月版
7.《毛泽东诗词鉴赏》河北人民出版社 1995 年 3 月版
8.《毛泽东诗词全集》甘肃文化出版社 2001 年 2 月版
9.《毛泽东诗词书法赏析》内蒙古文化出版社 2002 年 8 月版
10.《毛泽东诗词书法赏析》延边大学出版社 2004 年 1 月版
11.《毛泽东诗词赏析》内蒙古人民出版社 2006 年 8 月版
12.《毛泽东与文艺传统》中央文献出版社 1992 年 3 月版
13.《毛泽东和他的父老乡亲》湖南文艺出版社 1992 年 5 月版
14.《毛泽东大观》中国人民大学出版社 1993 年 4 月版
15.《毛泽东故土家族探密》西苑出版社 1993 年 9 月版
16.《毛泽东大全》吉林人民出版社 1994 年 11 月版
17.《我和毛泽东的一段曲折经历》昆仑出版社 1989 年版
18.《毛泽东研究事典》河北人民出版社 1992 年 9 月版
19.《毛泽东大辞典》中国国际广播出版社 1992 年 8 月版
20.《毛泽东的文化性格》中国青年出版社 1991 年版
21.《毛泽东诗词史诗论》山东出版社 1991 年 12 月版
22.《毛泽东传》河北人民出版社 1991 年 5 月版

后　记

　　毛泽东诗词是他一生中各个重要阶段的革命生涯的真实写照,这些作品犹如诗苑中馨香四溢的奇花异卉,它成为我们研究认识毛泽东同志以至认识我们这个时代不容忽视的重要方面。

　　关于毛泽东诗词的出版,自 1937 年《七律·长征》一诗公开发表以来,毛泽东诗词与大众见面已有整整 70 年历史。毛泽东诗词公开发表的数量也在不断增多。这期间,从一首到十几首,几十首。毛泽东逝世后,大量的回忆录、传记和研究著作中又陆续披露了不少以前未发现或未发表的诗词。特别是随着近年来许多历史资料的解密、不同渠道的披露以及网络信息的转载流传,以前许多鲜为人知的毛泽东诗词也相继面世。其出版情况大致如下:

　　1957 年《诗刊》创刊号发表的 18 首毛泽东诗词;1958 年 7 月人民文学出版社出版线装本的《毛主席诗词十九首》;同年 9 月,文物出版社在出版刻印大字本《毛主席诗词十九首》的同时,又与当时新发表的《七律·送瘟神》(二首)结集,出版了线装本《毛主席诗词二十一首》;人民文学出版社 1986 年版的《毛泽东诗词选》(50 首);1996 年中央文献出版社出版的《毛泽东诗词集》正副编共 67 首;南京出版社 1998 年 8 月出版的增订版《毛泽东诗词鉴赏大全》(109首)等诸多版本。然而,毛泽东一生到底创作了多少诗词?现已流传的一部分诗词的真伪又如何?这依然是一个广大读者极为关心、研究者们努力探索、但至今仍无定论的问题。

　　尽管这次在众多专家学者的精勤劳动与努力下,我们通过对以上出版的各种不同版本的分析、对比、斟选,并借助于现代网络搜索技术,从浩于烟海的史籍、文献及网络资源中搜集、整理、汇编、补充而成这部目前堪称最全的《毛泽东诗词全集赏读》(共 145首,其中包括补遗之作 13 首、存疑之作 24 首)读本。但我们仍不敢断言这就一定是收集了毛泽东诗词的全部。

　　这里,我们仅只能说:本书的推出,对深入研究毛泽东诗词将增添一份难得的珍贵资料,书中除正文(含书法、历史照片)之外的翔实"注释"及多角度的"赏读"以及附录部分的"毛泽东论诗词"、"毛泽东对自己诗词的修改与解释"等很具知识性、可读性的趣闻逸事,会对广大读者和青年朋友们在阅读毛泽东诗词、欣赏伟人书法方面有所帮助和启发。在此,我们真诚期盼:《毛泽东诗词全集赏读》一书能成为广大青年朋友们用来陶冶自己艺术情操、丰富艺术与文艺修养的一份精神食粮,这也是我们编撰本书的初衷。

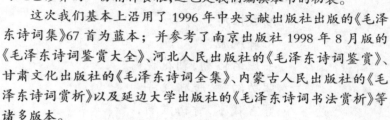

这次我们基本上沿用了 1996 年中央文献出版社出版的《毛泽东诗词集》67 首为蓝本;并参考了南京出版社 1998 年 8 月版的《毛泽东诗词鉴赏大全》、河北人民出版社的《毛泽东诗词鉴赏》、甘肃文化出版社的《毛泽东诗词全集》、内蒙古人民出版社的《毛泽东诗词赏析》以及延边大学出版社的《毛泽东诗词书法赏析》等诸多版本。

在书的体例中我们分出正文、附录二大部分,都以写作时间先后为序。凡已公开发表过的诗词,一般地说都是作者的上乘之作,他们奠定了毛泽东作为伟大诗人的历史地位。因而在正文注释中,我们均注明了最早发表的时间和出处并注明根据"作者审定的抄件"或根据"抄件"刊印等来源;而附录部分许多从未正式发表过的诗词我们则以"补疑"或"存疑"的形式分别注明了转载的出处或引自的网站,以供大家参考。

本书的编撰工作千头万绪,事务繁杂,这项工程之所以能在短短一年多的时间内顺利完成,实得力于编辑部全体同志的不懈努力,以及始终如一的认真态度。尤其还要感谢太白文艺出版社的领导及责任编辑们在审阅稿件时对文稿的修改提出的诸多宝贵意见!本书的编撰完成也是与他们的辛勤劳动分不开的。最后,还要衷心感谢曾给过我们许多学术指导与具体帮助的专家学者们!

麓山子

沁园春·《毛泽东诗词全集赏读》编后感

卷罢沉思，
沙数恒河，
几许风流？
去虚名俗利，朝花晚露；
烟功幻绩，脆柳萍浮。
剪雪裁冰，青梅煮酒，
逝者如川话吴钩。
休夸口，
纵英雄俊杰，数垒荒丘。

人生何谓悠悠？
但听那，长空雁叫留。
赏毛诗境界，西江秋月；
沁园春雪，水调歌头。
击浪三千，巡河八万，
寥廓江天竟自由。
何有憾？
任时光荏苒，一叶飞舟。

麓 山 子